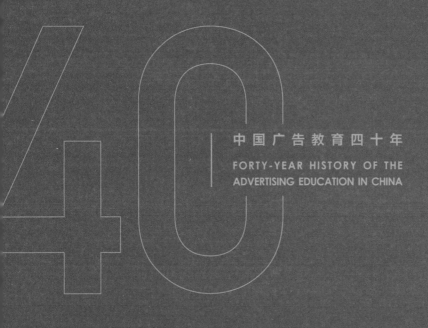

中国广告教育四十年

FORTY-YEAR HISTORY OF THE
ADVERTISING EDUCATION IN CHINA

中国广告教育四十年
(1979 ~ 2019)

FORTY-YEAR HISTORY
OF THE ADVERTISING EDUCATION IN CHINA

1979

2019

宋红梅 著

社会科学文献出版社
SOCIAL SCIENCES ACADEMIC PRESS (CHINA)

前　言

　　功用主义（Utilitarianism），又译作功利主义，也被称为幸福主义，是影响巨大的伦理学说，其源头可以追溯到古希腊的伊壁鸠鲁学派的快乐主义，文艺复兴之后，功用主义伴随新的思潮和资本主义的发展而逐渐成为影响巨大的哲学流派。在教育范畴内，理性主义、功用主义先后对高等教育有着深刻影响，改变了之前西方人文主义（主张教育是为了追求自由高尚的人性而不是为了实用的功利目的）主导高等教育的格局。19世纪赫胥黎和斯宾塞成为科学教育思想的代表，1868年，赫胥黎在演说《在哪里能找到一种自由教育》中，阐述了自由教育就是科学教育的观点。① 斯宾塞的著作《教育论：智育、德育和体育》中，"什么知识最有价值？"是该书的第一章，他在其中提出了一个最具典型意义的问题，"什么知识最有价值？答案就是科学"，② 即"科学知识最有价值"。在功用主义教育理念指导下创建的美国康奈尔大学，其宗旨是"创办一所任何人在任何学科都能获得教学的机构"，体现一种由功用主义理念支撑的具有实用主义精神的办学思想。此后，最为明确体现功用主义教育理念的大学是威斯康星大学，它主张大学为经济和社会服务。威斯康星大学校长范·海斯认为，大学有三个方面的任务：把学生培养成有知识和能工作的人；发展知识；把知识传授给广大人民，使之运用这些知识解决经济社会与政治方面的问题。此外，他直接提出大学应直接为地方经济社会发展服务，他的办学思想被命名为"威斯康星理念"，而成为功用主义大学理念的代表。此后高等教育的发展日渐强调其社会功用，如哈佛大学校长德里克·博克指出："现代大学已经不再是传统的修道院式的封闭机构，而是变成沟通生活各

---

① 〔英〕托·亨·赫胥黎：《科学与教育》，单中惠、平波译，人民教育出版社，1990，第159页。

② 〔英〕斯宾塞：《斯宾塞教育论著选》，胡毅、王承绪译，人民教育出版社，1997，第91页。

界、身兼多种功能的超级复合社会组织。"进入 20 世纪中叶以来，国际高等教育的趋势之一就是将专业知识优势直接转化为经济发展动力，虽然面临一些质疑，如人文教育的缺失、教育技术化、教育功利化，但是大学与社会关联紧密的趋势在全球范围内流行起来，甚至引领区域经济的发展。波士顿地区在哈佛等大学的帮助下，从传统工业地区一跃成为"科学工业综合体"；加州地区由于斯坦福等大学带动，由荒芜之地成为"硅谷"；韩国的"大田科技工业园区"、日本的"产学合作制"、瑞典的"工学交流中心"、英国的"科学公园"等，都是高等教育产、学、研一体化的典型体现，[①] 也是高等教育"功用性"深化和延展的表现。

　　与此潮流趋势具有一致性的是 1978 年开启的中国高等教育的改革，为了国家的迅速转型和经济发展，当时高等教育的定位明确为"服务于经济建设"，功用导向非常清晰，于是催生了不少市场导向、人才需求依赖模式的应用类专业。1983 年出现的中国广告学专业高等教育（以下简称中国广告教育）就是其中之一。回顾其历史，会发现其对于自身"功用性"的追求和塑造，贯穿始终。围绕"功用性"，其合理性、专业性、权威性，不断被论证和强化，其中合理性说明其存在的必然性，专业性和权威性支撑其价值说明；更有意味的是，这个过程并非独自完成，而是与广告行业内外诸多角色协同共创，具体包括行业管理部门、广告公司、媒介组织、广告主、行业社团、专业出版等，具体通过课程、学术、实训项目等来落实，据此，中国广告教育获得安身立命的根基，建设了独立的学科体系。这表明其"功用性"的塑造中是有着明确的外在规训力量和支持力量，并与其内在发展动力融合一体。这样的发展模式，具有鲜明的时代特色和中国特色，也是国际高等教育发展潮流的一个微观呈现。

　　1979～2019 年是中国广告行业恢复发展的四十年，由此，中国广告行业成为中国经济体系中日渐重要的组成部分，凭借信息传播、品牌塑造、消费培育等效能在国家发展的过程中发挥了积极的作用。作为广告行业重要的智力支持，中国广告教育与之相伴相生，在互动合作的过程中，彼此成就。但是，中国广告行业被忽视的现状，同样影响了中国广告学高等教

---

① 余逸群：《世界高等教育改革的趋势》，《百科知识》1996 年第 4 期。

育，加之广告学专业的"应用"特质及其自身的不足，使得它在高等教育体系内，一直地位较低。如何为其"正名"，难度不亚于为广告行业"正名"。在中国改革开放四十年的纪念节点上，为中国广告学专业高等教育作史立传，是让各界理解其特质的途径之一。这也是本书的出发点之一。中国广告学专业高等教育的发展历史、学科建设、学术发展、实践类教学和行业组织的学术支持，是本书的主要切入点，在回顾历史之外，除了在学科建设、学术发展这两个核心内部体系中挖掘其发展轨迹和特征之外，也通过对实践类教学方面行业组织的整理，展现中国广告学专业高等教育的"合力共促"的发展特征。

如果按照准确时间计算，时至今日，中国广告学专业高等教育的历史应该是三十六年，而不是四十年。但是，中国广告学专业高等教育的两大源头——市场学和传播学，分别在 1979 年和 1982 年，就有了开创性的重要探索，且这个阶段在广告行业内部也有了意义重大的专业交流和职业教育，因此本书将 1979～1983 年的中国广告教育的发展，作为"史前史"予以保留，基于此，也就有了中国广告学专业高等教育四十年这样一个宽泛的界定。

中国广告学专业高等教育的发展历史，是改革开放以来的中国应用类学科发展历史的一个缩影。伴随中国改革开放的启动，应用类学科是最需要呼应时代人才需求的学科类别。同时，伴随着中国高等教育领域的减政放权和多元化发展，中国的应用类学科获得了较大的发展空间。在这样的背景中，广告学专业高等教育伴随着中国广告行业的大发展而获得历史机遇，并且逐渐探索出特色鲜明的发展路径，可以作为应用类学科发展的一个重要案例。与行业需求紧密呼应，与行业协会组织、广告公司、媒介组织、广告主充分互动，构成一个自洽的动力体系和"供求"体系（人才供求和智力供求），并持续发展至今。

在广告学高等教育的学科建设中，学科定位规划、课程体系规划、教师团队建设、行业资源互换能力是其主要构成要素，其中，学科定位规划是依托行业需求而找寻到的投"锚"处，课程体系规划是结合学科定位以及人才出口而设定的执行方案，教师团队建设是通过行业合作、学术研究等措施加以培养，行业资源互换能力是获取学科资源和学术反馈的重要途径，也据此获得社会影响力。

学术水平是中国广告学专业一个一直备受争议的话题，"有术无学"的评价不绝于耳，受制于"学科训导"和"实用需求"两股力量，中国广告学术呈现学术基础匮乏和支持体系不足。在国外体系参照价值有限以及行业智力支持需求特殊的情况下，逐渐积累其独有的学术体系，在提升学术标准化的同时兼顾了对于本国广告行业的深度观照，最值得关注的是在实务研究积累中尝试构建起独具特色的中国广告学研究体系，虽然，至今依然问题重重，但是这些探索未尝不是走向学术独立的基础。

实践类教学是广告学专业高等教育中非常重要的部分，旨在提高人才的操作能力和职业适应能力，但是课堂教学效果有限，仅靠学界力量尚无法解决，因此，与行业各界联合打造实践教学平台，以有利于人才培养的直接操作，也是增强行业凝聚力的重要方式。此外，三大广告行业协会对于广告学高等教育的参与度一直不低，这在其他专业教育中也颇为少见，从广告学专业教育的启动，到四十年间重要的发展节点他们都积极参与，为广告业专业教育提供了直接的支持和推动。实践类教学方面和广告行业协会的教学参与，在某种角度表明应用类学科必然得依靠行业力量的合作和资源的聚合，才能稳健发展。这对于其他学科，也必然有所借鉴。

1848年的美国威斯康星大学成立，强调大学要主动为社会服务，把教学、科研与社会服务紧密联系起来，这意味着高校应以知识为本位面向社会进行功能拓展。实际上，这样的变革被总结为知识生产从"知识生产模式1"向"知识生产模式2"的转变，所谓"知识生产模式2"在1994年由迈克尔·吉本斯等提出，他认为知识生产主体不再局限在大学，知识生产和知识应用突破了学科自治和精英学术的传统模式，越来越多地围绕具体实践问题展开。在"知识生产模式2"下，大学—政府—产业形成了"三重螺旋"模式①。回首中国广告学专业学科建设的发展历程，鲜明呈现出从"知识生产模式1"到"知识生产模式2"的转变，并且未来会朝"知识生产模式3"前进，该模式最早由埃利亚斯·G.卡拉雅尼斯于2003

---

① 马廷奇、许晶艳：《知识生产模式转型与学科建设模式创新》，《研究生教育研究》2019年第2期。

年在《创造＋创新＝竞争力？》一文中提出。它的基本内涵是："知识生产系统是一个多层次、多形态、多节点、多主体和多边互动的知识创新系统……它强调大学、产业政府和公民社会实体之间以多边、多形态、多节点和多层次方式的协同创新，并以竞合、共同专属化和共同演进的逻辑机理驱动知识生产资源的形成、分配和应用过程，最终形成不同形态的创新网络和知识集群，实现知识创新资源动态优化整合。"

　　纵观中国广告教育发展四十年，可以发现在其"功用性"建构、解构和重建的过程中，隐藏着非常丰富的历史真相，在其充当的"知识服务装置"的概念下，其与政府管理部门、学术体系、行业角色、学术社团及专业出版的互联合作中形成了深刻的联结，在彼此之间建构了无数信息管道和庞杂的循环系统，相互交换着万千资讯，彼此吐纳大量的资源和能量，在若干无法细致描述的交流、交换中，形成了一个无形的循环往复的发展场域，一个无休无止的动力空间。正是在这样的发展场域和动力空间中，中国广告学学科的建设方向得以明确并完成建设。中国广告教育的今天是一个集体协作的杰作。当然，鸟瞰国际高等教育的发展态势，会发现中国广告教育的"功用性"拓展其实还远远不够，如何在新的时代背景下，在更高的层面上，紧密关联国家战略、行业趋势，创造体系化、平台化、实体化的协作式发展，甚至"高校区域经济"，建设一个类似四十年间以中国广告教育为中心的发展场域的超越升级版，并依托这样的场域构建高水准的人才培养体系和学理体系，是需要继续探索的问题。

　　值得强调的是，目前中国广告教育发展中的不足，非常值得重视和反思。"功用性"是支撑中国广告教育发展的重要根基，但是，如何规避过于功利化带来的不足和缺陷，是一个亟须回答的问题。毕竟，"大学应不断通过开设新的学科、专业和课程引导社会发展，但又不可一味迎合社会暂时的短期的需要而牺牲自己的独立性、学术性和创造性。因为大学归根结底是通过学术与人才这些高价值的'产品'来影响、引导和推进社会发展的"。[①] 当然，这不能仅仅是一个流于表面的思考，而是需要考虑如何在中国广告教育的动力体系中纳入相应的引导力量和资源，使得"学术训

---

① 韩延明：《大学理念论纲》，人民教育出版社，2003，第 37 页。

导"在其发展中发挥更大的影响力，使其"功用性"真正得到"人文性"补充，适当强调其知识本位，尤其强化在学理发展领域和文化批评领域的发展，以使得中国广告教育未来的发展更为稳健。

此书得到了丁俊杰教授和黄升民教授的大力支持，特此感谢！尹丽斌同学在第二章，赵青同学在第四章，谭梦涵同学在第五章参与了资料搜集和部分撰稿工作，特此一并感谢！

目 录

第一章　中国广告学专业教育的发展历程

本章旨在回顾中国广告教育的发展历程，但是将研究视野做了拓展，并不仅仅局限于中国广告学专业高等教育自身，会将同期的高等教育发展状况、广告行业发展状况、其他行业培训教育、行业出版等都纳入研究，一方面这些都是影响中国广告学高等教育的重要因素，为其提供了重要的支持；另一方面，也是尝试通过多角度的历史原貌来呈现中国广告学高等教育"合力共促"的特质。如果将这些历史因素屏蔽，将无法解释中国广告学专业高等教育特有的发展真相。

通过这个过程，本章也试图引发一个思考，虽然现在"政产学研"已经是一个颇为普及的观念，其原理已经共知，但是如何落实到细节，予以执行，相关研究非常有限。作为一个有着明确行业导向的应用类学科，广告学专业在没有足够的参照和支持的情况下，将产业需求转化成教育体系，在产业格局中优势定位，并逐渐构建出独立性，应该说，这是在资源匮乏、可借鉴模式效力有限的历史条件中的现实选择。这也许不符合象牙塔式的"纯粹"，但是，对于应用类学科，甚至整个教育界，这样的探索历史其实有着非常重要的意义。

当今诸多传统学科遭遇困境，高等教育的活力与现实意义，也成为经常被拷问的一个焦点。在教育体系日渐自成一体，走向某种意义的封闭，突破常常成为一个课题，与此同时，"应用导向"常被视为低端，依托"应用""实践"进行的高教创新，没有得到合理认识。如果回到1979年，会发现，当时就是因为经济建设的"现实"需要而重启了高等教育，这意味着，实践和应用，应该是现代高等教育不能忽略的一个维度，当然，如何能够在现有的高教体系内为其设定合理的评价体系和发展推动体系，是一个需要关注的问题。

第一节　1983~1991：争议与困惑中的起点

1979 年，中国广告行业恢复发展，也就为广告教育的发展提供了最重要的动因。这个时期广告行业的爆炸性发展以及若干拥有惊人效果的广告，使得广告人才的需求极为紧迫，广告教育也就随之诞生。值得注意的是，在中国，广告学专业高等教育的诞生，是有着非常丰富的时代背景、专业背景和行业背景，以及若干的相关活动，这意味着中国广告学专业高等教育的出现是一个必然。

一言以蔽之，中国经济的发展离不开广告的支持，广告行业的发展离不开广告教育的支持，中国广告学专业高等教育作为高等教育服务经济建设的重要应用类学科的代表，具有非常重要的历史意义和价值，是在纪念中国改革开放四十年的历史时刻，值得关注的一个研究对象。

一　高等教育改革是改革开放的重要支持力量

（一）发展高等教育成为国家战略

1978 年，改革开放的历史车轮开始启动，从"以阶级斗争为纲"转移到"以经济建设为中心"。高等教育也随之受到了前所未有的重视，作为经济发展的重要支撑，是提供经济建设人才的重要体系。

高等教育恢复正常，也是改革开放开端之时的关键部分。1977 年 10 月，经中共中央政治局会议讨论，国务院很快就批转了文件，宣布当年恢复高考。这是对"文化大革命"拨乱反正的一个重要标志，标志着我党确立了尊重知识、尊重人才的正确方向，整个社会风气为之大变。面对世界经济、科技竞争的形势，以及我国经济实力薄弱、资源不足、人口众多的基本国情，邓小平同志指出，社会主义的根本任务是发展生产力，科学技术是第一生产力。教育尤其是高等教育也就得到了前所未有的重视，也逐渐获得了越来越多的政策支持。

在这样的背景下，中国高等教育的发展呈现出翻天覆地的变化，高校类型、教育类别从单一走向多元，由精英教育向大众教育转变，成为推动中国特色社会主义建设的基石和支撑;① 这也使得高等教育与中国改革开放的进程紧密相连,密不可分,甚至协同共进。

(二) 高等教育获得更多自主空间

这个时期高等教育系统内的简政放权,也使得各高校获得了更多的政策支持和发展空间。改革开放之前,基于中国高校教学管理体制中集权过重等弊端,国家在高等教育教学政策中初步释放出有关教学制度的制定权向高校下放的信息。如在 1982 年,以宪法的形式明确多种企事业单位和社会力量可以办学②;1985 年,《中共中央关于教育体制改革的决定》中强调"教学计划和教学大纲的制定、编写和选用教材的权限下放给各高校,国家教育行政部门只制定基本培养规格和教学基本要求,对教学计划和教学大纲的制定和修订一般只提出原则性指导意见,供各高校参考等"。③ 教学管理模式(学分制、选课制、双学位制度)、教学模式方面的改革,则意味着高校以及师生有了自主空间。

高教系统的教学评估制度在这一时期开始设立,成为规范中国高等教育的重要力量。1985 年 11 月颁发的《国家教委关于开展高等工程教育评估研究和试点工作的通知》,首次提出要在部分高等工科院校进行试点评估。1990 年,国家教委出台《普通高等学校教育评估暂行规定》。文件对高等教育评估的质量、目的等做了规定。该规定是自改革开放以来我国第一部关于高等教育评估的政策法规。

(三) 传统分配体制出现变革

中华人民共和国成立后,对大学生毕业分配十分重视,1951 年 10 月 1 日,当时的政务院决定"高等学校毕业生的工作由政府分配"。"文化大革命"之后,百废待兴,恢复高考后的头几届大学生,依然沿袭"文化大革命"期间中断了的统一分配制度,中央在 1985 年就表示,要改革大学生的招生制度和毕业生分配制度。1987 年,首次出现大学毕业生分配后被退

---

① 1982 年《中华人民共和国宪法》第十九章明确提出:"全国鼓励集体经济组织、国家企业事业组织和其他社会力量依照法律规定举办各种教育事业。"
② 朱建军:《改革开放以来中国高等教育的发展与变迁》,《改革与开放》2018 年第 9 期。
③ 《中共中央关于教育体制改革的决定》,http://www.zjedu.gov.cn/news/628.html。

回的"寒潮"，分配制度的不合理性凸显。到了1993年，中共中央和国务院正式提出，改革高等学校毕业生统包统分和"包当干部"的就业制度，实行少数毕业生由国家安排就业，多数由毕业生"自主择业"的就业制度。

这个时期的高等教育在恢复招生的几年之后，也逐渐意识到了分配体制的必然变革，面向市场的人才需求进行学科设置和人才培养，也就逐渐成为必然的选择。

二 广告行业迅猛发展，对人才提出需求

这个时期，广告行业恢复发展，由于行业在"文化大革命"期间基本停滞，人才培养断层，广告人才奇缺成为制约行业发展的重要因素，且随着国外先进广告运作理念的引进，行业内部逐渐认识到科学化、规范化的广告运作的必然性，也就开始对于专业人才产生了非常迫切的需求，最终必然依靠高等教育通过大批量的人才培养来满足，进而推动中国广告行业迈入更快速、更专业的发展轨道。

（一）广告行业迅猛发展

"文化大革命"十年，中国的广告市场萎缩至极，只有在外贸领域还存留着广告的身影。1978年以前我国的广告市场只有不过十余家的广告经营单位，广告从业人员屈指可数，广告营业额也寥寥无几，报刊、电视、广播基本上不刊播广告。十一届三中全会之后，情况开始出现转变。1979年1月14日，《文汇报》第二版率先发表《为广告正名》的署名文章。紧接着1月28日，上海市美术公司（现上海市广告装潢公司）组织由上海电视台在黄金时间播出的第一例商业广告：参桂补酒。《解放日报》也于同日恢复刊出商业广告，从此，中国广告业日渐繁荣。①

1981年的广告行业经营统计数据表明，经过短暂的恢复，至年底，全国有广告经营单位1160家，广告从业人员16160人，广告营业额已达1.18亿元人民币。1979～1981年，各项指标均增长10倍以上。② 1982年2

---

① 范鲁彬：《中国广告业二十年点点滴滴札记》，《中国广告》1999年第1期。
② 范鲁彬：《中国广告业二十年点点滴滴札记》，《中国广告》1999年第1期。

月 6 日《广告管理暂行条例》正式颁布。这标志着中国广告经营不仅有了合法的身份，而且有了正常的管理制度。1983 年中国广告业进入高速发展期，至年底广告经营单位、广告从业人员和广告营业额分别较上年增长约44.1%、93.6%、56%。

（二）广告的巨大效应，引发更多关注

1979 年，广告在恢复刊登之时，就爆发了非常惊人的效能。首先，广告在上海恢复刊播，1979 年 1 月 28 日，《参桂养荣酒》广告，片长 1 分 30 秒，是中国内地第一条电视广告，出现在当时上海 129 万台电视机的屏幕上。经广告宣传后，该产品在全上海的主要销售商店中迅速脱销，而该酒15~16 元的定价（当时一个在上海台工作的本科毕业生的月收入只有 60元）并不低廉。① 一个多月之后的雷达表广告，虽然伴随着很大的争议，但是观众对于产品的热情很高，播放的第二天，就有 700 多位顾客去商场询问雷达手表。这一系列的现象，使得社会各界重新认识到了广告的巨大效力，认识到广告能够成为市场经济建设的重要力量。因此，即使伴随着争议，广告行业却依然无法阻挡地发展起来。

同时，广告作为市场经济的重要标志，从此之后不断地在各类大众媒介上以各种形式出现，广告本身也就成为"市场经济""改革开放"的象征，不断地影响着广大民众对于新的时代主题的理解。

（三）行业迫切需要专业教育的支持

广告行业的爆炸式增长，以及广告客户日渐专业化的需求，都意味着需要培养出大批的广告专业人才，才能壮大广告从业人才的队伍，由于民国时期国内并没有系统的广告教育，这就意味着需要从零起步，建设广告学专业教育。

1. 广告人才缺口很大

在广告行业日益顺畅的发展进程中，人才素质不高和人才匮乏的问题开始凸显。1987 年 3 月对 55 家报纸广告部门的 465 人的知识结构的调查

---

① 袁念琪：《1979，上海广告归来》，http：//sh. wenming. cn/HPFQ/sh_hpfq/201402/t201402 1 1_1736358. htm。

表明：大专以上文化程度 111 人，占总数的 23.9%；中专以上文化程度 70 人，占总数的 15.1%；高中文化程度 207 人，占总数的 44.5%；初中文化程度 77 人（包括小学文化程度 2 人），占总数的 16.6%。而具有大专以上文化程度的广告工作者，也很少有经过专门的广告专业学习。① 这表明广告人才存在非常大的缺口，高素质、专业的广告人才的培养势在必行。

2. 广告运作水平有待通过专业人才来提高

改革开放之前，中国广告从业者都是自学成才。中华人民共和国成立以后，通过公私合营等方式，民国遗留下来的各类广告工作者被统一在各单位机构中，他们并没有经过系统的专业教育，只能通过"传帮带"等方式，传递着有限的广告经验。改革开放之初，国内进行广告活动的人才主要有三类：一类是在各美术公司绘制政治宣传画的技师，转而进行广告绘制；一类是报社、电台、电视台的媒体记者，进行广告创作；一类是在"文化大革命"期间没有停止广告宣传的外贸系统中的宣传科的人才。

改革开放初期，国内既有的广告专业运作理念和水平与同期的国外发达国家之间有着非常明显的差距，大部分是依靠自我摸索，或照搬新闻宣传、参考国外广告等方式进行着非常简单、粗放的广告传播，多为简单、直白的信息罗列，且大多是基于生产者的单向视角，创意思路和创意手法也非常有限；其中，也有一些自发的市场调查的行为，② 但都很初级，没有科学的方法和规范指导。随着广告数量增多，低水平运作且日渐雷同的手法，导致广告效果逐渐下降，科学规范地进行广告运作是必然的发展方向。

加之，国外广告客户、广告公司与国内广告公司接触日益频繁，在对华广告业务委托的过程中，国内广告公司能力有限，只能在合作中充当辅助角色，如在北京广告公司与日本电通广告公司的合作初期，日本电通常

---

① 陈刚：《当代中国广告史》，北京大学出版社，2010，第 269 页。
② 1979 年，中国轻工业部在北京举办粉碎"四人帮"后第一次全国轻工业用品博览会，规模很大，全国优秀的轻工业品汇聚一起，百花齐放、争奇斗艳，每个展品都在包装设计上花了很多心思。参加完这次活动，对于如何把握消费者心理，轻工业如何应对市场经济，唐仁承结合自己的观察和调研，写了一组（10 篇）报告，发表在上海轻工业局的简报上，后来全国范围内很多媒体转发、研究、学习。参考秦先普《唐仁承：建构中国人自己的广告理论自信》，《中国广告》2019 年第 2 期。

常会把广告作品做好，北京广告公司只能进行简单的翻译和媒体发布，这限制了双方合作的深入发展。①

这些情况，无一不使得国内广告公司日渐感受到专业人才稀缺的压力，对于国内广告教育提出了非常直接的需求。

三　广告高等教育兴起

1979 年，丁允朋发表在《文汇报》上的《为广告正名》，成为广告行业重新启动的历史性节点，对于广告教育的呼唤也就随之而来。1980 年，北京商学院研究生张庶平在《人民日报》发表了署名文章《要研究点广告学》，提出了我国广告业恢复后广告学教学研究的问题，被称为"最早的广告研究宣言"。此外，在探寻中国广告学专业高等教育的源头中会发现，这个时期的市场学和传播学的兴起，为中国广告学专业的出现提供了最为直接的学科基础，这也是广告学专业的两大学科支点。当然，无论是暨南大学还是厦门大学，都地处中国南部，是中国改革开放的最前沿。这说明宏观环境的松动，提供了最直接的发育温床。

（一）市场营销课程是其源头

如果追溯广告学专业在改革开放后的中国高等教育中的源头，市场营销课程是其发端。

改革开放之后，营销类的课程首先被企业界呼唤，并出现。1978 年，中断 10 年的高等教育招生制度终于恢复了。何永祺是当年暨南大学经济系三人筹备组的成员之一。当时暨南大学的商业经济学，课程内容依然是统购统销，难以满足学生的需求，当时他们在与海外高校、来访的海外学者的沟通中，以及在一些海外书目中，了解到了市场学课程的状况。当时的学生也要求开设广告学，还有商业心理学。最终，何永祺和他的同事们在1978 年的教学计划里，把市场学、广告学、商业心理学列入其中。但是，市场学获得广泛认可，也并非易事。1979 年 11 月 26 日，邓小平在会见美国不列颠百科全书出版公司编委会副主席吉布尼等人时说："市场经济只存在于资本主义社会，只有资本主义的市场经济，这肯定是不正确的。社

---

① 来自对原北京广告公司副总经理程春先生的访谈。

会主义为什么不可以搞市场经济?"但这番意思并没有给学术界带来突变。1980 年 3 月，在秦皇岛召开的"中国商品流通理论讨论会"上，与会者对何永祺以市场学代替商业经济学的问题，提出了批评。①

何永祺阅读了大量境外的与市场营销相关的书籍、报纸和杂志，② 掌握了市场学的大致架构，他确立教学提纲，确定教材。经过综合比较，最后中国台湾学者王德声和姜显新编写的《市场学》被列为教材。1979 年春节过后，何永祺率先开始在中山大学商业经济专业的高年级学生中开设市场营销学课程。"在这个情况下我们就开始慢慢进行课程改革，市场学就这样开了，首先是在外面开，去企业单位讲课，因为当时改革开放已经开始了，很多企业单位也有所松动。我记得 1979 年我到肇庆，国家经委在那里开设了厂长、经理培训班，我在那讲市场学。那些厂长、经理听了以后兴致勃勃，差不多每个小组都讲：'学这个东西真有用'。"③ 1979 年秋天，暨南大学正式开设市场营销课。

与此同时，北京、上海的一些外贸类高校，也开始开设市场学课程。1981 年，上海对外经济贸易大学的章汝爽、黄燕和北京对外经济贸易大学的罗真崗三人率先在大学课堂上开讲当时还被称为"市场学"的营销课。1981 年 7 月香港中文大学工商管理学院院长、市场与国际企业学系主任闵建蜀教授应中国人民银行总行的邀请来西安陕西财经学院讲授市场学。参加学习和听讲的有 120 余人。先后讲市场营销概念、消费者购买过程、市场分析、产品、定价、分销途径、广告、销售推广、市场销售研究、市场调查方法、市场计划、市场管理和市场控制等 12 讲，系统地介绍了国外市场学的内容；并就市场学教学方法做了介绍。④ 1981 年，北京财贸学院成立北京财贸学院工商行政管理系，设置了广告管理等专业课程，并组织编写《广告管理》教材。⑤

---

① 《1978 年，暨南大学破题》，http://info. news. hc360. com/html/001/002/009/018/72600.
   htm，最后访问时间：2019 年 5 月 17 日。
② 由于暨南大学的特殊性，国家有关部门批准他们可以订阅中国港台地区和资本主义国家的刊物。
③ 《1978 年，暨南大学破题》，http://info. news. hc360. com/html/001/002/009/018/72600.
   htm，最后访问时间：2019 年 5 月 17 日。
④ 文启湘：《陕西财院举办市场学师资讲习班》，《经济学动态》1981 年第 10 期，第 58 页。
⑤ 刘英华：《知行道理　辨章学术：中国当代广告教育与学术研究三十年回眸》，《现代传播》2009 年第 4 期。

中广协学委会的发起人之一唐忠朴也较早就接触到了市场营销理论，并且广泛传播，他于 1983 年在香港购得闵建蜀的《市场管理》一书，并深受 4P 理论体系的影响。从 1984 年开始，他走遍全国，给广告公司讲课，给企业培训，但是当时的企业大多还没有从计划经济的思维模式中完全走出来，"一个广告救活一个厂子"的现象大行其道，4P 并不吃香，但是慢慢随着一些营销咨询公司和广告公司的出现，推动了 4P 理论的应用，当时一些企业获得了成功，如苏州长城电扇、天津海鸥手表、沙市活力 28 洗衣粉、上海露美化妆品和常州金狮自行车，这些品牌在 80 年代中期成为全国知名品牌。①

（二）传播学的引入提供了重要的学科归属

改革开放初期，学术思想进入一个开放交流的新阶段，思想界认为这个阶段是五四运动以来的"新启蒙"，并不为过。十一届三中全会和"真理标准问题大讨论"破除了"以阶级斗争为纲"的思想桎梏，经济进入国家建设的中心。打开国门之后，国人的危机感大增，人们开始反思"文化大革命"中的人性和社会灾难，批判造成贫困落后、愚昧封闭的政治和传统文化根源，追求科学、民主、自由，渴望解放自我和拥抱世界。② 这也就为学术思想的交流、解放提供了重要的背景。

传播学就是在这样的背景中被引入的。1978 年，"四人帮"被打倒之际，高等教育和科研体系面向西方全面开放，传播学在中国掀起第二次引进的热潮。"1982 年 5 月，美国著名传播学者威尔伯·施拉姆到中国人民大学新闻系作介绍美国传播学 4 位奠基人的学术报告，《国际新闻界》6 月起刊出'大众传播学专辑'。1982 年 11 月 23～25 日，在北京举行了第一次全国传播学讨论会。这次会议的召开标志着这门源于美国的新兴学科正式进入我国学界视野。对于传播学从引进到真正全面、深入地了解与研究，是从这次会议召开以后开始的。因此，1982 年施拉姆的报告和全国研

---

① 《4P 经典的魅力与威力》，《成功营销》，2004 年 10 月，http://finance.sina.com.cn/jygl/20041013/17341077119.shtml，最后访问时间：2019 年 6 月 7 日。

② 胡百精：《新启蒙、现代化与 20 世纪 80 年代中国公共关系史纲——中国现代公共关系三十年》，《当代传播》2014 年第 7 期，第 4～9 页。

讨会的召开，被视为传播学进入中国的破冰之旅。"①

20世纪80年代初，新闻学界的对外学术交流呈现出异常活跃的景象。1981年11月，中国和澳大利亚新闻界人士在北京举办了新闻学讨论会。与此同时，美国著名新闻学府的学者纷纷来华，或讲演，或执教。密苏里大学新闻学院、斯坦福大学新闻系、明尼苏达大学新闻学院、密执安大学新闻系、夏威夷大学新闻系和美国夏威夷东西方中心研究所的诸多学者都来华访问、交流。1983年到1998年期间，中国派往国外进修的访问学者有70多人，到中国高等院校和研究机构访问和讲学的外国专家有百人以上。②

传播学的引入，改变了以往新闻学"政治色彩"浓厚的特征，学科范畴和学科体系也开始效仿国外建设。这使得全国的新闻传播学专业进入了一个较大的发展期，商业性质鲜明、市场需求明显的广告学也得以在传播学中获得学科归属。直至1997年，新闻传播学被提升为一级学科，并确定新闻学和传播学为新闻传播学下属的两个二级学科，传播学这才取得登堂入室的地位。

（三）广告学专业高等教育出现

广告学在高教系统内首先以课程的形式出现。如1982年，唐忠朴为中国人民大学新闻系本科生开设了一门名为《广告学概论》的选修课，其授课对象是本科生。

在1983年，厦门大学设立了内地第一个广告学专业，开始了真正意义上的中国当代广告专业的高等教育。厦门大学的广告系成立的背景比较丰富，一则是创办的重要参与者——余也鲁先生作为施拉姆的高徒，在1985年陪同施拉姆访华之后，与国内传播学界建立了联系，他当时在香港从教，为承师志要将传播学引入内地，经过一番努力，最后选择在厦门大学筹建新闻传播系。二则是厦门大学在1922年至1926年曾经创办过新闻教育，在传播学的热潮中，也希望可以恢复建设。

1988年北京广播学院（现中国传媒大学）创办了国内的第二个广告专

---

① 童兵：《中国新闻学研究百年回望与思考》，《新闻爱好者》2018年第8期。

② 陈扬明：《忆创立新闻传播系的倡议者刘季伯》，《厦门大学学报》增刊之《庆祝厦门大学新闻传播系建系十五周年》，1998年12月15日，第389期，第4页。

业，也是因为当时新闻系的负责人曹璐在发展传播学的背景下考虑拓展专业空间，申办了广告学专业。1988 年北京广播学院筹备广告专业，丁俊杰作为当时的年轻教师，敏锐认识到了广告学专业创办的价值，并积极参与推动。"在留校任教后，丁俊杰和当时新闻系的其他老师一起发起了创办广告学系的倡议。"根据黄升民回忆："翻阅北京广播学院广告专业发展史，专业创始人首推赵玉明、曹璐，而后有魏永刚、吴晓波、丁俊杰、胡平等一批助教在忙前忙后。从专业设立的 1988 年到现在，18 年岁月弹指一挥间。赵曹两老退居二线，魏吴等人下海捞月，硕果仅存的只有丁俊杰一人。"①

为了满足当时的人才需求，当时的大专班、培训班由于门槛低而非常受欢迎。1984 年，暨南大学率先在广东省开办"广告人员培训班"，1988 年，该校新闻系又与成教学院合作，开办三年制广告与公共关系大专班，并把"广告学概念"和"电视广告专题"等课程引入新闻专业本专科的教学中。长春广播电视大学大专部则从 1985 年开始，首招广告专业学生进行函授教育。1986 年 2 月，中国广告协会开办了中国函授学院（三年制）。这些来自高等教育、行业组织的各类教育培训活动，对于缓解广告人才短缺的问题起到了很大作用。与此同时，不少社会力量出面独立或联合院校合作进行办学，既对缓解院系专业创设初期师资、设备、资金等方面困难有益，也对办学模式的多样化做了新的探索。② 1990 年深圳大学开设广告专业。暨南大学、长春广播电视大学也先后开始了广告专业方面的课程和教育。

当时国内广告学专业创办者都在思考定位和出路的问题，一方面需要思考如何为市场经济服务，如何通过与市场经济对接，来设置专业和课程。另一方面也需要考虑如何将人才培养成符合市场需要的人才，从而使得专业教育能够得到社会的认可。

由于广告学专业的高等教育具有非常鲜明的市场经济功能，非常符合改革开放、经济建设的需求，符合"教育服务经济建设"的思路。开办广告学专业，也就成为一些高等院校赶超时代潮流，提升社会影响力，进行高教改革的重点之一。1987 年，原国家教委进行"文化大革命"后第一次

---

① 张亚萍：《拓展与坚守——丁俊杰广告教育与学术思想研究》，《广告大观》（理论版）2008 年第 1 期，第 62 页。

② 潘向光、丁凯：《中国大陆院校广告教育的历史走向》，《现代传播》2000 年第 1 期。

专业目录修订，在专业种数由原先的 1300 多种调减至 671 种的情况下，广告学作为"试办"专业第一次进入国家的专业目录。到 1993 年，国家进行第二次专业目录修订，专业种数再度调减至 504 种，广告学作为正式专业赫然在列。1998 年，国家进行第三次专业目录修订，专业种数由 504 种进而调减至 249 种，广告学专业依然在列。① 这说明广告学专业的被认可度非常稳定。

当时的广告学专业教育，也积极开展产学互动，这一方面是因为发展资源匮乏，需要通过合作项目来获得资金和各类资源，解决当时高等教育投入不足的问题；另一方面通过对于广告行业的研究，创造一个教学实践活动，让学生尽早接触产业，提高实践动手能力，对于课堂所学内容进一步消化和吸收，也弥补课堂教授应用类知识的局限性。北京广播学院从 1989 年与日本电通合作调查项目之后，此后每年都有大量的市场调查、策划创意、媒介研究等项目合作，对于教师、学生而言，都是重要的成长机会，也是探索此后研究方向、构建中国广告学学术的重要契机。

四 广告职业教育蓬勃发展

由于这个时期广告专业高等教育发展不足，而大量的广告职业教育蓬勃兴起，为当时的广告人才的培养提供了重要的支持，尤其对于一些从业人员，能够在通过低门槛、低成本的方式快速获得专业知识，迅速转化成广告作业成果。

（一）行业组织组织专业交流和学习活动

1980 年 11 月 28 日中华全国广告协会筹建，1981 年 2 月 21 日在京召开中华全国广告协会第一次代表大会，并更名为"中国广告协会"。1982 年 2 月 23 日，经中宣部和国务院财贸小组批准中国广告协会正式成立。此后，中广协展开了一系列的广告学习班，对于广告人学习广告知识的迫切要求给予回应。

1. 组织专业学习班

首先中广协组织了不少对外交流，对于当时的中国广告业而言，是一个快速打开眼界，与专业广告运作接轨的重要学习机会。如 1983 年 3 月，

---

① 曾琼：《中国广告学知识生产的学科制度检视》，《新闻大学》2019 年第 1 期。

香港华资广告业商会应中国广告协会之邀，赴上海、北京、杭州等地访问，进行经验交流。1984 年 10 月 2 日，中国广告代表团应邀参加在日本召开的第 29 届世界广告会议。这是中国广告界首次参加国际广告界活动。

此外，中广协也组织了不少学习班，如 1983 年 5 月 4 日中国广告协会与中广联在青岛举办了"广告设计进修"，1986 年 2 月 22 日中国广告函授学院开学典礼在京举行。1989 年 11 月中国广告协会与北京广播学院联合创办"广告专业证书班"；不少课程也邀请了当时有着丰富从业经验的广告老人徐百益先生参与授课。他"不顾七十以上的高龄，往来奔走于青岛、南京、长沙、太原、洛阳、郑州、成都、西安等地，行程不下万里，每年平均总要外出四、五次为各种学习班讲学，累计先后听过他的课的有 1300 多人，他讲学的主题，主要是广告学和与广告有密切关系的市场营销学，听讲的对象，有在培养中的企业管理人员，广告从业人员和工商行政管理部门主管广告的干部"。① "他参加了中国广告协会的中国广告函授学院的筹建工作，并担任'广告概论''广告史''广告策划'三门课程"，② "他还花了不少精力，编写了《实用广告手册》和《广告学》两书，还打算编译一本《公共关系学》"。③

1985 年 4 月，中国对外经济贸易广告协会与欧共体在桂林共同举办的"全国广告摄影高级培训班"也受到了广泛的欢迎④。

2. 中广协学术委员会组织研讨交流

1986 年底，中国广告协会换届，协会领导决定成立学术委员会，把分散在全国的广告专家、学者、理论研究人员组织起来，以更好地开展广告理论研究和学术交流工作。

1989 年，中广协学委会与企业家组织联合在浙江举办"市场营销策略研讨会"。1990 年，厦门大学与中国广告协会合作举办的国内首次广告教育研讨会，会议集中探讨了广告教育和广告人才培养的问题。这些交流和

---

① 邹宝权：《孜孜不倦学到老，兢兢业业育新人——访我国广告前辈、广告学专家徐百益》，《教育与职业》1986 年第 1 期。
② 邹宝权：《孜孜不倦学到老，兢兢业业育新人——访我国广告前辈、广告学专家徐百益》，《教育与职业》1986 年第 1 期。
③ 邹宝权：《孜孜不倦学到老，兢兢业业育新人——访我国广告前辈、广告学专家徐百益》，《教育与职业》1986 年第 1 期。
④ 姜弘：《广告人生》，中信出版社，2012，第 90 页。

研讨，在当时的广告业界和广告教育界都产生了非常积极的影响，促进了科学观念的传播，对于当时中国广告行业和广告教育发展中的迫切问题也给予了非常及时的关注。

（二）广告公司为人才培训做出重要贡献

这个时期广告公司由于位于第一线，对于人才培训表现得更为迫切。因为人才的水平决定着公司的市场影响力和经济效益。

1. 日本电通邀请中国广告人赴日学习

1979 年北京广告公司成立之后，日本电通株式会社（以下简称日本电通）成为第一个组团访问北京广告公司的外国广告公司，并在 1979 年 12 月就展开了合作，签订了十多万元人民币的广告合作协议，这也是北广成立后的第一笔交易。

这一时期的广告客户，除了本土的广告客户之外，还有相当一批海外大客户进入中国。这些海外客户对于广告业务水平要求较高，但是当时中国的广告从业人员与要求之间还有一定的差距。从 1979 年到 1993 年日本电通在华的广告投放项目，创意和设计都是由日本电通本部的日本设计师在做，而一起合作的中国广告公司只负责承办。[①]

为了促进国内广告人才的成长，时任日本电通北京事务所所长的八木信人建议北京广告公司派出代表团访问日本。经沟通，1980 年 4 月 20 日，日本电通专务木暮刚平等人访问北广，向北广提出了访问日本并选派广告业务人员赴日本电通研修广告的邀请，并表示将支付所有的费用。

1980 年 6 月 30 日，经由经贸部批准，北广派出了中国首个出访海外的广告代表团前往日本，代表团由郭少望副经理、主任程春及翻译李庄稼组成。程春先生表示，北广通过这次访问，既参观了第三十三届日本电通，欣赏了大量以前从未看到过的优秀广告作品，对"创意"这一概念有了全新的认识，也参与了电通的座谈会，访问了《读卖新闻》和旅日华人广告公司向阳社，与日本的广告业界有了最直接的交流，这为电通和中国广告行业今后的合作打下了坚实的基础，这也使中国当时第一线的广告人

---

① 高志旭：《日本电通在华广告公司的本土化研究（1979 年至 2016 年）》，中国传媒大学硕士学位论文，2016。

得到了非常直接的国际化的广告教育。1981 年 3 月，日本电通再次邀请北广员工前往日本，展开研修学习。①

2. 日本电通广告专家来华讲座

日本电通的广告专家也为这个时期国内广告观念的树立进行了启蒙。1980 年 10 月 10 日，日本电通派出六位资深广告专家，在北京举行了为期六天的广告知识系列讲座。六位讲师都是在部长以上，分别隶属于日本电通的各个部门。北京各进出口公司、美术设计部门、广告专业人员等一百多人前来听课，这一系列讲座对当时的中国广告界具有深远影响。讲座分为早、中、晚三节，每一节课分别由一位电通的工作人员对中国的广告从业人员进行培训。日本电通为了这次的讲座做了精心的准备，六位专家系统地介绍了日本市场和广告业的概况，详细地讲述了客户服务、市场营销、创意制作、媒体策略、SP/PR 等现代广告与实践。② 当时中国进出口总公司、分公司宣展部门的有关人员，应邀参加了这次活动。除了大量的平面广告和影视广告，单是发给学院的讲义就有 160 多页。③

这次讲座是中国改革开放后最早举办的也是最全面、最系统的一次现代广告基础理论与实务的讲座。在整个培训期间，Marketing 理论第一次被完整地、系统地传播到了中国，成为该理论在中国传播的真正原点。日本电通著名市场研究专家玉木彻志在讲座上以康泰克为例，做的"外国商品如何打入日本市场"的案例解读。"玉木彻志、土桥纠夫、八木信人等日本广告人还用'以销售为目的、统一的、有计划的市场活动'来进行中文诠释，以便中国广告人更好地理解这一理念，中国广告界从此引入了现代的广告理念"。④

曾任北京广告公司总经理的姜弘回忆说，马克丁（Marketing）理论引入中国是中国广告从传统向现代转变的理论基础，也是中国广告从商品或服务的推销手段到市场营销重要组成部分的转折点。这也是我们这一代广告人与徐百益、丁浩等老一辈广告人广告经历上的根本不同。⑤

---

① 来自对前北京广告公司副总经理程春先生的访谈。
② 姜弘：《广告人生》，中信出版社，2012，第 90 页。
③ 姜弘：《广告人生》，中信出版社，2012，第 90 页。
④ 姜弘：《广告人生》，中信出版社，2012，第 90 页。
⑤ 陈刚、祝帅：《批判中建构与发展——中国当代广告学术发展四十年回顾与反思（1979 - 2018）》，《广告研究》2018 年第 4 期。

这种讲座形式，电通从此定期举办，以培养中国的广告人才。

3. 在华国际广告公司培养本土人才

从 20 世纪 80 年代末开始，一批国际广告公司开始进入中国，也把先进的运作理念带入中国，并且为中国早期广告人才的培养做出了贡献。

1986 年在中国广告史上是个值得纪念的年份。在这一年，由美国电扬广告公司与中国国际广告公司合资的电扬广告公司正式在北京成立，拉开了跨国广告公司进入中国大陆广告市场的序幕（见表 1-1）。

表 1-1　国际广告公司进入中国时间[①]

外广告公司（办事处）	进入中国时间
李奥贝纳中国部	1979 年
博报堂向阳社	1980 年
日本电通北京事务所	1980 年
电扬广告	1986 年
奥美办事处	1986 年

国际广告公司在中国早期发展的过程中，对于中国广告行业专业人才培养和专业流程构建的贡献，是有目共睹的，他们将西方文化体系下广告实务专业的流程、理念迅速地传播给了本土广播人士、企业负责人、以及行业相关人员，利用最短的时间构建起了专业广告公司运营流程体系。[②]

郁海敏认为："奥美最大的功劳在人的方面。第一，人才的培养方面，作用不可取代。第二，对整个行业的、理论的体系的影响力。ECD（执行创意总监，Executive Creative Director）培养了一大批。奥美的培训是比较有体系化的。第三，奥美的人才培养对整个行业的影响力、对客户的影响力深远。它就像五星级酒店，它的水准，为行业树立了一个标杆。"[③] 高峻则说道："国际广告公司进入中国主要是在八几年，真正比较普及是在九几年。中国当时落后封闭，对于广告业来讲，学习感受国际运作方式，第

---

① 部分数据来自邓广梼《国际广告公司在中国早期发展历程中对中国广告人才培养的探讨》，《广告大观》（理论版）2015 年第 4 期。

② 邓广梼：《国际广告公司在中国早期发展历程中对中国广告人才培养的探讨》，《广告大观》（理论版）2015 年第 4 期。

③ 邓广梼：《国际广告公司在中国早期发展历程中对中国广告人才培养的探讨》，《广告大观》（理论版）2015 年第 4 期。

一个老师是香港，通过陈幼坚等人，了解 VI 系统概念、体系；第二个老师是台湾人，他们主要以设计为主，将 CIS 体系从台湾传到大陆。这个体系是一个从理念、到行为、到视觉的学术体系，我们当时很迷恋；第三个老师是日本人，那时通过奥运项目了解了电通公司。通过阅读纪文凤刊载在靳埭强的《设计杂志》上的文章，让我认识到广告学理论体系的深厚、设计与广告之间的关系。"①

五 广告专业出版

在这个阶段，广告书刊出版也经历了从零开始的迅速成长，为广告教育提供助力。

（一）专业期刊出现

这一时期广告学专业杂志与书籍也随着广告活动的恢复开始出版发行。《中国广告》（1981 年）、《国际广告》（1985 年）、《广告人》（1989 年）陆续创刊。

这三本专业期刊，作为最为迅速的广告知识传播途径，成为中国广告人非常便捷的行业信息获取方式和广告知识增长方式。《中国广告》作为国内的第一本专业广告杂志，诞生于 1981 年 4 月 15 日，该刊定位为广告专业理论杂志，通过传播广告理论、广告操作经验、广告行业资讯，以及广告作品，来提升行业水准。当时的杂志编辑部以钱慧德为负责人，任蕴辉、方振兴、陈梁为责任编辑，杂志创办初期为季刊，至 1997 年改为双月刊，2001 年改为月刊。②

（二）专业书籍出版兴起

专业书籍和教材的出版也开始日渐出现，促进了专业知识的规范和普及。

1983 年 9 月 21 日，经国家统计局同意，由国家工商行政管理局印发

---

① 邓广梼：《国际广告公司在中国早期发展历程中对中国广告人才培养的探讨》，《广告大观》（理论版）2015 年第 4 期。

② 《细数中国广告四十年的若干"第一"》，http：//www.sohu.com/a/259760214_657211，最后访问时间：2019 年 5 月 12 日。

《广告经营统计表》进行系统全面统计。1988 年 8 月，国家工商行政管理局、中国广告协会联合编辑出版我国广告界第一部大型工具书《中国广告年鉴》。从此，广告行业开始有了年度的数据统计和行业资讯整理。

一系列的专业书籍也开始出版，满足行业人员对于广告专业知识的渴求。《广告知识与技巧》（1980 年，潘大均编著）、《广告与商业》（1980 年，崔岩崎编译）、《实用广告学》（1981 年 9 月，唐忠朴等主编）、《广告学》（1985 年，傅汉章编著）等书籍的陆续出版，弥补了当时国内广告教材的空白。

1991 年由唐忠朴主编的《现代广告学名著丛书》，收编了美国广告名著六本，日本和中国台湾的广告学名著各一本。美国的六本广告专著皆由台湾辅仁大学专任教授刘毅志先生编译，包括《一个广告人的自白》（大卫·奥格威著）、《广告写作艺术》（丹·海金司著）、《怎样创作广告》（汤·狄龙著）、《广告运动策略新论》（唐·舒尔茨著）、《广告制作》《广告媒体研究》（吉·苏尔马尼克著）六本书，介绍了西方和中国港台地区较先进的广告理论，这是中国首次大规模引进并集中出版的海外广告学名著，在中国广告业界产生了广泛深远的影响。《成功广告 80 例》（颜伯勤著）是第一本引入的广告作品著作，《广告心理》（仁科贞文著）则是第一本广告学心理著作。这些书籍，介绍了国外的经典广告学理论和专业运作理念、专业手法，使得国内从业人员能够接触到国外成熟的广告学理念和知识。一些新术语、新理念，如"创意""营销""传播"等，开始流行。[①]

六 专业展览受到热捧

这个时期，国内少有机会能够看到出色的广告作品，各类广告作品展览大受欢迎。

（一）全国出口商品外宣座谈会

1977 年 8 月 15 日，在石家庄召开了全国出口商品对外宣传电影工作座谈会。当时全国凡是拍过出口商品电影、电视宣传片的进出口总公司、

---

① 陈刚、祝帅：《批判中建构与发展——中国当代广告学术发展四十年回顾与反思（1979 - 2018）》，《广告研究》2018 年第 4 期。

分公司和北京、上海、天津、河北的外贸局以及香港中国广告有限公司、香港花园公司的代表共 40 余人出席了此次会议。这是中国出口商品对外宣传工作的一次重要会议，因为从 1973 年开始，北京、天津、上海、河北等一些地方的外贸公司，陆续拍起了出口商品的宣传片，主要是为了当时出口产品宣传服务。在这次座谈会上代表们观摩了各地外贸公司拍摄的宣传影片和香港中国广告有限公司带来的电视广告片。会议上交流了各地外贸公司拍摄出口商品对外宣传影片的做法和经验。① 这是在外贸系统自发的对外宣传交流活动，对于宣传经验的传播和总结，具有重要的时代意义。

（二）广告作品展

改革开放之初，广告依靠"创意"的影响力，引发了社会对广告价值的认可，也符合 80 年代"文化热""艺术热"的浪潮，也就是说，广告作品在一定程度上被当作艺术品欣赏。1980 年 11 月 28 日，在广州召开的 22 个大中城市广告单位第二次广告工作会议上，开始筹办第一届全国广告装潢展览。1982 年 2 月 21 日，第一届全国广告装潢设计展览在中国美术馆举办。之所以能够进入美术馆，这是由于在 80 年代审美沙漠中，带有创意的广告作品确实凭借视觉优势受到关注，但是随着广告日益彰显其实用性、通俗审美取向等，以及操作程序的科学化，广告的"艺术性"开始削减。

该展览随后又先后在沈阳、武汉、广州、上海、重庆、西安等六城市巡回展出，历时长达近一年。该展览在全国范围内引起较大的轰动，因为这是一个非常难得的全国优秀广告作品集中展示，对于很多苦苦探索广告之路的广告从业人员而言，这是一个非常难得的学习机会。1984 年《第一届全国广告装潢设计展览优秀作品集》作品出版。第二届全国优秀广告作品展于 1989 年在杭州举办。

在 1983 年到 1988 年期间，全国性的广告作品展虽然没有大规模举办，但各种活动仍层出不穷，这也从另一方面表现出中国广告在改革开放初期活跃的态势。中国广告协会于 1985 年召开专业工作会议，分别按广播广告，电视广告、报纸广告和户外广告等专业进行优秀广告作品评

---

① 姜弘：《广告人生》，中信出版社，2012。

选活动。其中，第一届全国优秀广播广告作品评选会在江苏常州举行，会上有 40 家电台的 90 余件作品获奖；在四川成都举办了首届全国优秀电视广告作品评选会，共评出优秀作品 32 件。此后各类广告作品评奖活动接连不断，1991 年举办了第六届优秀广播广告评选和第五届全国电视广告"印象奖"评选。这一年，还评出了公共广告奖，这是中国公益广告奖的前身。①

虽然这个时期的广告作品水平非常有限，但是这些评选活动直接刺激了广告创作和广告创作学习。"从 1982 年到 1991 年，中国广告评比活动呈现出活跃却无序的状态，不同媒体类型的'优秀广告作品评选'不定期地在全国轮流举行，一般只需通过申报，选择一个城市举办即可。在这一时期，广告的类型比赛众多，虽然这些比赛都是经由中国广告协会批准举办的，但无论是举办地点还是评选标准，都因为缺乏统一性而显得权威性不足，因而，初期的几届广告作品评比来看，无论从比赛规模水平到参评作品数量都还处于'初级阶段'。"②

中国商务广告协会，其前身是中国对外经济贸易广告协会，是于 1981 年 8 月 21 日经国务院批准、民政部核准成立的第一个全国性的中国广告业的行业组织。其下属的学术组织中国对外贸易广告摄影学会，在 1981 年 8 月筹备的"国外广告摄影观摩展"在社会上引起了强烈的反响，筹备者之一——姜弘先生撰写了一篇名为《浅谈广告和广告摄影》的文章，提出"各国的社会制度、经济特征不同，广告从内容到形式必然各异。根据我国的具体情况，吸收有益的营养，发展自己的广告摄影艺术，为社会主义的四个现代化和我国的对外贸易服务，这就是此次展览的目的"③。并且在之后举办了"广告与广告摄影"的讲座。"据 1982 年 5 月中国对外经济贸易广告协会会刊《广告通讯》报道：国外广告摄影观摩展先后在北京、天津、大连、青岛、南京、上海、广州、武汉、南昌等九个城市举办。"④

在 1983 年 8 月，中国对外经济贸易广告协会在北京举办了"全国出口商品广告摄影展览"，展出了 180 多件作品，是从全国 25 个省、自治区、

---

① 吴文瀚：《中国当代广告艺术形式流变研究》，武汉大学博士学位论文，2015。
② 吴文瀚：《中国当代广告艺术形式流变研究》，武汉大学博士学位论文，2015。
③ 姜弘：《广告人生》，中信出版社，2012。
④ 姜弘：《广告人生》，中信出版社，2012。

直辖市的外贸进出口公司、外贸广告公司以及少数其他行业的摄影工作者的作品中挑选而来。该展览在广告界和摄影界引起了巨大的反响。

七　小结

广告学专业高等教育在中国的出现，是一个非常具有历史意义的事件，一方面，对于广告行业而言，是行业逐渐走向正规发展的标志之一，为其解决了人才需求的问题。另一方面，也是中国高等教育内的开放改革的象征，市场经济学和传播学作为广告学的两大学科基础，都是在当时思想解放、经济建设的背景之下从海外传入，广告学专业也借着这股东风，获得学科建设的基础，其特有的社会价值、经济价值被认可也是学科建设的基础之一；此外，中国广告学专业高等教育的出现，也表明当时的高等教育已经逐渐走出象牙塔，并且有了市场观念和人才供求观念，开始结合经济发展趋势、人才需求趋势来进行专业建设和人才培养。

当然，广告学专业高等教育的发展，仅仅是时代热潮中的一个浪花，在其背后，行业组织、国内外广告公司、出版机构等，都通过各种职业培训、专业交流、专业展览、专业期刊书籍出版等方式，共同酝酿着一个有利于广告学专业发展的宏观环境，共同参与这个激情澎湃的时代，因此，广告学专业高等教育得以迅速发展，是一个"合力共促"的结果，并非仅仅是高等教育体系内部的事情。

第二节　1992～1998：动力支持下的提速

1992 年，邓小平"南方谈话"之后，中国的改革开放进入了快车道，对于广告行业而言，也是一个快速发展的阶段；与此对应，伴随着中国高校的深度改革和行业的快速发展，中国广告学专业高等教育也进入提速发展的阶段，并且开始在行业内的权威性和影响力开始上升，取得了专业教育的话语权。在这个阶段，除了开办广告学专业的高校数量增多之外，人才培养层次开始上升，教学和科研方面开始走上正轨，与此同时，行业内部的专业出版、学术交流，也较之前有了较大的改善，这都表明，中国广告学专业高等教育的体系开始有了初步的架构和形态。同时，也在与行业形成互动关联、资源合作的过程中，开启自身的学科建设和学术体系建设，不能不说，这依然是其大胆开拓、务实进取的精神的延续。

一 高等教育改革持续深入

随着中国经济改革进入深化阶段，我国对于高等教育更为重视，视其为我国国家战略和基本国策之一。与此同时，对于高等教育的改革力度也开始加大，给予高校更为宽松的环境和更大的自主权，呼吁社会各方面力量都参与到高等教育改革中，并通过教学评估的方式，对于高等教育不断地进行规范。

（一）教育受重视程度进一步提高

1995 年 5 月 6 日，中共中央、国务院作出《关于加速科学技术进步的决定》，提出"科教兴国"的战略。之后，在提高科技研发投入的同时，也开始启动了高等学校扩招，使中国的高等教育毛入学率由 1997 年的 9.1% 提高至 2002 年的15%，从"精英教育"进入"大众教育"阶段，大学在校生人数居世界第二位。国家财政性教育经费支出占国内生产总值的比例首次达到 4%，高等教育毛入学率翻了一番，到 2012 年达到 30%，成为世界本科生、研究生在校生人数最多的国家，2010 年全国大专以上人口达到 1.19 亿人。①

改革开放之后，高教体制改革不断进行发展，国家颁布了一系列关于高等教育体制改革的法律法规和条例。如 1982 年的《中华人民共和国宪法》第十九章明确提出："全国鼓励集体经济组织、国家企业事业组织和其他社会力量依照法律规定举办各种教育事业"；1993 年的《中国教育改革和发展纲要》允许"收取非义务教育阶段学生学杂费"；1994 年颁布的《中国教育改革和发展纲要》，强调要"发挥社会各界参与教育决策和管理的作用"；② 1998 年的《中华人民共和国高等教育法》规定，"鼓励企业事

---

① 胡鞍钢：《从科教兴国战略到科教强国战略》，《国情报告第十六卷 2013 年》。
② 《国务院关于〈中国教育改革和发展纲要〉的实施意见》（国发〔1994〕39 号），http://www.moe.gov.cn/jyb_sjzl/moe_177/tnull_2483.html。

业组织、社会团体及其他社会组织和公民等社会力量依法举办高等学校，参与和支持高等教育事业的改革和发展"。这个阶段，民办教育以及社会办学都开始纷纷兴起。1997 年，全国高校并轨完成，实行所有新生都缴费上学制度。

1994 年，中国高等教育学会教育评估研究分会成立。在各项政策以及制度机制的保障下，我国对普通高等学校的本科教学评估工作逐步转入正规化与制度化轨道。① 211 工程和 985 工程都是在这个阶段启动，这是沿袭之前建设重点高校的传统，但是为了更好地促进国内高校发展，给予高校更多的支持和更多的自主管理权。

（二）应用类学科受到重视

高等教育对应用型专业的逐渐认可，也是一个重要推动力量。《中国教育发展和改革纲要（1990—2000 年）》指出：各高等学校都要面向社会主义现代化建设，大力培养多种规格、侧重应用的人才，同时也要注意培养适当数量从事研究和教学的人才。这种教育思路的转型，源于对新的经济形势的适应与推动的需求。"与传统学科相比，应用学科的确立和发展往往更基于社会经济的动态变化，面对的是更为错综复杂的研究对象。应用学科建设必须注意学科间的相互交叉、渗透和综合，为学科的发展开拓广阔的前景。"② 在这个阶段，应用类学科也就受到了比较大的重视。广告学专业高等教育，是案例之一。

二　广告行业迅猛发展

1992 年之后，中国经济快速发展，与之相伴，中国广告行业也进入了快速发展时期。这一时期的规模和体量都有了非常大的提升。1992 年国务院发布的《关于加快发展第三产业的决定》，对于广告行业产生了积极的推动作用；1993 年 3 月发布的《全国第三产业发展规划基本思路》中，明确提出：广告业是知识技术密集型产业，并规定了广告业今后发展的目标和任务。这一时期的广告行业也迅速发展、壮大，形成了较为完整的产业

---

① 李佳霖：《改革开放 40 年我国高等教育教学政策的变迁与展望》，《武汉交通职业学院学报》2018 年第 11 期。

② 葛亚宇：《对高校应用学科建设的几点思考》，《南京经济学院学报》1997 年第 3 期。

构建，并通过广泛的经济效应，获得了社会各界的认可，广告成为改革开放的标志之一，"广告是经济的晴雨表"，也成为当时的主流观念。① 在经历了国外先进的营销理念的冲击之后，中国企业在思想观念上都有了很大突破，加之市场竞争的加剧，使得许多企业在广告上煞费苦心。

这样的发展趋势，对国内广告人才的数量和水平提出了更高的需求。

（一）快速发展中人才缺口更为明显

1992～1994 年，中国广告市场出现了第二个发展高峰，广告经营单位从 16683 户增长到 43046 户，广告从业人员从 185428 人增长到 410094 人，特别是由于 1992 年国家对广告经营的放开、媒体市场竞争机制的明确和1993 年《关于加快广告业发展的规划纲要》《关于设立外商投资广告企业的若干规定》的颁布，私营企业和合资企业迅速增加，年度增幅接近100%，因此，1993 年成为中国广告市场成长最快的一年，被称为"中国广告年"。

随着中国广告行业的快速崛起，广告人才的缺口日益增大。首先，是对于人才数量开始有了更大的需求，随着企业的增多，企业营销需求的增多，广告公司数量迅猛增加，且业务量开始加大，这就需要更多的广告人才投身其中。其次，对于广告人才的层次开始有了更高的要求。中国改革开放之后的第一批广告人才大多是出身美术设计专业和新闻专业，没有系统接受过现代广告专业教育，随着时间的推移，出现了后劲不足等问题。1993 年，时任国家工商行政管理局广告司司长的刘保孚也提出，广告设计制作呈现"两头少中间多的现象。有的杰出作品可与国际级水平相媲美，而特别劣的广告作品近两年来也在不断减少，处于中间状态的占多数。根本原因还在于广告从业人员素质有待提高"。②

同时，随着中国经济的发展，以及国际交流的增多，中国广告行业亟须与国际广告运作流程接轨，需要按照专业广告流程进行广告作业，而且广告行业的营销思路瞬息万变，这都要求必须通过非常专业化的教育体系

---

① 丁俊杰、赵子忠：《中国广告观念三十年变化》，陈培爱主编《创新与开拓——中国广告理论探索 30 年（1978－2008）》，厦门大学出版社，2009。
② 徐百益：《提高我国广告水平的关键是教育》，《上海大学学报》（综合版）1993 年第 5期。

来培养人才，即首先是通过高考选拔年轻学子，然后，通过四年系统化的专业教育给予全方位的培育，让学生具备较高的专业素质和综合能力，在他们进入行业后，还需要进行持续的职业培训。

（二）行业管理部门推动专业人才资格认证制度

1993 年 7 月国家工商行政管理局、国家计划委员会发布的《关于加快广告业发展的规划纲要》中，明确提出要大幅度增加对广告教育的投入，加快各类广告人才培养步伐，要"大幅度增加对广告教育的投入，加快人才培养步伐"，要"扩大有关高等院校广告专业招生规模，更新广告教学内容"，"到 2000 年，培养毕业生总数达到 9 万人"。《纲要》还提出，要使我国 10% 的广告从业人员成为具有跨世纪、跨国际经营能力和水平的高级专门人才。时任中国工商行政管理局广告司司长的刘保孚也认为，"人才素质是决定广告发展的关键"，"今后十年，要支持更多的高等院校开办广告学专业"。

与此同时，推动逐步建立起广告专业技术资格认证制度。1991 年，全国统一实行了《广告业务员证制度》；1993 年发布《广告经营者资质标准及广告经营范围核定用语规范》，1993 年 5 月《关于举办广告专业技术岗位资格培训班的通知》中，决定从 1994 年起在广告业建立"广告专业技术岗位资格培训制度"，并决定从 1994 年 1 月到 6 月，通过中央电视台开办"广告专业技术岗位资格培训班"。《通知》指出，此项培训，属岗位任职资格培训；通过培训，使学员能够全面、系统地掌握从事广告专业岗位所需使用的广告理论知识和业务技巧，以适应广告业迅速发展的需要，学习结束后，对经考试合格者，发给《广告专业技术岗位资格证书》。

1995 年 6 月重新制定的《广告经营者、广告发布者资质标准及广告经营范围核定用语规范》，要求广告公司中与广告经营相适应的经营管理人员、策划设计人员、制作人员、市场调查人员均须取得广告专业技术岗位资格证书，发布广告的媒体等单位，经营管理人员和技术专业专业人员必须取得广告专业技术岗位资格证书。这种教育氛围使得广告教育的发展拥有了充分的合理性，此外，不少高校也成为专业人才培训的重要基地。

三　广告高等教育迅猛发展

1992 年，是中国广告教育的一个分水岭。① 在前述有关院校的带动下，各地高校开始纷纷创办广告专业，使得广告教育出现了一个质与量的攀升。随着行业的发展，高校的专业教育的优势充分彰显，并且开始得到认可。广告学专业高等教育在这个阶段开始走向成熟。

（一）创办广告学专业的高等院校数量激增

这个时期，广告专业在越来越多的高校出现，仅 1992 年，创办广告专业的高校就有南昌大学、四川大学、浙江广播电视大学等，1993 年开办广告专业的高校有上海大学、武汉大学等，1994 年创办广告专业的大学有暨南大学、吉林大学、兰州大学等，1995 年复旦大学开办广告专业。这一时期开办广告专业的院校达到 90 所左右（见表 1-2）。

表 1-2　本阶段开办广告专业的部分学校名录

序号	单位名称	专业名称/成立时间	教学层次
1	北京大学传播系	广告学专业/1993 年	专科、本科、硕士
2	北京广播学院新闻学院广告系	广告学专业/1988 年 广告学硕士/1992 年	本科、硕士
3	广西大学新闻系	广告学专业/1993 年	专科、本科、高职
4	广西艺术学院设计系	广告学专业/1993 年	本科
5	河北大学新闻传播学院	广告系/1993 年	本科、硕士
6	武汉大学新闻系	广告学专业/1993 年	本科
7	复旦大学新闻学院	广告学系/1994 年	本科、硕士
8	河南大学新闻传播学院	广告系广告专业/1996 年	本科、硕士
9	湖南工程学院	广告装潢设计专业/1996 年	专科
10	华中科技大学	网络传播专业/1996 年 广告学/2000 年	本科
11	华中农业大学	广告学专业/1999 年	本科
12	吉林大学	广告学专业/1994 年	本科

---

① 陈培爱：《中国广告教育二十年的发展与基本经验初探》，《江西财经大学学报》2000 年第 3 期。

续表

序号	单位名称	专业名称/成立时间	教学层次
13	暨南大学新闻学院	广告专业/1994 年	本科
14	南昌大学新闻与传播学院	广告专业/1992 年	本科
15	南京大学新闻传播学系	广告专业/1993 年	本科
16	宁波大学	广告专业/1996 年	本科
17	同济大学	广告专业/1995 年	本科

（二）教育层次纵深化

除了广泛地开办广告专业，广告教育的层次也逐渐提高，北京广播学院（现中国传媒大学）1993 年招收第一届广告硕士研究生，成为国内首个招收广告学专业硕士研究生的高校，厦门大学 1995 年开始招收广告学专业硕士研究生，这标志着我国的广告教育向纵深方向发展。

硕士研究生的招收，一方面意味着广告专业高端人才的培养，广告高等教育培养的人才不仅仅是既往的"策划类"的业务操作人才，还是培养行业管理、行业研究等方面的人才，如消费者研究人才、市场调查人才等，会为行业输送有思考能力和研究能力的人才，对于行业长远发展而言，意义重大；另一方面也意味着广告教育本身开始走向更为深入的层次，在培养行业所需人才的同时，必然要积累人才反哺到教育中，也要培养自己的学术研究力量。这也意味着广告学专业高等教育在之前的广告人才输送之外，逐渐依循高等教育体系发展起来，日渐增强自己作为行业知识装置、社会知识体系构成的功能，依托学术研究，对于行业问题、专业学术问题进行探索，为行业发展提供更有价值的参考。

这一时期，高等院校的广告研究机构开始逐渐成立，1994 年 6 月，中国人民大学成立现代广告研究中心。该机构一方面邀请专家参与编写教材，以推动高校广告专业教育，另一方面组织广告公司研究并倡导广告业的行业规范，向社会普及广告及市场营销知识。①

成立于 1995 年的中国传媒大学广告学院 IMI（创研）市场信息研究所，在这一时期从专业调查机构过渡为研究与经营合二为一的新型学术研

---

① 闫琰、陈培爱：《中国广告教育三十年研究：1983－2013》，厦门大学出版社，2016。

究组织，并从此连续出版我国城市居民消费行为与生活形态专著，成为我国第一部连续性的城市消费研究年鉴，成为拥有涉及 21 个城市居民消费行为资料的数据库。这样的调查研究，具有非常鲜明的学院派特征。当时，社会大多数调查机构是应客户的需求，进行有针对性和应用性的消费调查。全国居民消费基础数据在 IMI 年鉴出现之前一直空白。该年鉴成为众多企业和调查机构掌握中国消费基础状况和动态的重要依据，由于其稳定的连续性和学术独立性，价值更为突出。

（三）制定行业人才培养标准

1993 年，中国传媒大学广告学系参与国家工商局、国家劳动人事部主持的"广告专业技术岗位资格培训"工程，系里教师出任主编，并负责编撰广告专业技术岗位资格培训教材，如《现代广告专业基础知识》《广告心理学》《消费者行为学》，还承担了央视 20 集电视教学片《现代广告》的主创工作；承担了广告专业技术岗位资格考试方案的制定。1998 年，中国传媒大学广告系教师重新修订了广告专业技术岗位资格培训教材《广告专业技术岗位基础知识》。

此次专业岗位资格培训是一个涉及全行业的教育项目和培训项目，高校在其中的介入，承担着标准制定、教学实施的功能，彰显了在专业教育领域的话语权和权威性。在此之前，业界、高校共同介入广告教育，在某种程度上难分伯仲；随着高校教育力量的成熟，依托学理基础对于专业教育内容进行了兼具系统性和理论性的架构和梳理，其专业教育功能得到了行业管理部门和业界的认可，当然，这也是行业日渐成熟而出现的专业功能的进一步细分化所致。从此，高校更为专注于专业教育，与行业管理部门、业界之间的连接与合作，也极为丰富；高校的广告学专业在行业内的影响力不断上升，日渐成为行业发展的有力支撑。

（四）办学中合作增加

这个时期，各地广告专业的办学中，各类合作纷纷出现。1995 年 5 月，日本消费者研究株式会社与北京广播学院广告系合作成立了市场信息研究所，1994 年厦门天朗广告策划有限公司在北京广播学院设立了"厦门天朗广告专业奖学金"，这是我国内地第一个在广告专业设立的专项奖学金。①

1996 年，电通·中国广告教育合作项目启动，该项目一直持续至今，是国内历时最久的外国广告公司支持的广告专业教育项目。1996 年 9 月，日本电通公司在中国国家教育委员会的协助下，与北京大学、中国人民大学、北京广播学院、中央工艺美术学院、复旦大学、上海大学六所大学合作，启动五年的"中日广告交流项目"。该项目旨在通过广告教育方面的交流促进中日两国的文化交流。具体包括两项活动：一是在六所大学举办"电通广告讲座"；二是建立"电通留学研修制度"，即邀请这六所大学的年轻教师前往东京的电通总部进行广告研修。

日本电通有着注重专业研究的优良传统，为了筹备该系列讲座，公司内部做了精心的准备，将内部的系列研究成果进行了整理，并结合相应的案例，使得学生能够迅速掌握。对于赴日研修的中国教师，除了派出公司最为优秀的人才作为教师之外，授课内容也是理论与实践结合，并且为学员制订了周密的学习计划，课外也组织了很多的专项业务考察和人文考察。②

从 1996 年到 2016 年，累计超过 2000 人次电通广告精英担任项目讲师，项目受益者覆盖全国设有广告专业的数百所大学，获益教师达 2000 人次，学生达 12000 人次，许多受益者已经成长为广告教育领域的学科带头人和广告行业的杰出人才。

（五）专业高等教育所面临问题非常突出

除了 1992 年设置广告专业的 6 所高等院校外，其余高等院校都是在 1992 之后设立，其中在 1993 年、1994 年建立的高校每年有 8 所，这样的快速发展也就必然带来很多问题，师资短缺、培养目标不明确、专业定位和专业特色不突出，缺乏科学论证和研究，匆忙上马、草率而行的状况非常常见，最终导致了人才培养不充分，缺乏学术研究能力，高等教育与广告专业缺乏衔接与呼应等一系列的问题。

中国广告协会在 1995 年成立"中国广告人才需求与培养"课题组，

---

① 闫琰、陈培爱：《中国广告教育三十年研究：1983－2013》，厦门大学出版社，2016。
② 清华大学美术学院：《可贵的精神——"纪念中日广告交流项目电通广告讲座"五周年》，《装饰》2000 年第 5 期。

在全国范围内普查院校广告教育状况，回收的 30 份有效问卷显示，有 73.7%（此项指标的有效样本为 19）的院校创办理由是"社会对该专业人才需求量大"，10.5% 的院校认为"原有专业结构老化，无法适应社会需求"，分别有 10.5% 和 5.3% 的院校认为"有与广告专业比较接近的专业"、"扩大招生生源"，这就使得很多院校在难免匆忙上马，对于培养目标、自身实力等没有充分思考，就已经开始成立广告专业，从而导致诸多问题，例如，经费不足、缺乏师资、缺乏教材和图书资料、教学设备不足的情况下成立广告专业，从而使得课程设置混乱（课程设置随意，把很多相关性不大的课程拿来充数），中广协的调查发现，27 所院校居然共开出了 507 门课程。而且对于培养目标也不甚清晰，79.3%（有效样本为 29）的院校将培养目标定在广告策划人才，其他分别为广告管理（37.9%）、广告文案（31.0%）、广告设计（41.4%）、广告制作（17.2%）。[①]

广告学专业高等教育初期发展不明朗，各界认可度不高，也导致了师资不稳定的情况。中国传媒大学的曹璐老师回忆说："1992 年，一家传媒公司曾力邀丁俊杰老师出山，承诺月薪万元。这对于当时是普通教师的丁老师而言无疑是天文数字。一边是摇摇欲坠的专业理想，一边是唾手可得的丰厚收益。"[②]

一些院校在专业建设初具雏形之后，开始着手摸索建立专业体系，并深入业界开展科研尝试，从而试图弥补相关问题。针对广告教育问题，许多专业人士也提出了探讨的思路，1997 年，徐俊基和陈海涛在《漫谈广告教育》中提出了要控制高校争办广告专业热的不良势头，1998 年党春直发表《对河南省广告教育现状的思考》这篇文章，提出了不同的改进思路。

四　专业展览与职业培训

（一）国际性广告展览进入中国

这个时期，规模更大、更为专业的国际性广告作品展览走入中国，如"广告饕餮之夜"，以及各类行业内部的培训。经过外经贸部广告协会努力

---

① 潘向光、丁凯：《中国大陆院校广告教育的历史走向》，《现代传播》2000 年第 1 期。
② 张亚萍：《拓展与坚守——丁俊杰广告教育与学术思想研究》，《广告大观》（理论版）2008 年第 1 期，第 62 页。

争取与接洽，由《国际广告》杂志社、北京巨龙焱文化艺术传播中心和北京联广国际广告传播公司主办的世界影视广告精品中国首映活动——广告饕餮之夜，于1995年5月10日下午开始，2000多人拥进北京展览馆剧场。各种精彩的广告作品让观者赞赏不已。观者大多是大、中学生，但在中国的这次展映，广告公司订走了半数以上的座位，另有相当赠票分送给国内做广告较多的大企业。①

法国人让·玛丽·布尔西科是"广告饕餮之夜"（世界影视广告精品展映）这一大型"聚餐"活动的创始人。1980年，他以布尔西科资料中心的名义在巴黎一家影院举办了一次名为"甜食"的广告放映活动，连续放映了几百部广告片，引起轰动。从此，这项活动成了巴黎人的一个节日。从1984年起，布尔西科开始把"甜食"推向海外。他每年精选出500部上好广告片制成专辑，这些广告片荟萃了世界各地的情调，优美的景致和不同文化背景上出现的幽默，实实在在地成了"广告大餐"。它们先在巴黎首映，逐渐成为一项在国际上享有盛誉的时尚狂欢节日，每年都在包括中国在内的40多个国家的时尚都市巡回举办。长达4个小时的精彩广告的播放成为专业人员的盛会。

（二）国际广告公司系统化的人才培养

这个时期大批的国际广告公司进入。1992～1993年广告经营额进入前5名的均为本土广告公司，合资广告公司中只有电扬广告公司（1992年第8名）、盛世长城（1993年第6名）跻身前10名。然而从1996年起，合资广告公司几乎独揽了我国广告经营总额前5名的所有席位，在前10强里占据七八个席位，其强势地位尽显。这一时期，虽然从绝对量上讲，外资广告公司还没有对本土广告公司形成威胁，但跨国广告公司通过合资的形式在中国站稳了脚跟。②

国际广告公司基本上有着内部成熟的人才培养体系，而且随着业务的发展，逐渐开始服务本土客户，这也就需要一方面培养本土人才；另一方面，国内人才培养不足的情况，通过既有的成熟体系来提升人才水平。

---

① 韩伟：《广告饕餮之夜追记》，《中国商报》1996年5月20日。
② 周茂君、姜云峰：《跨国广告公司进入中国的心路历程》，《广告大观》（理论版）2008年第6期。

"1994年到2000年，日本电通在华的广告业务也逐渐走向成熟。日本电通在华成立合资公司之后，开始委派日本广告设计师来华设计广告，把在华的业务办公据点（其中包括设计广告等业务工作）都移到了中国国内。1996年开始开拓起本土广告主，而在企业内部也发生了转变，开始提拔起中国本土的设计师。"①

奥美一直将人才视为企业发展的核心，也非常重视本土人才的培养，奥美的企业文化被广告人当作圣经。奥美内部的职业培训，包括新人入职培训、户外训练、部门内部培训以及不定期的培训活动等。通过这样的培训过程，让员工更为充分地掌握奥美文化和奥美的专业理念。

五　广告出版对于广告教育提供支持

与此相呼应的，是在1992～1999年国内又出现了几次广告专业图书出版热潮。

（一）高校推出学术著作和系列丛书

尤其是1997～1999年，院校出于学科建设的需要推出大批专业教材，广告专业出版走向兴盛。这一时期的主要代表著作有黄升民的《中国广告活动实证分析》《广告观》《一个广告学者的视点》《新广告观》，丁俊杰编著的《现代广告活动理论与操作》《现代广告通论》，苗杰主编的《现代广告学》，陈培爱撰写的《中外广告史》，倪宁和刘志明的《广告传播学》，樊志育的《广告效果研究》，王世德的《商业文化与广告美学》等。这些著作分别从历史与现实、理论与实务、分析与评论等角度对当时广告业的各个方面进行了剖析。成为当时广告专业人才的必读书目，对于普及广告专业基础知识、树立广告人才的现代广告观念，熟悉现代广告流程提供了最为直接的途径。

在这一时期，随着广告学专业高等教育的稳定发展，也开始构建专业研究体系。以北京广播学院广告系为例，1996年《1995 IMI消费行为与生活形态年鉴》诞生，这是中国第一部消费者的数据化的市场信息集成，具

---

① 高志旭：《日本电通在华广告公司的本土化研究（1979年至2016年）》，中国传媒大学硕士学位论文，2016。

有开创意义。1996 年，丁俊杰和黄升民合著的《媒介经营与产业化研究》出版。这本书是中国媒介市场与经营系列研究课题成果之一，核心是关于"媒介产业化"问题的理论假设与探索研究，在国内也具有开创性意义，是站在全新的视角审视国内的媒介经营发展。这些研究无一不是依靠长期的市场调查、行业研究积累而成，这些研究也无一不是面向行业，去回应行业的各种需求，而这些研究也无一不是在与行业合作的过程中，构建独特的研究视角，这些研究成果是中国广告专业学术进步的重要标志。

这一时期也有大量的系列丛书出现。1983 年厦门大学开始陆续出版"二十一世纪广告丛书"，丛书包括《广告原理与方法》《如何成为杰出的广告文案撰稿人》《广告策划与策划书撰写》《印刷广告艺术》《广告调研技巧》《广告攻心术》《广告视觉语言》《企业 CI 战略》《商标广告策略》《广告经营管理术》10 本书。另外一套广告丛书就是武汉大学张金海主编的"珞珈广告学丛书"，1996 年由武汉大学出版社出版，第一批书有《广告概论》《广告策划》《广告经营学》《广告管理学》《广告美学》五本。1995 年上海大学广告学专业编写了"广告技巧丛书"，吴欢章和徐百益为主编，包括《广告运作入门》（徐百益）《广告策划技术》《广告创意设计》《广告调查方法》《广告文案技法》《广告语言运用》共六本。

（二）行业出现专门出版商

1995 年 1 月，中国首家广告专业书店——北京广告人书店在北京创办。1997 年更名为"龙之媒书店"，1996 年春天，龙之媒进入出版领域，推出"龙媒广告选书"。该系列包括：《现代广告通论：对广告运作原理的重新审视》《广告公司的经营与管理：对广告经营者的全面引导》《广告心理：广告人对消费行为的心理把握》《广告调查：广告战略的实证基础》《广告媒体研究：当代广告媒体的选择依据》《中外广告史：站在当代视角的全面回顾》《广告文案写作：成功广告文案的诞生》《广告策划：广告策划的全新范本》《电波广告、平面广告：四大媒体广告的实际创作》，前后共计出版 150 多种图书。

这些教材、书籍成为这个时期以及以后相当长时间内的经典出版物，是诸多专业学子和专业人士专业学习的基础书籍。

（三）专业期刊不断出现

专业期刊也成为专业知识交流的重要渠道。1994年4月，中国广告协会主办的《现代广告》杂志在北京创刊，后改为月刊，是名列国家新闻出版署、中国期刊方阵中唯一的广告专业期刊。该杂志从1994年开始就进行了中国广告公司和媒体广告评价的排序工作，每年《现代广告》还在第四期代表国家权威机构发布前一年度的中国广告行业统计数据报告。这些内容对了解中国广告业的现状和未来发展趋势提供了科学的参考依据。从1996年起《现代广告》就开始参与中国的互联网和新媒体领域的发展研究，协助并参与政府关于互联网新媒体管理政策的研究和制定工作。

1996年《国际广告》同美国《广告时代》签订版权协议，成为大陆首家获得国外杂志中文版授权的广告专业杂志。

1993年，第一份广告行业报纸《广告导报》在湖南长沙创刊，其内容主要以广告业界资讯为主。1999年，《广告导报》由报纸改为杂志，并迁至北京。1998年，由北京广告协会主办的广告市场综合服务月刊《广告直通车》杂志创刊。

专业杂志以及时、快捷、动态的方式传递着行业信息和专业知识，对于热点方式也能够及时组织行业内部进行讨论，促进了国内外、行业内外、广告行业与教育界、学术界的信息交流和沟通，也增强了行业内部的聚集力和认同感。

六　小结

1992~1999年，是中国经济进入快车道的时期，对于中国广告行业、广告学专业高等教育也同样如此。这其中的关联具有必然性，即广告学作为应用类学科，与行业、国民经济具有紧密连接的天然特征。在这个阶段，广告学专业依靠高等教育改革和广告行业飞速发展的推举，进入数量和质量迅速攀升的阶段，这一方面是对人才需求的回应，一方面也是市场对于广告学专业人才的强烈需求，让很多高校没有后顾之忧。

在这个阶段，广告学专业高等教育获得了在专业教育领域制定人才培养标准的优势，加之其在专业教学、教学科研领域的日渐积累，其在行业内开始有了充分的话语权。较之专业教育初初起步的惶惑和茫然，这个时期，中国广告学专业教育已经拥有了足够的底气和方向感，也准确找到了自己的定位和发展基点，如人才培养层次、教材体系、学术研究体系、课程体系和资源交换体系，未来的发展都是基于此而持续。

第三节　1999～2009：加入 WTO 后的扩张

从 1999 年开始，伴随着中国融入国际化经济体系，中国广告行业进入新的发展阶段，国际化与竞争加剧是两大鲜明标志，高端人才的需求开始紧迫，中国广告教育也在之前的积累中，逐渐形成依托提高教学层次、深化专业研究提升人才培养水平的模式。博士招生资格的获得，对于广告学专业而言，是一个非常重要的里程碑，标志着其学科归属和学科体系建构的基本完成，加之其规模壮大，影响力也不断攀升。这个时期，教学、科研两大子体系也发展较快，成为其学科的两大支柱；行业的专业交流和专业出版也上了一个台阶。这再次表明行业的发展与教育发展，密切相关，广告教育终归还是在一股合力的推动下前行。

一　高等教育持续改革

在这个阶段，随着中国加入全球化经济体系，在其中，获得更为强劲的发展动力，经济发展水平全面攀升，这样的发展，需要更多的人才来支撑。改革开放 20 年的经济成就，已经证明了人才的重要性，以及高等教育对于人才培育的重要支持作用。进入 21 世纪，中国的高等教育需要更多的重视和支持，才能承担起更为重要的责任。

（一）强化教学质量

为了顺应信息化的发展趋势，提高教学质量，2001 年，教育部出台了《关于加强高等学校本科教学工作提高教学质量的若干意见》，强调高校的教学模式与方法需紧跟信息技术发展的步伐，建设数字化教学环境等。与此同时，高等教育的规范化也持续进行。2004 年 2 月，教育部发布《2003 - 2007 年教育振兴行动计划》，提出"五年一轮"的普通高校教学工作评估制度，于当年确认实施。同年 8 月，教育部成立高等教育教学评估中心。2007 年，《教育部关于进一步深化本科教学改革全面提高教学质量的若干意见》《教育部 财政部关于实施高等学校本科教学质量与教学改革工程的意见》相继出台。2007 年以后，许多专家学者针对"用一个标准去评价所有高校"的问题，围绕"分类评估"的原则，对高校教学评估进行了更深一步的探索。兼顾规范性和多样性，成为高等教育发展的一个关注点。

（二）高校扩张

在这样的背景下，高校扩张成为一个新的趋势。随着国内大学教育规模的不断扩张，国内本科高校出现爆发式的增长，尤其是从 2000 年以后，通过合并和升格迅速组建了数百所本科院校。从 1999 年开始，在国家教委扩招改革的政策推动下，高校开始大规模扩招。随着扩招，就业出路日渐受到重视，应用类学科受到较多关注，[①] 其中广告人才由于市场需求量大，大受欢迎，同时很多高校的广告教育理念进一步向就业倾斜，开始得到不少高校的青睐。

与此同时，在快速的扩张下，国内高等教育存在的深层次矛盾不断凸显，尤其是占全国本科高校一半的新建地方高校，由于师资力量相对薄弱，同时又缺乏明确的办学人才培养定位，大多数新办地方高校存在追求规模大、学科全、强调国内领先的盲目扩张情况，造成所培养的毕业生并不能很好地适应行业需求。[②]

二 广告市场进入结构化发展

在这个阶段，首先中国广告行业结束了前两个阶段的高速增长，这是行业低起点的一个必然趋势，先期的高速增长结束之后，中国广告行业开始进入结构化的发展，呈现出集约化、规模化的趋势，并且逐渐出现成熟市场的三个特征，即微利化、品牌化和细分化。这当然也意味着行业内部的竞争更为激烈，对于人才的素质要求更高，对于优质人才的争夺也会更为激烈。

---

① 张艳萍、周华清：《应用技术大学地方广告人才培养研究》，《合肥学院学报》（社会科学版）2015 年第 1 期。

② 张艳萍、周华清：《应用技术大学地方广告人才培养研究》，《合肥学院学报》（社会科学版）2015 年第 1 期。

（一）跨国广告公司纷纷进入

中国在 2001 年加入世界贸易组织后，广告行业对外开放进一步加强。尤其是在 2005 年，WTO 相关市场规则的实施促使我国市场的行政规制全面放宽，各跨国公司带着巨大资本涌入我国市场。与此同时，由于中国经济实力的日益增强，中国广告市场在全球广告市场中的地位越来越高，受到越来越多的关注，阳狮、宏盟、电通、WPP、IPG 等全球性的传播集团逐渐深度介入中国市场，它们将北京、上海、广州等一线城市作为入驻中国广告市场的突破点，将二线城市作为目标逐渐扩张。五大跨国集团不仅涉足传统广告业务，还涉足公共事务与公共关系、消费者研究、媒介购买、专业培训、品牌及企业形象、营销服务、网络互动等诸多方面。在这一过程中，跨国广告公司为了在国内市场立足并长期发展，进行了一系列与本土公司合资或并购的市场行为，寻求合适的合作对象，扩大规模效应，发挥本土公司在国内市场的资源优势。这样，我国广告行业进入资本运营和集团化竞争时期。

（二）人才需求高端化

跨国集团的进入，为中国广告人才提供了更为高端的就业机会，但是由于跨国公司对于人才的较高要求，并且随着跨国广告公司的进入，一些国际化的广告人才也大批进入中国，中国广告人面临着更严峻的考验。这在客观上也刺激了国内广告人才的快速成长和广告教育的发展。有数据显示，2004 年我国广告营业额达 1264 亿元，广告从业人员达 91.38 万。

三 广告学专业高等教育进一步提升

经过近二十年的发展，国内的广告高等教育开始朝着特色化的方向发展，广告教育已从一哄而上的局面走出，渐渐形成品牌和格局，几家老牌院校在全国广告教育界和广告业界奠定地位，更多的高校根据实际情况，调整自身的专业方向，扬长避短，逐渐在众多的广告专业中明确定位，特色初见。[①]

[①] 潘向光、丁凯：《中国大陆院校广告教育的历史走向》，《现代传播》（《中国传媒大学学报》）2000 年第 1 期，第 109～115 页。

（一）获得博士招生资格

随着中国广告学专业教育的发展，在学科建设、学术研究方面的积累，以及在行业内部的影响力的扩增，广告学专业在新闻传播学体系获得了一定的认可，经过申请，获得了博士招生资格。2003年中国传媒大学（原北京广播学院）开始招收首届广告学博士生，2003年武汉大学成为国内第二个获批广告学博士招生资格的院校。此后，厦门大学、中国人民大学、北京大学、复旦大学、上海大学、华中科技大学等十多所高校也获得了广告学博士学的招生资格。博士招生资格的获得，对于广告学而言，意义重大，这标志着广告学专业全面归属于新闻传播学学科体系，并且具备了与其他三级学科甚至二级学科同等的地位，在其学科体系内相对完整地建构起了自己的专业体系。这也标志着中国广告学专业较之前有了进一步发展，并且在其后，需要按照一个成熟学科的标准去规划和建设。此外，这也意味着广告学专业高等教育，从之前业界/学界混杂交融的状况完全剥离出来，成为一个独立且完整的专业学术体系。

优质、高效的博硕士教育的发展极快，直接推动了国内广告学专业高等人才的队伍日渐壮大，直接推动了国内广告专业教育、学术研究的发展，也为广告行业培养了专业视野更为宽阔、专业素质更为优质的从业人才，促进了国内广告专业水平的优化和专业化。与此同时，不少广告学专业的博、硕士毕业生，都走入了广告教育的行列，在一定程度上弥补了广告专业高等教育师资不足的问题，也在一定程度上改善了国内广告学专业教师队伍的整体素质，为广告学科和学术研究的持续发展，都发挥了积极的作用。

（二）规模和数量大为扩张

在1999年以后，我国的广告专业高等教育进入扩张期，越来越多的高校开办广告专业。1999年之后开设的广告本科招生的高校占所有高校的68.9%，与1993年至1998年开设本科招生的高校所占比例的26.2%相比，增长率高达163%[①]。较早设立广告专业的院校，则陆续开始进行硕士研究生、博士研究生等更高层次的广告专业教育。截至2004年，全国共有111

---

① 张树庭：《广告教育定位与品牌塑造》，中国传媒大学出版社，2005。

所高等学校开办广告学专业，其中教育部直属高校 25 所，部委高校 4 所，省属高校 79 所，民办高校 3 所。随着教育领域的持续开放，民办力量也开始进入广告专业高等教育。2000 年刘瑞武牵头与北京联合大学创办了中国第一个公办广告学院，经过八年的迅速发展，在校生 2600 多人，为广告业培养出 1200 多名专业人才。

2008 年，全国高校中设立广告学专业的高校共有 231 所（含广告与艺术设计专业）。至此，广告专业高等教育已经打破单一的教学模式，确定了不同的培养目标，初步构建了各种层次、各种方式的广告教育体系（见表 1-3）。

表 1-3　2008 年高等院校广告专业学生人数①

单位：所，人

院校分类	院校数量	毕业生数	招生数	在校学生数	预计毕业生数
专科	109	1173	5119	12469	3558
本科	119	1144	7027	18587	2066
总计	228	2317	12146	31056	5624

信息来源：中国教育部高教司信息中心。

（三）科研进一步深化和系列化

伴随着学科建设的发展，广告学专业高等教育日益重视科研与学术作为广告教育基础的价值，不断加大了科研与学术的投入。这一阶段，在全国的广告学专业高等教育范围内，一大批研究机构和研究期刊诞生。

中国传媒大学 IAI 国际广告研究所从 2000 年开始编撰出版《IAI 中国广告作品年鉴》，这也是国内非常重要的年鉴类作品集，凭借其连续性和全面性，是中国广告作品收录方面的重要出版物之一，积累了非常丰富的行业数据和行业信息，为后续的专业研究提供了重要的素材和资料。

2000 年，中国传媒大学广告学院成立媒介研究所。媒介研究所成为中国传媒大学广告学院的重要研究阵地，是其与业界互动的重要接口，尤其是媒介数字化的趋势愈演愈烈之后，媒介产业发生了翻天覆地的变

---

① 沈伟：《高等院校广告专业人才培养模式探析》，《西北成人教育学院学报》2003 年第 4 期。

化，也激发了巨大的产业变革和产业新动向，使得传统的媒介经营的概念不再适用，也就需要更多的学术研究介入，给予支持和推动，中国传媒大学广告学院也在这样的学术研究过程中，获得了深入掌握媒介产业动态的机会，积累了研究成果，获得了更多的行业支持。2001年，中国传媒大学广告学院成立广告主研究所，该研究所是国内第一个专业的广告主研究机构。

2002年，厦门大学广告学专业成立品牌与广告研究所，作为中国最早成立广告系的厦门大学，根据自己的地缘优势和研究定位，设定了专项深度研究。2002年，北京大学成立广告研究所，这是北京大学的广告学高等教育结合所在院校深厚的学术根基，逐渐开创了自己的广告学术脉络。2002年，武汉大学成立媒体发展研究中心，逐渐推出系列相关研究。

2004年，首都传媒经济研究基地依托中国传媒大学建立，是首批北京市哲学社会科学研究基地之一，旨在把握首都传媒产业的发展趋势，与首都域内的各级传媒单位和相关传媒研究机构建立积极合作，打造"传媒经济科研平台"和"传媒产业成果应用平台"，为首都传媒产业的发展提供研究、咨询，为政府主管部门的决策和政策制定提供智力支持和理论参考。

2005年7月，由中国传媒大学和国际广告杂志社共同倡议的，中国首个广告博物馆——中国广告博物馆，正式启动建设。这标志着经过近30年的发展，中国广告行业日渐关注历史积淀，对于自身的发展历史开始重视，具有了非常强烈的行业自觉，对于自身的社会评价和历史地位，也开始思考；这也是一个资源共享、资源交流和展示的平台，是凝聚全行业的核心之一。

这个时期的广告专业高等教育，已经不仅仅作为行业的回应者，而是能够基于业态，进行中国特色的广告专业学术领域的建构，这意味着中国广告高等教育的独立性和自主性大大增强，开始依托学科规律和学术规律，扩张自己的专业系统，扩大自己的影响范围，日渐有了专属的研究视角和研究思路，而不仅仅是之前行业发展的跟随者。

（四）实践教学逐渐成熟

实践类教学在这一时期由于得到了众多广告学专业高等教育的重视，

开始从各校的单打独斗，进入一个全国性合作的阶段，并且成为国内高校间的一种学生专业类竞赛，比如由中国教育学会和中国传媒大学共同承办的大学生广告艺术大赛，自 2005 年第一届大赛开始至今，先后与 100 余家企业进行命题合作，吸引全国 1300 多所高校参与其中，形成了稳定的、成熟的、具有相当规模的大学生教学实践平台。

当然各个高校还是会通过各具特色的安排，提升学生的实践能力。除了在课程体系上进行改革，厦门大学的"大实践"课程和中国传媒大学广告学院的小学期制度等，还有不少的高校通过各种类型的实习、科研项目，引导学生进入丰富多彩的实践类课程，提升对于专业的兴趣，就在广告实践、研究实践中检验所学，形成解决问题的能力至上的导向；类似的实践类教学对于学生素质提高有着非常直接的提升作用，使得学生能够迅速融入行业角色，进入职场后能够迅速上手专业工作。

这个时期，各个广告公司都锻造出了非常丰富的实习生体系，也有不少广告公司通过与广告专业高等教育机构合作等方式，共同培养专业人才，也为自己未来的人才选拔创造机会。2007 年暨南大学广告学系与广东省广告（集团）公司合作，这是高校广告学专业与广告公司联动办学、培养应用型拔尖人才的一种新尝试。之后每两年举办一次（不限于和一家广告公司合作），形成"系列讲座 + 参赛实训"的模式。讲座内容涵盖广告策划、品牌传播、广告创意、媒介策略、客户服务等方面，参赛实训以中国大学生广告节学院奖、时报"金犊奖"广告大赛、全国大学生广告艺术大赛为主。该模式成果显著，之后暨大广告学学生在一系列大赛中获得佳绩。[①]

（五）电通·中国教育研究项目持续进行[②]

在第一期电通·中国广告教育研究项目结束之后，2001 年 8 月 31 日，日本电通和国内六所高校签署了"中日营销研究交流项目"的相关协议。这一项目在保持原有合作的基础上，增加了在 2002～2005 年间举办的"中日企业交流研讨会"和"协助吉田秀雄纪念事业财团的委托研究项目"

---

① 杨先顺：《探索广告学应用型拔尖人才的培养模式》，《广告人》2011 年第 8 期。

② 来自对原电通北京事务所所长八木信人先生的采访。

两项内容。此外，从 2001 年开始，由六所大学广告学专业教授组成的研究项目小组接受日本吉田秀雄纪念事业财团的委托与资助，开始进行有关中国广告的研究。研究活动为期 3 年，共完成了对 18 个子项目的研究，形成了由 18 本书组成的研究成果。同时，从 2002 年开始，吉田秀雄纪念事业财团还实施了为期 5 年的"亚洲项目"。

进入 2005 年，为了进一步推进对国内大学的广告教育和人才培养的支援，电通与中国教育部共同设立了新的基金项目，第一次基金项目主要包括电通留学研修员邀请制度、中国广告人才培养研讨会和委托研究项目。在经历了第一次电通·中国广告人才培养基金项目之后，电通与中国教育部从 2008 年 3 月开始，启动了第二次基金项目，面向开设广告教育课程的中国各所高校开展活动。主要内容包括博士研究项目、广告人才培养研讨会。

持续性且具有高水平的日本电通教育项目，进一步扩大了覆盖范围，从人数到涉及范围，这对于发展资源匮乏、发展思路有待清晰的中国广告学高等教育而言，是非常重要的支撑力量，是两国人民友谊的重要象征。

（六）广告专业高等教育进入研究视野

这个阶段广告教育的发展问题得到更多重视。1999 年 10 月 6 日至 7 日，由中国新闻教育学会、厦门大学新闻系联合主办的"中国广告教育研讨会"在厦门大学召开。来自全国高校新闻院系、工商院系、师范院系以及科研单位的专家学者 50 多人，面向 21 世纪，总结改革开放以来中国广告教育的历史经验，探讨 21 世纪中国广告教育的发展前景。会议就广告学专业的定位、课程建设、师资培训、实践类教学的方式方法等，都展开了非常激烈的讨论。

2001 年 11 月，在深圳大学召开了以"新世纪的挑战与中国广告人才的培养模式"为主题的第二届中国广告教育研讨会。与会人员围绕中国广告教育的创新与提升、广告学科建设的深化、新世纪广告人才的素质和知识结构的培养、课程体系与教学法研究等话题开展交流。从此，定期举办的中国广告教育年会，成为中国广告教育研讨的重要契机，推动了中国广告教育的持续发展。

（七）广告专业高等教育的发展问题更为明显

这一时期广告教育的问题更为明显，许多专家学者对此更加关注，予以研究。一方面是中国广告行业快速提高的人才需求与中国广告学专业高等教育的人才培养之间的不平衡，即扩张的高等院校无法妥善应对扩招上来的大批的广告学专业的学生，现有的师资、教学条件都无法妥善解决这一问题，对于行业日渐提高的人才需求，也应对乏力；另一方面广告学高等专业教育内部出现了发展不平衡的问题，发达地区的广告专业高等教育有着非常良好的发展资源和发展动力；欠发达地区的广告专业高等教育则没有这些支持，也难以吸收高质量的教育人才，两者之间的差距逐渐拉大，并且难以弥补。

1999 年曾迪来提出当时广告教育中存在盲目性，而且广告专业的学科归属问题认识比较模糊、经费的不足制约着广告教育的发展、专业师资队伍素质有待进一步提高。[1] 丁俊杰在 2002 年连续发文对我国当时的广告教育问题进行剖析，在《我国广告教育存在的几个问题》[2] 中认为我国广告教育存在办学动因的盲目性、学科定位比较模糊、师资力量跟不上、教学设备匮乏等问题。之后又发文《三谈我国广告教育存在的问题》，[3] 文中从台湾广告教育的发展切入，对比大陆广告教育发展的差距，提出了改进的建议。陈刚、杨海军、孙瑞祥、张发松等也针对广告教育问题提出了自己的观点。

此外，来自高教体系的考核与要求，也使得广告专业高等教育需要按照其标准进行体系化的建设，对于很多匆忙上马的广告学专业，压力非常大。

四　专业出版

（一）高等院校出版物增多

这一时期的高等院校内广告专业的出版物，堪称百花齐放。一大批广告学专业的科研成果诞生，如中国传媒大学广告学院黄升民教授的《数字

---

[1] 曾迪来：《对当前高校广告教育的几点思考》，《有色金属高教研究》1999 年第 1 期。
[2] 丁俊杰：《我国广告教育存在的几个问题》，《大市场》（《广告导报》）2002 年第 4 期。
[3] 丁俊杰：《三谈我国广告教育存在的问题》，《大市场》（《广告导报》）2002 年第 11 期。

电视产业经营与商业模式》《数字化时代的中国广电媒体》等，丁俊杰教授的《现代广告活动理论与操作》等；北京大学陈刚教授的《新媒体与广告》等。

教材是高等教育专业建设状况的重要标志。教材在相当程度上可以折射专业的课程体系和教学框架。这一时期不少高校广告学专业推出了系列教材，这标志着教学体系和课程体系的日渐成熟，这个时期专业教学科研成果较有影响力的教材系列，如厦门大学编撰的"21世纪广告丛书"系列专业教材、中国人民大学主编的"21世纪新闻传播学系列教材"、复旦大学出版社主编的"博学·广告学系列"、中南大学出版社和中国广告协会学术委员会联合编写的"当代广告学专业系列教程"、中国传媒大学广告专业系列化专业教材、高等教育出版社出版的"普通高等教育'十五'国家级规划教材·广告专业系列"、北京大学编撰的"广告学精品教程"系列丛书等。这些丰富的教材系列，为国内广告专业高校的教学提供了重要的参考依据，也成为广告人才学习的重要参考资料。

这一时期，高等院校在传统的教材出版和学术专著出版之外，也开始了学术杂志的创办了。2001年中国传媒大学广告学院创办《市场观察·媒介》杂志。2010年，北京大学新闻与传播学院广告学系创办了一本纯学术的广告期刊《广告研究》。

（二）广告专业杂志的横向发展

这一时期的广告行业的专业期刊开始横向发展，在传统的杂志出版范围之外，组织了诸多赛事活动、培训活动和研讨活动，甚至推动了系列化的连续性主题性专业研究。这一方面是利用自己的行业资源，推动行业信息沟通和业务交流的深度进行，使得行业内部的关联度大幅增加，也借此提升自己的行业影响力，拓展了自己的业务范围；另一方面学术性的专业研究，使得专业期刊的报道内容，更具有深度，这样才能在行业发展快速、专业信息日渐繁多的环境中获得优势，此外，也通过一些主题内容呼吁诸多行业问题被关注。基于此，中国的广告专业期刊日渐拥有了对于广告教育强大的参与能力。

从1996年开始，《现代广告》就开始参与中国的互联网和新媒体领域的发展研究，协助并参与政府关于互联网新媒体管理政策的研究和制定工作。每年举办一次中国互动网络广告大赛，每年举办一届中国互动网告营销大会；从 2002 年开始出版互动网络营销专刊。2003 年，《现代广告》开始承办"中国广告长城奖——互动创意奖"，专注于表彰那些善用数字技术与媒体、创造富有商业价值和用户吸引力的广告创意。2003 年，《现代广告》杂志开始"中国广告业年度人物"的评奖活动，向社会各界展示广告行业的风采。从 2008 年开始，戛纳幼狮比赛选拔赛主办方——现代广告杂志社每年都会输送国内顶级的青年创意人参与戛纳幼狮比赛，为中国广告行业年轻人才的培养提供了一个重要平台。

《广告导报》在 2006 年开始举办中国广告风云榜、中国汽车广告大奖等活动，是中国广告业最早的专业"打榜"活动之一。

2006 年，中国广告杂志社开始举办"中国广告年度大奖"，是表彰本年度广告与品牌界集体或者个人对于中国广告业发展所做的贡献，并甄选出本年度最具影响力的创意成果，鼓励业界的不断创新，已经成为大奖的重要特色。

五　广告节成为业界活动的重要代表

这一阶段，广告行业内部的活动数量迅速增多，形式也多种多样，活动的层次和水平也不断提高，一方面增强了行业内部的凝聚力，促进了行业内部在多种层次和多种方向进行丰富多彩的交流，为行业合作和行业水平的提升，提供了重要的机遇；另一方面，这样的活动，也是中国广告行业整体面向社会、展现形象和水准的重要方式，通过广告节等活动，向社会传递声音，为中国广告行业影响力的整体提升起到了重要的促进作用。应该说，这样的活动是中国广告行业规模和体量达到一定程度之后，行业日渐成熟必然出现的结果。

2000 年，第十四届中国广告节在无锡举办。在这届盛会上，全国优秀广告作品展被正式更名为中国广告节。中国广告节的更名，意味着这样的广告行业盛会内容更为丰富，活动更为丰富多彩，具有更多层面的信息辐射能力，为广告专业的从业人员和学子提供了更多的交流机会和专业信息。2000 年之后，中国广告节开始逐渐步入正轨，并且每年举办。[①] 在这

---

① 吴文瀚：《中国当代广告艺术形式流变研究》，武汉大学博士学位论文，2015。

届广告节上，中国优秀广告作品评比首次被命名为中国广告长城奖。这届广告节在公益广告作品的评选规格方面得到极大提升，由国家工商行政管理总局与中央精神文明建设指导委员会直接主办。① 这标志着中国广告的社会影响力层次有所上升。

2005年6月，第二届全球华人广告教育论坛在北京大学举办，主题为"中国广告业发展趋势与中国广告产业的发展趋势和前景"，探索了广告教育如何应对产业变迁，走出适合中国国情的独特的广告教育之路。②

六 总结

这个时期，中国广告学专业高等教育的发展上了一个很关键的台阶，除了获得博士招生资格，其学科建设、学术发展以及资源合作等，都有了很大的提升，跨上了一个大台阶。对于一个起步为零的专业而言，通过1983～2013年30年的努力，获得了如此的发展，不能不说是借助了时代的春风，同样也是借助了新闻传播学的迅猛发展，更为直接的力量，来源于广告行业跨越式的发展所带来的强大专业人才需求，以及诸多研究问题、研究资源，这些都给予了广告学专业强大的生命力，当然，不能忽视专业教育团队的不懈努力，作为白手起家的创业者，他们的奋斗并不亚于那些创造出惊人业绩的企业家。总之，这是伴随着中国改革开放而发生的典型案例，具有独特的时代特色和精神内涵。

需要引起关注的是，这个时期的中国广告学专业高等教育也呈现出了非常明显的发展不平衡的状况，这主要是因为：作为一个应用类学科，其发展在一定程度上取决于所处的外部环境，即所在区域的广告行业的发展状况，对其影响较大，毕竟业界能够为广告学专业的高等教育提供研究对象、支持资源以及实践教学基地，等等。在中国经济发展不平衡、广告行业发展不平衡的大背景下，不同地区的广告学专业的高等教育发展必然不平衡，并且依靠既有的模式难以解决。这个时期，一些高校通过强化特色、化解问题，如厦门大学通过强化海内外学术交流提升学生的专业水准，通过强化基础教育和基础科研来提升科研水平，扩大整块的专业实践

---

① 吴文瀚：《中国当代广告艺术形式流变研究》，武汉大学博士学位论文，2015。
② 闫琰、陈培爱著《中国广告教育三十年研究：1983－2013》，厦门大学出版社，2016。

时间方便学生进行专业实习，来变被动为主动，使得自己的发展稳健提升。但是，对于一些转化能力差的高校而言，这样的问题，并不容易解决。

第四节　2010年至今：数字化转型中的裂变

作为顺应时代变革、经济需求和广告行业恢复而诞生的广告教育，在这个阶段开始新的裂变。一方面，新的时代需求是一个全新的课题，大国崛起，经济主题巨变，中国更为深入地参与到了国际经济体系的竞争中，所急切需求的是品牌战略升级、营销传播升级，内容更为复杂，广告营销需要与之对应，在新的思路下升级自己的服务功能，与国家需求、时代主题切合；另一方面，数字媒介所带来的颠覆性变革，使得传统的营销壁垒全面融解，新的营销服务形态复杂且多变，数字技术、大数据、受众分化、网络亚文化、网络社群等全部有所涉及，此外，新兴的消费文化和媒介文化催生了更为碎片化的消费者群体，并且凭借新媒体赋权，更具有主导权。

在这样的趋势中，中国的广告学专业高等教育同样面临着巨大的挑战，一方面，如何跟随国家战略，达到国际化、一流化的水准，这对于基础薄弱、资源有限、束缚不少的中国高等教育而言，需要更大力度的改革和投入才能改变，而改革开放之后，随着中国高等教育的成熟，行政化与系统僵化等问题也逐渐凸显，如何赋予高等教育更多的活力和能动性，应该是中国整个高等教育都面临的难题；另一方面，为了应对营销传播体系的变革，广告学专业高等教育需要进行结构性再造、系统性升级，才能解决，需要塑造广阔的学科视野，纳入多学科资源作为基础，来培养学生的综合素质，依托数字化、网络化营销传播体系，来构建课程架构，同时构建专业知识交流平台，引入行业力量、社会力量，参与教学、科研和资源共建。

但是，这样的教育变革该依托何种机制，才能够启动，并且在各高校展开，以及持续深入进行呢？这个问题，需要整个广告学专业高等教育一同回答。

一 高等教育不断深化改革

这个时期，随着中国的经济腾飞，综合实力的提升，对于高等教育的水平，开始提出更新、更高的要求。作为要在数字时代实现经济转型的大国，需要高等教育能够培养出更优质的人才作为推动力。

二 深化教育体制改革

为使我国高等教育适应社会经济体系的新变化与新发展，充分发挥市场机制在高等教育教学改革中的作用，国家明确提出要改革高等教育管理体制，转变政府职能以及简政放权的要求。如 2015 年 5 月教育部出台了《关于深入推进教育管办评分离 促进政府职能转变的若干意见》，重点强调要"坚持放管结合""全面落实高等教育'管办评分离'，构建'政府管教育、学校办教育、社会评教育'的教育发展新格局"。[①]

（一）致力于建设国际化一流高校

为了推动一批高水平大学和学科进入世界一流行列或前列，提高国内高等教育水平，促进国家创新驱动发展战略、社会服务能力和文化传播能力。进入新时代，以习近平总书记为核心的党中央明确指出：强国必先强教，建设教育强国是中华民族伟大复兴的基础工程，必须把教育事业放在优先位置，加快从教育大国向教育强国、从人力资源大国向人力资源强国迈进，为中华民族伟大复兴和人类文明进步做出更大贡献。[②] 2015 年 8 月18 日，中共中央全面深化改革领导小组会议审议通过了《统筹推进世界一流大学和一流学科建设总体方案》，对新时期高等教育重点建设做出新部署，将"211 工程"、"985 工程"及"优势学科创新平台"等重点建设项目，统一纳入世界一流大学和一流学科建设，2017 年 1 月，经国务院同意，教育部、财政部、国家发展和改革委员会印发《统筹推进世界一流大学和一流学科建设实施办法（暂行）》。

---

① 《关于深入推进教育管办评分离 促进政府职能转变的若干意见》，http://www.moe.gov.cn/srcsite/A02/s7049/201505/t20150506_189460.html。

② 朱建军：《改革开放以来中国高等教育的发展与变迁》，《改革与开放》2018 年第 5 期。

（二）教学评估继续深入

为贯彻落实《国家中长期教育改革和发展规划纲要（2010–2020年）》以及《关于普通高等学校本科教学评估工作的意见》等教育方针政策，2013 年 4 月，教育部评估中心首先在南京大学、同济大学、黑龙江大学和五邑大学四所高校开展评估试点工作。这标志着我国高等教育本科教学的审核评估正式启动。但是在教学评估的过程中，也出现了标准僵化、形式主义等问题，如何能够在新的历史时期，将教学评估转化成真正的发展动力，是一个需要多方思考的问题。

（三）推动产学互动

针对业界与学界严重脱节的现象，2017 年 12 月 5 日，国务院办公厅印发《关于深化产教融合的若干意见》（国办发〔2017〕95 号），为未来的产教融合制定了明确的行动路线图，也首次肯定了企业在产教融合中的重要地位。该《意见》首次明确了深化产教融合的政策内涵及制度框架，完善顶层设计，强调发挥政府统筹规划、企业重要主体、人才培养改革主线、社会组织等供需对接作用，搭建"四位一体"架构，将产教融合从职业教育延伸到以职业教育、高等教育为重点的整个教育体系，上升为国家教育改革和人才开发整体制度安排，推动产教融合从发展理念向制度供给落地。

三　广告行业数字化转型

随着数字媒介的发展，传统媒介的地位逐渐下滑，数字营销逐渐成为舞台上的主角，新兴的营销思路和营销策略不断涌现，数字营销产业链条在不断地架构，传统的广告行业已经难以应对和涵盖。此外，作为一个与国家经济形态紧密衔接的行业，新时期国家的经济形态的转变，以及对于营销传播的服务的要求，也促进了数字营销传播的必然变化。

（一）数字广告行业发展空间巨大

与广告业发达的国家相比，我国广告业仍然处在低水平发展期，整体上存在竞争力弱、广告经营总额占 GDP 的比例不高、专业性不强等问题。

国际间的竞争归根结底是人才的竞争，要解决广告行业的整体竞争力问题，从根源上就要培养专业人才，提高创新能力。2013年，美国广告经营额1670亿美元，中国仅为803.66亿美元。美国仍然是全球最大的广告市场，中国广告市场份额居第二位的位置，但广告经营额却不足美国的一半。广告产业规模与我国经济社会发展的要求还有较大差距。信息技术的普及，数字传播进一步发展、新媒体进一步推进、"三网"融合步伐进一步加快，为广告业的快速发展提供了充足的技术条件。然而，在诸多有利条件的支持下，能看到广告业的发展仍然存在许多问题。

数字广告行业产业形态正在建设。根据艾瑞咨询2016年度中国网络广告数据显示，中国网络广告市场规模为2902.7亿元，同比增长32.9%。并且，2016年移动广告营销市场规模为1750亿元，同比增长75.4%，显著高于网络广告市场整体增速，占网络广告市场的60.3%。[①] 其中，在广告内容层面呈现原生化、视频化、个性化趋势，原生广告、中插原创贴、互动创可贴、短视频等新的内容营销形式层出不穷，信息流广告增长迅猛；在技术层面，大数据促使广告营销不断精准化，而人工智能正日益改变创意生产模式，规模化、程序化创意生存成为可能，也促使广告产业价值链结构进行重构。

（二）中国经济转型对于广告行业提出更高要求

中国经济进入"调整期"，预示着新一轮"经济转型"的开始。在这其中，品牌传播和品牌建设是关键之一。2014年5月10日，习近平总书记提出："推动中国制造向中国创造转变、中国速度向中国质量转变、中国产品向中国品牌转变"，这也是供给侧结构性改革的主要目标，是高质量发展的必然结果。加强品牌建设，不仅有利于推动中国从经济大国向经济强国转变，也有利于满足人们更高层次物质文化需求。此外，持续拉动消费热潮，也是维持经济动力的要点之一。投资、消费和出口是拉动中国经济增长的三股驱动力。2017年，消费对中国经济增长的贡献率为58.8%，连续4年成为拉动经济增长的第一驱动力，消费发挥着拉动经济

---

① 《艾瑞咨询：2017年中国网络营销发展情况分析》，http://www.askci.com/news/chanye/20170527/10173899097.shtml，最后访问时间：2019年5月1日。

增长的基础性作用。

对于广告行业而言，面对这样的国家战略需求，责任重大，需要在中国品牌塑造和中国消费拉动两大方面积极作为，这就需要新型的营销人才：既了解国际营销手法，也了解本土品牌精髓，能够结合国际化的营销潮流、新媒体、新兴消费的特征，为中国品牌注入新时代的精神，持续拉动中国消费的增长。

（三）数字化人才需求加大

随着行业的数字化转型，广告的概念开始被突破，数字营销人才成为行业需求的重点。从数字营销公司发布的招聘广告看，岗位类型大致可分为七类：策划创意类（含设计）、媒介/公关类、市场/销售类、客户服务类、技术类（研发＋应用）、管理运营类、职能类等。在七类岗位类型中，技术类（研发＋应用）岗位是数字营销行业区别于传统广告行业最大的不同。"数字媒体技术与投放"、"大数据与广告技术"和部分"数字整合营销"类型公司对技术类人才需求较大，岗位主要是 IT 工程师。

无论哪种类型的数字营销公司，对策划创意类、客户服务类和市场/销售类人才都有不小的需求量。再有，从具体职位表述中可以看出，行业内出现了一批与新媒体应用和网络营销密切相关的新兴广告与营销岗位，这些岗位主要涉及当前几种主要的数字营销方式，如电商营销、社会化媒体营销、大数据营销等。①

四　中国广告学专业高等教育的数字化转型

教育部高等教育教学评估中心主任刘凤泰在 2006 年中国广告教育国际论坛上指出，"广告学专业要立足创新，走人才差异化培养之路。研究型大学主要是培养具有创新精神和实践能力的人，教学型学校培养目标则定位在应用型人才上"。2012 年出台的《实施国家广告战略》中针对广告学教育的状况提出要"建立广告专业人才学历教育与职业培训互补机制，推

---

① 胡振宇：《数字营销时代高校广告人才的培养策略——基于人力资源需求的实证考察》，《青年记者》2017 年第 8 期。

动广告人才培养产学研一体化，形成高等院校、广告行业组织、广告经营单位各展其长、互补共进的人才培养模式"。

这个时期，国内广告学专业高等教育纷纷顺应数字化的发展趋势，因势而谋，从专业设置、课程设置、科研项目和机构设置等方面采取相应的举措。

（一）差异化发展进一步出现

据中国教育委员会的数据显示，截至 2013 年 8 月，全国共有 412 家设有广告专业的院校。2015 年我国的一份广告教育调查报告显示，通过对我国 230 多所高校广告专业的调查，目前我国大陆地区高校的广告专业中培养目标及方向仍集中于广告学类（策划、创意、媒介等）和广告设计类（设计、制作等）这两个主要门类。[①] 应该说，定位的传统和雷同，依然是一个比较突出的问题。

与此同时，也开始有一些院校意识到重复建设的问题，开始不断地根据自己的院校优势、地区优势、资源优势、突出特色，不再追求统一标准和思路，凭借各自优势进行人才培养，尝试差异化竞争，这使得不少院校的广告学专业开始出现生机勃勃、后劲强大的趋势，为中国广告高等教育带来了不少鲜活的研究案例。如武汉大学、厦门大学的人文传统学科积累深厚，近些年，不断地强化学术特色，推动了相当部分的广告理论层面的探索；暨南大学的国际化资源较强，就以更为灵活的方式办学，提升国际化人才的培养，并借助广州经济活跃发达的特征，实现产学互动；北京工商大学则利用自己工商类研究的深厚基础，强化品牌研究，并尝试与国家品牌建设对接，侧重学生的广告经营管理能力的培养；中国传媒大学利用自己的媒介研究基础和资源，以及与行业灵活对接的经验，以及北京地区传媒产业、大数据产业发达的优势，进行新的学科领域的探索和尝试，以及资源合作。

（二）广告学专业的学科地位提升

由于中国广告教育起步比较晚，整体的学术研究水平也不高，加之它的应用类特色，一直没有得到学科体系应有的重视，长期属于传播学科下

---

① 侯键、李丽娜：《我国广告现状调查》，《现代广告》2015 年第 6 期。

面的三级学科，社会地位和认可度也较低，影响了专业的持续发展。

随着广告专业数量增加，广告研究队伍增大和教师学历层次不断提升，我国广告研究水平明显增强，学科实力显著提升。2005 年 10 月，在河南大学召开的第四届中国广告教育年会上通过了"给教育部的倡议书"，呼吁将"广告学科由三级学科晋升为二级学科"。2010 年下半年教育部进行新一轮学科调整规划，广告学由三级学科上升为二级学科，成为新闻传播学一级学科下属的二级学科，大大提升了广告学科地位，也为广告专业教师提供了更多发展机会，也为学科建设的长远发展提供了更好的机遇和条件。这次学科地位的提升，在相当大的程度上增强了国内广告教育界的凝聚力，让国内广告高等教育界人士意识到了相互团结、协同发展、持续交流的重要性。

（三）广告学专业开启数字化转型

2010 年 7 月，中国传媒大学广告学院秉承应时而动的传统，率先创办了网络与新媒体专业，这作为广告专业教育数字化转型的一个起点具有标志性意义。这一方面是基于从 20 世纪 90 年代开始的媒介研究，对于媒介领域变动的敏感，中国传媒大学广告学专业及早意识到了媒介领域的深刻变革，而迅速转型；作为全国排名第一的广告学专业，它一直保持着与行业的密切互动，对于自身的行业功能的使命感，以及自身与产业关系的定位，有着清晰的认知，去适应产业环境的变化，建构新的专业知识框架，找到自己专业的核心资源和社会实行交换，进而开始走上自己的道路。于是，中国传媒大学广告学专业能够迅速制定新的发展战略，以应对未来的变革，谋求在新的产业时代的战略地位。

这一时期，各广告学专业教育普遍以更新和调整课程设置作为应对数字化挑战的策略之一，如开设《数字营销传播》《网络新媒体》《网页设计》《网络运营》《数字媒体设计》《新媒体创新创业》《社会化媒体创业》等相关课程，中国人民大学广告学专业在"创意传播管理"的理论指导下，开设创意传播课程，与艺术学院合作，不同专业的学生可以交流学习新媒体运营的知识和设计制作的技巧。[①] 值得一提的是，北京大学新闻与

---

① 资料来自对中国人民大学王树良老师的访谈。

传播学院广告学系的数字化改革举措，调整传统的广告教育教学，开设大数据实战课程，将合作企业的大数据广告平台和智能化创意工具直接引入课堂，[①] 让学生们针对广告主提出的需求进行真实的营销传播投放，提高实践教学水平。2018 年上半年，华中科技大学广告学系也聘请行业专家为学生们带来多场业内专业讲座，[②] 作为教学内容的动态补充。

2010 年以来，深圳大学广告学专业探索出"融合型、实战化"两大主题广告学专业本科教学新体系和人才培养新机制。以创新融合型课程体系、实践体系为主要抓手，培养学生通过跨界融合的学习和多元实践途径实现能力整合、知识创新和竞争力聚合；以多层次的实战化教学手段探索全程紧张型教学，通过竞争和挑战唤起学生主动学习的动力，实现从作业到作品，再从作品到产品的转化，深化数字营销教学方式改革。[③]

（四）研究数字化转型

这一时期的学术研究也向着数字化转型，在"互联网＋"的发展格局基本形成的大潮下，国内的广告学专业高等教育与业界共同寻找广告发展方向，纷纷进行现有广告教育体系自我优化和转型。

中国传媒大学广告学院媒介研究所的研究课题围绕传媒数字化、媒介产业化进程开展，很早就开始了数字电视、卫星电视、内容银行、数字营销等方面的研究；武汉大学的教学与科研方向也逐渐转向新媒体，开展数字营销相关研究、智能化传播研究。[④]

此外，成立数字媒体研究机构也成为一种趋势。暨南大学组建与新媒体相关的工作坊，与业界合作联合培养学生的模式日趋成熟。[⑤] 中国传媒大学广告学院于 2011 年成立了新媒体研究院，以一系列的研究成果，对新媒体开展全面的研究和产学研的互动；在 2016 年成立了内容银行重点实验室，承担了多项国家科技支撑计划课题，用多维度大数据评估和交易信息时代的内容。北京大学新媒体营销传播（Creative Communication Manage-

---

① 资料来自对北京大学陈刚老师的访谈。
② 资料来自华中科技大学李华君老师的访谈。
③ 黄玉波：《融合与实战：数字营销背景下广告学专业人才培养模式的反思与改革》，《广告大观》（理论版）2018 年第 12 期。
④ 资料来自武汉大学姚曦老师的访谈。
⑤ 资料来自对暨南大学杨先顺老师的访谈。

ment）研究中心成立于 2007 年 12 月，成立后，围绕以互联网为代表的新媒体环境下的营销传播问题进行了系列研究，推动相关领域的专业问题的研讨与传播。

（五）实践类教学面临挑战

这一时期，实践类教育出现了非常大的变化。由于数字创意要求更高、更新，使得众多的媒介行业、广告公司等营销组织，更为注重新型人才的选拔，也积极投入数字化营销人才的培养当中。这个时期面向青年群体的数字化营销大赛更为丰富多样，年轻人崭露头角的机会更多，更多国际化的平台也开始出现。

各高校开始更为重视实践类教学，给予了更多的投入，不少院校将实践类教学引入了课程体系，规避了之前教师没法计算劳动量，学生没法计算学分等问题，不少院校也设置了奖励措施。如北京工业大学等积极推动教师和学生共同参与到"金犊奖""全国大学生广告艺术大赛"等各类广告大赛中。但是这一时期，传统实践类课程体系也开始面对不少挑战，如广告比赛的周期性长，过程中仍缺乏与业界的真实对接；另外，还有许多大赛规则与策略设计依旧传统，与新媒体传播的互动性、即时性等特点相距较远。诸如"情景教学""以赛代练"还不足以满足新媒体时代广告教学的发展要求，亟待多元化实践教学路径的开发与拓展。此外，随着一些大赛类项目的普及，一些广告公司或者营销机构也开始对于学生获奖有了不同的看法，奥美广告公司的人事负责人表示，学生获奖，多半是集体行为，因为很难以此判断个人素质。因此，在引进人才的时候，并不太看重这个部分。这对于实践类教学以及各类赛事而言，也意味着需要新的测算方式，让学生的个人素质有一个更好衡量的方式。

这个时期，不少学校开始尝试引入国外大师资源，举办 Workshop 的教学模式，"Online to Offline"的产学研一体化实验室与创意文化产业拓展实践中心与园区等，以开放的姿态，鼓励教师与学生形成团队服务于社会企业，在接轨市场的服务中让学生获得更多的实战机会。[1]

----

[1]　邹文兵：《新媒体语境下广告教育转向研究》，《江西财经大学学报》2018 年第 1 期。

（六）广告学专业高等教育的发展问题

这一时期，对于中国广告高等教育而言，不少历史遗留问题并没有得到妥善解决，如发展不平衡的问题、师资问题、科研体系、学科地位等问题，应该说四十年广告行业突飞猛进的快速发展，广告教育也一路飞奔，予以支撑，但是，配套的资源和支持体系，无法与之相配，这就使得广告教育进入数字化发展阶段之后，隐患颇多。对于数字时代的广告学专业高等教育如何与行业持续呼应和互动的问题，黄升民提出："创新其实是一个永恒的命题，从广告教育研究的角度，可以归纳为三个问题。第一，广告专业教育怎么去适应产业环境的变化。第二，大学是个知识装置。社会环境都变了，怎么建构新的专业知识框架。第三，找到自己专业的核心资源和社会实行交换。"① 倪宁等提出应该顺应时代变化，构建大广告的概念，并坚持"以'素质'为核心的广告人才观"。② 陈培爱从学界关于广告教育的争论与广告业界需求出发，认为对广告教育模式改革应力求使学生适应社会需求为前提，走出自己的特色之路。③

如何在数字化时代构建资源循环体系和动力循环体系，是一个要求更高的课题，尝试通过广告学专业高等教育联合起来，并且与数字营销传播行业协同解决，也许是出路之一。

五　广告专业出版

（一）高等院校出版

整体来看，一系列带有数字化特色的广告教材在这一时期出现，如北京大学出版的"21世纪新闻与传播学系列教材"，清华大学出版的"高等学校数字媒体专业规划教材"、《新媒体广告传播》（舒咏平，2015）、《大数据时代的精准广告》（鞠宏磊，2015）等；这个时期，一系列与数字营

---

① 黄升民：《转型、聚合与创新：广告教育和广告研究的任务》，《广告大观》（理论版）2006年第3期。
② 倪宁、谭宇菲：《试析"大广告"时代的我国广告教育》，《国际新闻界》2009年第5期。
③ 陈培爱：《数字化时代中国广告教育改革的思考》，《广告大观》（理论版）2011年第4期，第31~36页。

销传播研究有关的成果出现，如，黄升民等著的《广告主蓝皮书：中国广告主营销传播趋势报告 No.7》（社会科学文献出版社，2013），丁俊杰、贾丽军的《中国营销实效趋势报告》（中国市场出版社，2013），金定海、徐进的《原生营销：再造生活场景》（中国传媒大学出版社，2016），姚曦的《互联网时代公共关系的理论与实践》（中国建筑工业出版社，2017）等。

在这一时期的相关学术会议中，数字营销逐渐成为主角。2013 年第六届中国网络营销大会举办，网络营销成为一个日渐成熟的营销体系，影响力巨大。2015 年 4 月召开的全球知名数字营销与广告峰会，第九届的虎啸高峰论坛（原中国广告趋势论坛），都涉及数字营销与广告。同年 9 月召开的第十四届中国广告教育学术年会和 12 月召开的中国高等教育学会广告教育专业委员会 2015 学术年会暨第六届中国广告教育论坛，也开始探讨互联网时代广告教育的创新与发展。

（二）行业出版

1. 广告人书店告别行业

2013 年 12 月底，北京、西安、长沙三家龙之媒广告人书店将一同关闭。关闭的主要原因和行业的转型密切相关，徐智明表示，"龙之媒最核心的广告、设计类图书曾经占到营业额的 50%、60%，但是过去的几年里，广告行业大转型，曾经写书的很多人现在不再出书，龙之媒的新书品种受到很大影响。实体书店消费者的购买习惯也在改变"。"比起龙之媒最高峰的 1999～2003 年，书店营业额确实有所下降，北京店面的营业额现在是高峰时期的一半。"① 伴随着中国网购的兴起，中国人线下购物习惯发生改变，与此同时，也与行业的转型有着巨大的关系。这使得传统的书籍在资讯方面的优势开始消失，数据库、资源库，开始成为更为方便、低廉、快捷的资讯来源。

2. 四大行业刊物的数字化转型

这个时期的国内四大广告刊物也开始了数字化转型，除了纷纷设立公众号，在内容方面更为关注数字营销，在所主持的奖项上增加了数字营销

---

① 《龙之媒书店历 19 载将关闭　创办人：不愿看书店变丑》，《新京报》2013 年 7 月 16 日，http://politics.people.com.cn/n/2013/0716/c70731-22210270.html。

的内容之外，也开始举办各类数字营销研讨活动、培训活动和业内交流，并且在重大的历史节点组织纪念活动、研讨活动，继续展现在业内的组织功能。

如《广告人》杂志依托之前的积累，在2003年基于天津广告人传播有限公司，成立了广告人文化集团（天津）有限公司，主要从事以创意产业为核心的媒企合作平台建设和校企营销平台建设。依托资源，组成广告人杂志理事会、广告人智库专家、全国高校创意产业产学研联盟、中国创意大师讲师团、中国创意产业赛事评审库、国家广告研究院、中国广告人生态研究中心、国家广告研究院、中国青年创意创业研究中心、中国国际广告节评鉴专家顾问团、广告主长城奖评委团、中国大学生广告艺术节学院奖组委会的核心组织等。

《广告人》杂志也建立了信息平台，由广告人网（www.admen.cn）、广告人智库官方微信、广告人商盟官方微信、广告人官方自媒体（一点资讯、蓝莓会）共同组成。广告人商学院平台是集团对外进行培训学习的智库出版平台，共出版《中国当代杰出广告人》传记丛书300册、《实战广告案例》四辑（共收录16卷1500个案例）、《媒体经营系列丛书》8册、《中国广告实战案例教程》系列丛书3册。

其旗下的创意星球众包网，包括创意众包、技术服务、实战教育、人才招聘、创客孵化等，而每年主持的中国大学生广告艺术节学院奖主要开展中国大学生广告艺术节、中国大学生毕业设计大赛、中国大学生手机摄影大赛活动，其中每年产生超过20万件创意作品，终端触达54万人群直接参赛，直接影响500万人，全年开展30座城市超过65场地面活动，官方社交媒体达32万活跃粉丝，媒体覆盖70余个媒体平台1510万受众。

六　总结

这个时期，是中国广告学专业高等教育转型的启动时期，它们面临着一个前所未有的挑战，各高校的广告学专业，已经开始进行了一些尝试和探索。

与1979年相类似，这是一个国家转型、时代主题更换、行业进入重启的时期，因此，这不仅仅是一个应用类专业独自面临的问题，而且是与国家命运紧密连接的问题，因此如果仅仅将思考放置在行业内部，将不能够从根本上解决问题。对于广告学专业而言，需要将大的时代背景和国家战略需求纳入其中，结合数字营销产业链条的建设，定位自己的角色，通过开放的姿态，引入多学科的资源和多产业的资源，以更为灵活的方法，进行人才培养体系的设计，进行教育体制的建设。如果说，1983 年的广告学专业的试水，是在一穷二白的背景下，抓住历史机遇，依靠智慧和勇气创造而出，那么，这一时期的改革，同样可以如此。

第二章 中国广告学学科建设的发展

学科建设是学科发展的关键内容，其动力既有外在社会对于高等教育的要求，也有高等教育自身的社会属性，此外，也有高等院校间相同专业间的竞争，以及高等教育谋求外部资源和回应外部社会的需求，由此可见，学科建设，并不仅仅是高等教育范畴内的静态问题，也是高等教育在社会体系中，协同其他力量，共同进步的一种表征。《辞海》把学科看作"学术的分类，指一定科学领域或一门科学的分支"。著名学者丁雅娴认为，学科是相对独立的知识体系。大学是以学科为基础建构起来的学术组织。学科建设是大学的基础性建设。大学学科建设的基本内容包括调整学科布局、完善学科组织、确定学科方向、组建学科队伍、建设学科基地、确立学科项目、建立学科制度、营造学科环境等。[①]

结合广告学专业高等教育的实际情况，本书将从学科规划、人才体系规划、教师团队建设、行业资源互换能力四个方面来探讨中国广告学专业高等教育的发展变迁。其中，学科规划主要是指学科定位和学科发展方向，主要包括学科在教育体系中的定位和在行业发展体系中的定位，并且能够根据未来的教育发展方向和行业发展方向而制订战略性调整规划；人才体系规划，主要包括人才培养思路和课程体系，基于内外部的因素决定人才的培养方向和培养重点，并且在具体的课程体系予以呈现；教师团队建设包括教师授课能力、学术能力的培养，以及学术团队的培养等；行业资源互换能力，主要是由于广告学高等教育作为应用类学科，一方面需要从行业中汲取教学资源和学术研究资源，另一方面通过向行业输送智力支持，彰显高等教育的价值，从而提升学科的社会影响力。

---

① 罗云：《论大学学科建设》，《高等教育研究》2005 年第 7 期。

第一节　1983～1991：学科建设蹒跚学步

广告学专业作为应用类学科的代表，恰逢改革开放的浪潮而诞生，应该说，从诞生之初，广告学专业就有着非常鲜明的时代特征，肩负着非常重要的历史使命，就是为中国的市场经济发展服务，为中国的改革开放添砖加瓦，由于这个时期我国的经济实力有限，高等院校发展新专业所能够获得的支持和资源非常有限，因此，这一时期的广告学专业积极面向市场和行业，通过知识交换来获取发展资源，此外，这个时期的传统就业分配体系被不断打破，大学生作为国家培养的干部人才，在行政事业体系人才日趋饱和的情况下，无法持续输送，只能需要转而考虑市场化的人才需求，因此，如何满足广告行业的人才需求，建构与之相适应的人才培养体系，也是这个时期的广告学专业所不得不面对的直接问题。

一　学科规划

面向市场、面向社会需求，服务经济建设，是当时国家相关政策给高等教育的主要发展依据，但是传统的高等教育里并没有这样的有效示范，广告学专业高等教育历史上也没有经历充分发展，国外的相关情况参照性有限。从业界获取学科规划的思路，是当时新筹建的广告学专业高等教育主要的做法。

（一）广告学是新闻传播学建设的学科方向之一

改革开放初期，是中国学术思想大解放的重要时期，当时不少政府相关部门也积极推动引入先进的思想观念，进行高等教育改革。市场营销学和传播学的发展就是在这样的背景下兴起，为广告学专业发展提供了重要的学理基础，广告学专业作为当时传播学建设的学科方向之一，在新闻传播学体系中获得归属。

这个阶段，频繁的国际交流为新闻学界注入了新的学术研究思想和资源，传统新闻理论的研究领域被拓宽，来自西方的传播学讨论由冷变热。讨论的课题内容涉及西方的传播理论、研究方法、受众调查、媒介经营与管理等。对于大众传播媒介的认识不再局限于政治宣传功能，信息传播和群众娱乐等功能也逐渐进入研究视野。中国新闻界适时引进了新的传播理论和思想，契合了中国新闻传播事业的发展和新闻学研究的实际需要。①

厦门大学传播学最初的筹建并不顺利，有的人将传播学视为"资产阶级精神污染"。②厦门大学广告系的创始人之一陈培爱教授表示，"回望建系初期的过往，陈教授提到了两位为建系做出特别贡献的人，一位是时任福建省委第一书记的项南同志，在体制层面为新闻传播系的建立创造了十分有利的条件；另一位则是余也鲁教授，在学术层面上为建系提供了莫大的支持，由他翻译的《传媒、信息与人——传学概论》成为当时大陆传播学者必读的权威书目。余教授当年曾多次来厦大协助创办新闻传播系，为在国内大力推介传播学理论、提倡传播学研究本土化做出重要贡献"。③

1982年，余也鲁教授促成美国传播学奠基人施拉姆访问广州、上海和北京，④此行被称为"传播学进入内地的破冰之旅"。⑤施、余二人访华引起了老报人徐铸成⑥的注意，他联络福建省委书记项南和厦门大学校长曾

---

① 向芬：《开传播风气之先的厦门大学新闻传播系——厦门大学新闻传播系创办始末》，《东南传播》2008 年第 8 期，第 78～80 页。

② 向芬：《开传播风气之先的厦门大学新闻传播系——厦门大学新闻传播系创办始末》，《东南传播》2008 年第 8 期，第 78～80 页。

③ 《新传论学术讲座　陈培爱：改革开放四十年中国广告教育的回顾与展望》，https://comm. xmu. edu. cn/2018/1122/c8087a357710/page. htm。

④ 余也鲁祖籍江西，1964 年获得美国斯坦福大学传播学硕士学位，师从施拉姆。1968 年，他创办了香港浸会大学传理系，十年后出任香港中文大学新闻系主任和传播研究中心主任。1982 年 4 月，施拉姆在广州华南师范学院开创了 7 天传播学讲习班，随后奔赴上海和北京，在复旦大学新闻系、中国人民大学新闻系、中国社会科学院新闻研究所、《人民日报》等机构讲学，所到之处皆"引起不小的震动"。5 月 5 日，国务院副总理薄一波接见了施拉姆和余也鲁，肯定了他们引进传播学。年底，中国社会科学院、中国人民大学、复旦大学和新闻战线杂志社等单位联合召开了首次"传播学研讨会"，确立了国内发展传播学的十六字方针：系统了解、认真研究、批判吸收、自主创造。1983 年，社科院张黎教授主编了《传播学（简介）》，"大概印行一万册，抢购一空"。参见胡百精《新启蒙、现代化与 20 世纪 80 年代中国公共关系史纲——中国现代公共关系三十年》，《当代传播》2014 年第 4 期，第 4～9 页。

⑤ 胡百精：《新启蒙、现代化与 20 世纪 80 年代中国公共关系史纲——中国现代公共关系三十年》，《当代传播》2014 年第 4 期，第 4～9 页。

⑥ 徐铸成在民国时曾任《大公报》总编辑，创办了上海《文汇报》和香港《文汇报》，中华人民共和国成立后任上海《文汇报》社长兼总编辑，晚年游历四年，热心新闻教育。20 世纪 70 年代末，他在香港中文大学结识余也鲁，接触到传播学，感叹"大陆也应该有这个系"。

鸣，提出由余也鲁协办厦门大学新闻传播系。徐铸成便往复京闽沪，协调各方筹建厦门大学新闻传播系，成为首位系主任。① 1982 年，余也鲁随徐铸成访问厦门大学，直接参与了新闻传播系的专业、课程和师资规划。1983 年正式建系后，余也鲁在香港争取到包括庚子赔款在内的各种基金赞助，为厦门大学新闻传播系购买海外专业图书，聘请美国传播学学者讲学，选派厦门大学青年教师赴香港、美国学习传播学。"厦大新闻传播系原想开办国际新闻、广播电视和公共关系三个专业，而在 1983 年时，主管部门尚不知公关为何物，就改成了广告专业。"②

事实上，厦门大学在第一次申报建立"传播系"时并不顺利。1982年，徐铸成先生来到厦门大学，听取了社会上对传播系的看法与态度，当即表示："就用'新闻传播'。"中宣部的洪一龙处长也到厦门大学考察，考察结束后给中宣部的领导写了一个报告，说明厦门大学申办的新闻传播系下分广告学、国际新闻、广播电视三个专业是符合新时期发展需要的。次年年底，陈扬明、韦体文再次到北京向中宣部汇报并请求批准，中宣部表示同意。厦门大学校领导即确定以"新闻传播系"命名建系。厦门大学打破传统的新闻教育模式，引进国外先进的传播学、广告学和公共关系学等新型学科，这在当时可以说是一次新闻教育理念的变革。③

中国传媒大学（原北京广播学院）一度由于"文化大革命"中止发展，1974 年恢复招生，这个阶段正好也是中国广告电视行业迅猛发展的阶段，作为广电部直属院校，主要为广播电视事业培养后备力量。新闻系是北京广播学院的重点之一，1959 年建系，是北京广播学院建校三大系之一，身处首都，同样受到当时传播学引入国内的潮流影响，加之这个时期国内广播电视的蓬勃发展，校内的专业进行了拓展，根据需要先后增设了国际新闻、广播电视管理、录音艺术、广告等若干新的专业。④ 虽然没有成立传播系，但是以实际需求进行专业扩建，已经明显突破了传统的新闻

---

① 胡百精：《新启蒙、现代化与 20 世纪 80 年代中国公共关系史纲——中国现代公共关系三十年》，《当代传播》2014 年第 4 期，第 4～9 页。

② 胡百精：《新启蒙、现代化与 20 世纪 80 年代中国公共关系史纲——中国现代公共关系三十年》，《当代传播》2014 年第 4 期，第 4～9 页。

③ 向芬：《开传播风气之先的厦门大学新闻传播系——厦门大学新闻传播系创办始末》，《东南传播》2008 年第 8 期，第 78～80 页。

④ 常顾铮：《回顾历史开辟未来——纪念北京广播学院三十周年》，《现代传播》1989 年第 8 期。

学的概念。作为一个以应用类学科见长的院校，实用层面的需求，是中国传媒大学突破学科体系更为直接的动力。

面对社会上对于广告学专业人才的迫切需求，北京广播学院新闻系敏锐地意识到了这一点。新闻系三位年过半百的老领导——赵玉明、曹璐和王振业，在一次全系大会上讨论新闻系的发展规划时，提出了一个富有挑战性的课题——在办好原有的新闻专业的基础上，能否设想广告学专业？"此后不久的一个平常的晚上，新闻系的一群年轻教工，一如往常地在9号楼的一个小屋里谈天。话题扯到了领导们说的设想，魏永刚提议，我们何妨拟个创建广告学专业的实施计划。说干就干，当晚拟就。第二天，便打印出来了。当时参加讨论的有：魏永刚、刘庆东、吴晓波、丁俊杰、乔江平"，于是在学院的支持下，半年时间里，满头白发的老主任开始与年轻人一块儿进行科学而翔实的论证，"系主任赵玉明与年轻人一块儿，跑论证、咨询……跑动之中，副主任曹璐出访日本归来，带回两个信息，日本有个校友黄升民，学广告，愿学成回来任教，时间是1989年6月，同时，日本大学艺术学部愿意在广告方面合作。这是两个令人鼓舞的信息"。"在学院、国家工商局广告司、广播电影电视部教育司、国家教委、中国广告协会、中央电视台、中央人民广播电台以及日本大学艺术学部等单位的支持下，半年的时间得到了科学而翔实的论证，新闻系不失时机地设立了广告学专业。"① 1988年11月9日，国家教委正式批准了北京广播学院新闻系设立广告学专业。黄升民教授回忆，"机缘巧合的是就在1988年，我母校北京广播学院（现中国传媒大学）新闻系主任在日本遇见我，他们和我谈起对于未来新闻系改革方向的新想法——办一个新的专业，广告或者公关。经过商讨，最后创立广告专业。于是，从1988年开始北京广播学院开始申请创立广告学专业，1989年开始正式招生。其间，北京广播学院的曹璐老师一直和我保持联系，鼓励我返校工作。经过一段时间的犹豫观察，我在1990年回到北京的母校"。②

深圳大学创办于1983年。当时大众传播学、公共关系学等都没有列入

---

① 老勾：《生命的从早晨——写在广告学系成立之际》，《北京广播学院40年》，北京广播学院出版社，1994。
② 《对话黄升民：从无到有，我们创立了中国第一个广告学院》，https://www.adquan.com/post-9-42908.html，最后访问时间：2019年6月12日。

国家本科、专科的专业目录。深圳大学看准了大众传播学的发展前景，也有国际经验的参照，就大胆创办，两年后建系。1985 年深圳大学以之前开办的公共关系专科作为基础，依托中文系，成立中国内地高校第一个大众传播系。吴予敏教授说，"创办大众传播学专业是得到学校领导支持的，但从办学过程来说，基本上是自筹经费、自设课程。当时深大学生不包分配，各专业要考虑到实用性"，① "据我了解，当时深大成立大众传播系的时候，师资队伍主要是由新闻和传播专业、影视戏剧表演专业、管理学专业、中文专业的教师组成。不少老师是客座的。1985 年招收的第一届学生 40 人，有全国统考的，也有成人高考的，还有艺术特招生和广电系统保送生。合班上课。当时公共关系专业没有列在国家高等教育专业目录里面，我们就创办广告学本科，来兼容公共关系专业。我们是国内高校中第三家创办广告学本科的院校，也是开拓者。国内高校中的大众传播学，如何适应信息传播科技发展趋势，如何推进国际化，如何发展专业特色，如何建立合理的课程体系和培养模式，还是有很大的挑战。"②

（二）高等教育直面社会人才需求

这个时期的高等教育需要逐步考虑社会对于人才的需求，市场意识日渐明显，在传播学的体系之中，非常重视对于应用类人才的培养，广告人才作为当时经济体系和广告行业迫切需求的重要类型，自然在传播学体系中被重视。

香港中文大学余也鲁教授于 1982 年 10 月应厦门大学田昭武校长之邀到校访问，其间，与厦门大学"建系筹备委员会"讨论形成《关于厦门大学创办新闻传播系讨论会纪要》，纪要中对人才培养目标作出设定："新闻传播系旨在造就掌握现代传播理论、技能的专门人才。主要培养通讯社、英文报刊的采编人才和驻外记者。培养电视、公共传播的专业工作者和传播学方面的教学、科研工作者。"③ 可见，厦门大学新闻传播系创办之初就

---

① 根据吴予敏教授访谈记录整理。

② 根据吴予敏教授访谈记录整理。

③ 向芬：《开传播风气之先的厦门大学新闻传播系——厦门大学新闻传播系创办始末》，《东南传播》2008 年第 8 期，第 78~80 页。

紧扣"传播"来开展工作，把握住了时代脉搏，认清了学科发展的方向。"复建新闻系，厦大第一批引进的专业人才朱月昌教授描述了当时的主要思路：'当时的考虑是，厦门大学将要成立的新闻系，如果只是开设新闻学专业的话，无论如何无法与老牌的新闻院系竞争，我们得找到我们发展的契机。厦门，处于改革开放前沿，经济特区的优势让我们看到将来对广告人才的需求，所以我们最早开设广告专业，这么多年的努力和成果也证明当时打造广告这块牌子是明智之举。我们当时的设想是开广告学、国际新闻、广播电视三个专业，只是以'新闻'命名似乎还不能包容这些内容，而借用'传播'命名就显得名正言顺了。当然，刘季伯先生和余也鲁教授为我们提供了国际视野，当时传播学发展已是潮流所向了。"①

1988 年，北京广播学院创办广告专业，创办者的出发点之一就是为人才考虑出路。创办人之一曹璐老师认为，"广播学院以往都是往三大台输送人才，往地方台输送人才，考虑到以后会出现人才饱和的问题，考虑创办广告学专业"。② 这也是从人才出口的角度、经济发展的趋势，来考虑人才市场的长远需求。

深圳大学的广告学专业成立之前，已经依照市场需求，成立了公共关系专科，已经有了与社会人才需求对接的需要，广告学专业成立之后，实际上把广告学专业分成了两个方向：广告学方向和公共关系方向。按照隔年招生办法，兼顾两个专业。面向市场需求培养应用类营销传播人才，是这两个专业共同的方向。

广告学是在传播学兴起的背景下而发展起来的。作为特定的信息传播是广告学在当时的学术体系中能够获得认可的重要因素，但对于这个专业而言，对其价值影响更为明显的是伴随着改革开放而出现的庞大的社会需求，刚刚出现的市场经济体系，广告能够迅速刺激消费需求，能够迅速将产品信息广泛地传播出去，使得百废待兴的经济体系快速获得活力，循环运转；此外，当时刚刚恢复的广告行业对于广告人才的迫切要求，是最为直接的推动力。当时身处改革之境的高教体系的教育工作者，也逐渐意识到了教育与社会需求对接的必然性。作为一个新专业，

---

① 向芬：《开传播风气之先的厦门大学新闻传播系——厦门大学新闻传播系创办始末》，《东南传播》2008 年第 8 期，第 78～80 页。

② 根据黄升民教授访谈记录整理。

这也是谋求发展的必然选择。

二 课程体系设置

这个时期，开办广告学专业，在课程设置思路的探索上，中国的高校有三个方面参考：一是学习参考美国和我国香港、台湾地区已有的课程模式；二是从广告行业中寻求资讯，了解市场需求；三是结合自身的校内资源，统筹课程配置。在这个阶段，三所高校在课程设置上整体的行动逻辑上是一致的，即借鉴、调研和取舍，但在具体的实践过程中，又各有侧重。

厦门大学在课程借鉴的过程中，发现国内并没有太多资源，于是吸收了很多来自美国和我国香港、台湾地区的经验，"1983 年创建后，为了一年后的招生，他们招募了海内外一系列讲师，设立了相应的广告学课程，而陈培爱本人，更为搜集资料马不停蹄跑遍了中国的大型图书馆——从北京到上海，福州到广州再到杭州……本就是无米之炊，再加上内地的资料少之又少，一圈跑下来，情况不太乐观，又从港台地区引进了一些广告相关的资料内容"。[①] "我们最开始，有几门专业课是由来自香港地区的教师来上的，我们的教师作为助教进行学习。"[②] 在取舍的过程中，优先利用了新闻学、传播的课程资源配置课程，最终建立起了新闻传播学科基础下的课程体系。

中国传媒大学（原北京广播学院）在课程设置上，受行业的实践经验启发较大，留学归来的黄升民教授和日本电通广告公司有过前期的合作，任教后他直接承担"广告调查与效果测定"的教学工作（见表 2 - 1）。

表 2 - 1 1989 年北京广播学院新闻系广告专业本科教学进程计划

课程类型	课程名称
基础课	现代汉语、古代汉语、现代文学、古典文学、形式逻辑
专业基础课	新闻事业概论、新闻业务、传播学、普通心理学、社会心理学、公共关系学、经济学、市场学、工商企业管理概论
专业课	广告简史、广告概论、中外广告史、广告文稿写作、广告设计基础、广告调查与效果测定、广告策划、广告组织与管理、媒介广告制作技巧、广告心理学

---

① 陈培爱：《从广告学教育的荒原到森林》，《中国广告》2018 年第 12 期。

② 根据陈培爱教授访谈记录整理。

深圳大学，在课程设置上不仅有着国外的参考经验，而且国内的两所大学也提供了很多可借鉴的经验，也受其业界实践的启发很多。

（一）广告策划课程是核心

这一时期的广告学课程体系的设置，应该说是在一片空白中摸索。当时国内广告专业高等教育的共识，是为广告市场培养精通广告战略和广告策略的广告专业人才。"广告策划"是当时广告行业的流行理论，也是广告高等教育的核心理念，围绕广告策划进行课程设置也是非常明显的思路。

陈培爱教授说，"具体的教学模式我们参考了下美国的一些院校，还有港澳台，特别是台湾和香港这些院校课程设置的情况。还有，也结合了我们中国大陆广告事业发展的现实情况"。[1] "当时的广告公司更多地将广告理解为美术设计，认为只要作品表现得好。广告活动就算是完成了，对于广告活动的操作流程了解较少。"[2] "我们当时的学生培养方向主要是以策划创意为主，认为广告的背后需要有总体的市场规划，广告是要配合企业整体营销来开展的。"[3]

1990 年，黄升民教授正式回国任教，参与北京广播学院广告学专业的建设，在借鉴厦门大学以及海外大学的经验之后，课程设置的目的就是对于广告行业人才需求给予最为直接的回应，"课程的模块就是参考广告公司，有市场调查、策划、创意、媒介购买、效果评估"。[4] 后来，北京广播学院的课程设置又不断被其他高校的广告学专业借鉴。通过课程设置，在理论与实践中找到切入点，培养学生的应用型素质和操作能力。广告学专业教育这样的课程设置思路，甚至影响到今天。

深圳大学广告学专业创办人吴予敏介绍："我们当时吸收了很多外部的经验，比如台湾的文化大学，在教材的设计上，我们参考了很多港澳台地区大学的教材，然后建立了我们自己的教学系统。"[5] 深圳大学也充分利

---

① 根据对陈培爱教授访谈记录整理。
② 根据对陈培爱教授访谈记录整理。
③ 根据对陈培爱教授访谈记录整理。
④ 根据对陈培爱教授访谈记录整理。
⑤ 根据对吴予敏教授访谈记录整理。

用临近港台的优势，吸收国外的先进教学经验。临近香港，深圳在文化交流的便利性上要优于很多内地的学校，"当时我们的专业课程里，就采集了很多国际广告的案例"①。教材中的案例来自生活，教师与学生在使用与学习的过程中对问题的思考与把握自然也是来自实践，这样不仅能够保证教材的鲜活性，同时也符合广告学科的学科特性。

（二）市场需求成为重要导向

这个时期的课程设置也非常注意市场的需求，陈培爱教授表示："我们到国内的一些广告实践当中，迈开双脚，搞社会调研，了解中国广告业发展的现实情况、未来的趋势，了解企业的需求，了解广告创业公司在扩展过程当中，我们应当做点什么事情，找准学生的发展基本点，对我们教学整个专业梳理以及培养方案的制定有很大的帮助。"②

黄升民教授也表示，当时，"我们大部分的课都是应用性很强的课程。比如企业需要策划或者创意，我们就把客户带进教室，让学生和企业直接对接，完成企业的任务。直接与业界公司进行合作使得我们的学术研究和专业教育有了很大的提升，这也是实践出真知、实践出智慧。逐渐地，学校觉得这个专业还能办下去，而且蒸蒸日上，因此他们也开始对这个专业有所重视。到了 1994 年，学校就成立了广告学系，其中设立了广告专业、设计专业和公关专业，中传广告学系就这样慢慢形成了"③。

黄升民教授回忆，课程体系的搭建思想不是凭空臆想出来的，而是实践经验的总结。"我们最早的教学安排是，高晓虹教电视广告、广播广告是罗湘平、胡正荣教传播学、丁俊杰教广告概论、我教广告策划，我们还有一门课是日本的野田庆人上的，他是研究电视广告的……"④ 课程设计的思路受到了两个方面的启发：一方面是来自广告行业，专业课程基本上对应了行业中的岗位；另一个方面是来自厦门大学的方案、中国台湾地区大学的方案还有日本一些大学的影响。

---

① 根据对吴予敏教授访谈记录整理。
② 根据对陈培爱教授访谈资料整理。
③ 《对话黄升民：从无到有，我们创立了中国第一个广告学院》，https://www.adquan.com/post-9-42908.html，最后访问时间：2019 年 6 月 12 日。
④ 根据对黄升民教授访谈记录整理。

三 教师团队建设

这个时期的教师的经验基本上是从零开始，教师团队的建设和师资的培养，也就非常关键。

（一） 引入外援力量

由于校内师资力量薄弱，"在这一时期，从校外引进专家、学者来校讲课也是刚刚成立不久的厦门大学新闻传播系所采用的办法。当时，著名学者甘惜分、方汉奇、张隆栋、赵玉明、林帆、陈韵韶、徐铸成、余也鲁等云集厦大授课，为刚刚成立的新闻传播系奠定了坚实的学术基础，积累了办学经验。这种人才培养方式，不能不说是灵活创新之举"。[①] 唐忠朴先生不但参与创办了厦门大学的广告专业，也在厦门大学广告学专业兼职授课，出任兼职教授。唐忠朴先生80年代经常在中广协等机构举办的培训中讲授广告学知识，积累了相当丰富的经验。此后，唐先生又在中国人民大学、首都经贸大学等多所大学讲授广告学，并指导广告学硕士生。

这个时期，广告教育人才非常匮乏，在各个高校的筹备专业的过程中，都是从其他相关专业（比如新闻传播学、中文系、管理系、社会学系、艺术系等领域）引入了一些教师，并且对他们进行培养，让他们开始转型，积累这个领域的专业知识，准备课程，开展科研。"为充实师资队伍，厦门大学新闻传播系从中文系选拔了许清茂、陈培爱等青年教师到系任教。早在1980年3月，许清茂就由中文系指派配合陈扬明处理建系相关事宜，其后他一直留在新闻传播系潜心于新闻史、杂志编辑学和台湾媒体研究，在教学和科研中颇有建树；陈培爱则主攻广告研究，培养了大量优秀的广告人才，为推动中国广告理论研究的发展和中国广告教育的教材体系建设做出了突出贡献。此外，厦门大学新闻传播系还引进了毕业于北京广播电视学院的研究生季伯先生和余也鲁教授，为我们提供了国际视野，当时传播学发展已是潮流所向。"[②]

---

① 向芬：《开传播风气之先的厦门大学新闻传播系——厦门大学新闻传播系创办始末》，《东南传播》2008年第8期，第78~80页。

② 向芬：《开传播风气之先的厦门大学新闻传播系——厦门大学新闻传播系创办始末》，《东南传播》2008年第8期，第78~80页。

为了弥补当时课程体系的不足，北京广播学院曾邀请日本及我国台湾的教员到校给学生授课。1990 年日本大学艺术学部派教员到校讲授"现代广告"，1991 年日本著名广告学者八卷俊雄来校讲授日本广告。八卷俊雄先生有着多年的广告实务和学术研究的专业经历，被誉为"日本广告业界和学界的泰斗性人物"。① 1962 年以来先后主持开发出广告注目率调查等一系列广告及品牌传播效果评估体系。主要学术研究方向为广告效果研究、企业形象研究、广告史和世界广告比较研究等。

在这个阶段，台湾地区优秀的广告人才进入大陆市场，为改革开放初期的大陆广告业带来了新的理念和模式。同时，台湾优秀的广告学者赴大陆开展学术讲座，两岸广告专业的交流研讨会积极开展，在客观上促进了大陆广告学术及教育的发展。这些难能可贵的尝试，在当时的历史背景下彰显出特殊的价值，成为两岸经贸交流、文化交流的重要组成部分。其中，颜伯勤先生被称为台湾两岸广告教育交流第一人，② 他是两岸广告学界、业界极负盛名的广告人和学者，是台湾广告业发展的见证人和研究者，也是早期推动两岸广告交流的重要人物。"从 1991 年起至逝世前夕，颜伯勤先生每年都应邀赴大陆讲学，曾在厦门、广州、深圳、北京、上海、西安、重庆等地作专题演讲"，③ 北京广播学院是其重要的一站。借助一批台湾广告人和广告学者，一些先进的广告操作理念得以快速流入，为当时的广告教育增添了重要的内容。

（二）师资培育

"1983 年秋，厦门大学新闻传播系招收了建系后的第一批硕士研究生，'本科生招生未动，研究生入学先行'，这是厦门大学新闻传播系为解决师资的燃眉之急而采取的非常措施，陈扬明先生称此是'新事新办，特事特办'。依托武汉大学，厦门大学新闻传播系以徐铸成先生为导师，招收陈金武、朱家麟和黄星民为厦门大学最早培养的 3 位新闻学硕士研究生，毕

---

① 胡晓云：《从引进到建构——日本的广告效果研究与实战》，浙江大学出版社，2003。
② 《海峡两岸广告交流三十年：不忘初心 方得始终》，http：//www. sohu. com/a/279362644_561670，最后访问日期：2019 年 4 月 9 日。
③ 《国礼级别藏品的意义 & "颜伯勤广告藏品展"的时代意义》，http：//dy.163.com/v2/article/detail/E5NLTOL105148Q26.html。

业后黄星民留系任教。"①

来自各个专业的老师迅速被聚集在一起，广告设计、外语、心理学等专业的老师，一起组成了厦门大学广告学专业最初的团队。"当时我们借助海外基金会的一个力量，从1985年开始，我们初步地把老师当时主要送到香港，像香港中文大学，去进行进修、培养锻炼，学习一些香港中文大学相关的课程，还到香港的一些媒体参观考察。后来有些老师也去了新加坡、澳大利亚、美国等国进修。前后大概十来年的时间，我们把这边各个专业的老师，基本上都派到海外去轮训一遍。这个对我们当时整个教师队伍的成长，我觉得发挥了很好的作用，至少视野非常开阔。"② 余也鲁教授也是海外轮训的主要授课人，他在香港中文大学为教师们讲授传播学等相关理论，退休之后，在自己的公司继续授课。这些教师在海外受训的过程中，除了接受海外的相关专业知识之外，也吸纳了国外的教材，为之后的教材建设打下了基础，而海外严谨的科研方法、灵活的授课方式，对于教师的启发也同样很大。

1988年中国传媒大学（原北京广播学院）广告学专业创办，属于新闻系的一个方向。当时条件也非常简陋，所吸纳的老师也都是非广告专业出身，因此，在创办之初，遇到了师资问题的挑战，除了向厦门大学、国内广告培训活动学习经验之外，当时的教师也接触广告实践，积累经验，不断探索。新闻系筹建广告系之前，只有一位老师讲过一轮"广告学概论"，还是选修课。当时的教师团队积极自学，利用一切机会向业界学习，1988年的新闻系的几个年轻教师，参加业界广告培训班并结识了广告界的一些名人。1989年参加了某国际广告公司的内部培训，学习了"全球化思考，本土化执行"，了解了国际广告公司的运作流程。此后，新闻系举办了几个广告班，教师全部外请，主要有程春、路盛章、周传基等，新闻系的老师借此机会学习，从1989年，新闻系不定期邀请各界广告名人讲课，有日本的野田庆人，美国的罗真，我国台湾的颜伯勤、黄深勋，更多的是国内的广告人，如刘瑾茹、刘瑞武、邹金玉、姜弘等。就在这样的过程中，教师团队逐渐成长起来。③

---

① 向芬：《开传播风气之先的厦门大学新闻传播系——厦门大学新闻传播系创办始末》，《东南传播》2008年第8期，第78~80页。

② 根据陈培爱教授访谈资料整理。

③ 老勾：《生命的早晨——写在广告学系成立之际》，《北京广播学院40年》，北京广播学院出版社，1994。

四　与行业进行资源互换

应用性学科首要任务就是要与社会需要充分结合，将理论和实践有机地结合起来，从社会的发展过程中寻找发展的机遇，对于这个时期的广告学专业而言，一方面缺少发展所需资源，二则对于业界的了解不够充分，三则学生培养手段有限，这三个原因，也就成为广告学专业高等教育积极与广告公司、广告客户、广告媒介等进行各种合作、交换资源的重要动力。

（一）为客户提供商业咨询

通过为客户提供商业类咨询，是这个时期广告学专业高等教育与业界进行资源互换的方式之一。

中国传媒大学广告学专业建设的初期，遇到的一个困难就是经费的问题，"仅依靠学校的资金扶植是不能满足专业发展需要的，因此我们就去寻求与行业之间的合作，只要是我们师生能做的工作，我们就接，挣来的钱购买统计数据需用的电脑"。[①] 除设有专业教研室外，中国传媒大学广告系还设立以科研为基础，应用为目的，面向市场、提供市场调查、广告创意等服务的广告信息研究中心。"广告系（专业）师生在教学科研的同时参与了许多相关的实践活动，多次成为媒介报道的焦点"，如组织的中央电视台的"广而告之"全国征文评比活动，北京市的10大商场商情调查、50万份潘婷北京地区入户派发等活动；北京市每月一次的商情监测调查。配合中央电视台拍摄20集系列片《现代广告》等；[②] 1991年的"关于计算机产业的报纸广告调查"等。随着一个项目接一个项目的成功，广告专业能够为社会发展解决实际问题的学科作用就越加凸显，广告学的应用特性在实践中得到检验，为后续的广告学科建设增强了信心。

（二）与产业间间接的互动

这个时期，为了回应社会各界对于广告人才的需求，举办函授班、培

① 根据黄升民访谈记录整理。
② 老勾：《生命的从早晨——写在广告学系成立之际》，《北京广播学院40年》，北京广播学院出版社，1994。

训班、大专班的培训教育，也是这个时期广告学专业高等教育与业界进行资源互换的重要方式。

1. 函授班为行业快速输出专业知识

1984 年，暨南大学开展了"广告人员培训班"，其培训目标是针对在职的广告行业的工作人员。1985 年长春广播电视大学开设了广告学专业的函授班，学员分属于不同的学习背景与行业，但他们都肯定了广告专业知识培训的必要性，希望能够解决工作中遇到的实际问题。1986 年 2 月，中国广告协会中国广告函授学院开办了三年制的广告专业的函授班。函授班建立的意义就是向当时的广告行业输送广告意识，帮助在一线的工作人员认识广告是什么，广告能做什么，建立起基本的行业操作标准。

2. 大专班为行业培训在职管理人员

1988 年，北京商学院（北京工商大学前身）开办了第一期广告学的大专班，为当时的工商管理部门的广告公司、媒体单位培养了一批管理人员。同年，暨南大学又与成教学院合作开办了广告与公共关系的大专班，为广告市场培训专业人员。

大专班的建立与函授班的培训意义大为不同，从时间跨度上来说，大专班的学习时间更长；从知识的结构上讲，大专班的知识结构更具系统性。北京商学院当时将培养的目标就定位在了培养以在职人员为主的学员，这些学员具备的最大的一个特征是，他们有明确的问题意识，希望在学习的过程中能够解决遇到的实际问题，在实际的课堂中师生之间的互动加速了专业与行业之间的联系，一定程度上课堂中的教师与学生承担了部分行业咨询的工作，在探讨中找寻发展的出路。

五　总结

这是中国广告学专业的学科建设的起步阶段，应该说是在一穷二白的起点上开始，这个阶段的学科规划就是由各个高校的广告学专业的学术带头人带领团队一点点摸索而出，而具体的课程建设、教师团队建设，也是在点滴中不断地积累、培育，才慢慢呈现出雏形，在资源紧缺的困境中，教师团队还得承担起与业界资源交换的重任，知易行难，一步步都走得非常艰辛，又让人无比鼓舞。

在这一阶段，高等教育界对广告学成为独立学科主要集中在"有术无学"之争上。一部分人认为，广告是技术含量较低、操作简单的工艺美术活动。相当一部分高校对广告学科的兴办与建设持观望态度，认为前途并不明朗。但是，社会各界对于广告人才的强烈呼唤，中国广告学专业的创办者的坚韧努力，以及大量的应用类研究的推出，对于业界诸多问题的积极回应，逐渐使得广告学专业赢得了各界的认可，为后续的广告学专业的创办，提供了重要的参考模板。对于"学"抑或"术"的问题，也无法继续按照教条的方式去衡量，对于这样的应用类学科而言，其价值就在于应用层面，以及基于应用层面的提升。

第二节 1992~1999：学科建设初见成效

1992 年到 1999 年，是中国高等教育扩张的一个时期，一方面是为了应对快速发展的经济对于人才的需求，另一方面由于高等教育领域放权简政力度不小，高校拥有了更多的自主权，为了谋求发展开始了专业扩建。与此同时，这个时期人才需求的市场化导向，使得各高校日渐重视各个专业对应的行业的人才需求。

这个时期，随着中国经济的快速发展，对于营销传播类人才的需求也在迅猛增加，除了快速发展广告专业之外，媒介、企业、调查公司对于营销传播类人才的需求也日渐增加，这就使得广告学专业成为不少高校扩建的专业之一。但是这个时期出现的广告学专业，能够获得的资源和支持终归有限，一是由于国家高教系统和高校的资源终归有限；二是由于广告学的"实用"特征，和作为应用类学科，并不能在传统的学科体系中的"大雅之堂"中获得广泛认可，也就难以获得较多支持；三是不少高校的广告学专业所处的地缘经济环境，发展水平有限，无法从中获得太多的资源支持；四是这个时期不少广告学专业匆忙上马，而之前国内积累的广告教育人才有限，并且大多集中在一线城市和经济发达地区，其他地区的广告教育人才匮乏问题就非常严重，自然也难以建设出高水平的广告学专业教育，也不具备能够和行业、社会进行资源交换的能力。此外，这个时期国外的广告专业理论和研究引入的还是非常有限，国外正规教育体系、广告公司与国内交流也不够充分，影响范围较大的也只有电通教育项目，虽然电通的广告作业理论水平很高，但是与学术体系还是存在明显差异。

一　学科规划

这个时期的传播学进入快速发展时期，也就给广告学的发展提供了非常有利的背景。"至1996年年底，经国家教委批准设有新闻类本科专业的普通高等院校已达55所，新闻类专业88个，在校生9000人，如果加上未经批准的专业点，全国约有新闻学教学点120个，截至1998年全国共有新闻学专业硕士授予点26个，博士授予点4个，博士后流动站1个，传播学硕士授予点9个，博士授予点2个。"① 与此同时，这个时期的广告学专业开始更多，而且不仅仅在传播学的范围内，开始出现在传播学、商业、管理类、艺术设计等学科下面。这一方面反映了对于广告学专业高等教育的需求非常大，另一方面，也反映了广告作为一个融合学科，具备多种学科角度来办学的可能。

（一）　集中归属三大类院校

这个时期我国的广告学专业高等教育，并不是整齐划一的形态。各地高校基本上是依循广告专业的规律，结合自己的专业基础，进行课程的设置和人才的特色培养。我国从事广告专业教育的主要有三类院校：新闻传播类、商业经济类、艺术设计类。大部分广告专业设在新闻与传播学院，如北京大学、中国人民大学、厦门大学、暨南大学、深圳大学、武汉大学、复旦大学等，也有部分设在文学院（辽宁大学、山西大学、上海大学、吉林大学等）、设计学院（云南大学、湖南商学院等）、商学院（河北大学等）（见表2－2）。

表2-2　本阶段开办广告专业的部分学校名录②

序号	单位名称	专业名称/成立时间	教学层次
1	北京大学传播系	广告学专业/1993年	专科、本科、硕士

---

① 赵玉明、郭镇之：《中国新闻学教育和研究80年》（下），《现代传播》1999年第3期，第107～109页。
② 部分参考闫琰、陈培爱《中国广告教育三十年研究：1983－2013》，厦门大学出版社，2016。

续表

序号	单位名称	专业名称/成立时间	教学层次
2	北京广播学院新闻学院广告系	广告学专业/1988 年 广告学硕士/1992 年	本科、硕士
3	广西大学新闻系	广告学专业/1993 年	专科、本科、高职
4	广西艺术学院设计系	广告学专业/1993 年	本科
5	河北大学新闻传播学院	广告系/1993 年	本科、硕士
6	武汉大学新闻系	广告学专业/1993 年	本科
7	复旦大学新闻学院	广告学系/1994 年	本科、硕士
8	河南大学新闻传播学院	广告系广告专业/1996 年	本科、硕士
9	湖南工程学院	广告装潢设计专业/1996 年	专科
10	华中科技大学	网络传播专业/1996 年 广告学/2000 年	本科
11	华中农业大学	广告学专业/1999 年	本科
12	吉林大学	广告学专业/1994 年	本科
13	暨南大学新闻学院	广告专业/1994 年	本科
14	南昌大学新闻与传播学院	广告专业/1992 年	本科
15	南京大学新闻传播学系	广告专业/1993 年	本科
16	宁波大学	广告专业/1996 年	本科
17	同济大学	广告专业/1995 年	本科

与此同时，广告人才培养的系统性也日渐强化。时任国家工商总局广告司司长的郑和平提出："要继续坚持两条腿走路，一方面抓好行业培训和职业教育，一方面抓好学历教育。在行业培训和职业教育中，也要区分不同的档次，除了一般的从业资格培训外，广告监督管理机关和行业组织要注意抓好高级广告经营管理人才的培训和业务交流，要为我国民族广告业开辟国际市场做好必要的人才储备。"①

（二）定位培养高端人才

改革开放初期，广告的人才大多半路出家，高学历背景的不多，都是通过自学、各种短期培训，以及大量的实践工作，获取专业知识，终归不

---

① 郑和平：《加强广告人才培养体系的系统性》，《广告大观》1997 年第 12 期，第 11 页。

够系统。其随着广告操作日渐专业化、科学化，需要广告人才能够掌握国内外的专业理论和专业方法，有着扎实的专业基础和广阔的专业视野，对于广告客户、广告媒介、消费者、广告操作、国内外的广告发展潮流，都要足够了解，并且必须有良好的外语水平，才能应对当时的行业发展需求。广告学专业高等教育与之前行业的培训类教育都不同，首先生源素质好，其次，培训时间长，借助四年的系统化、专业化的教育，能够符合这样的人才需求变化。这个时期，不少广告学专业高等教育，开始找准各自定位，开始对于课程体系和培养思路进行细化。

1. 人才缺口巨大

进入 20 世纪 90 年代，中国的经济市场日渐活跃，广告人才的需求量激增，在这个时期，高等学府培养的广告学专业学生依然无法满足市场发展需求的巨大缺口，对于某些高校而言，会有一个学生毕业有 7～8 家用人单位等着录用的盛况。

"1992 年，我国全年广告经营额为 67.87 亿元，全国广告经营单位为 16683 家；1999 年，我国全年广告经营额为 622.05 亿元，全国广告经营单位为 64882 家。"① "跨国公司进入中国主要有两种方式，其一是建立合资公司，其二是建立独资办事处。1990 年，中国只有 4 家合资的广告代理公司，到了 1993 年，这个数字猛增到 180 家。"② 截至 1998 年，全球大型的广告集团或广告公司在中国市场都能够觅到踪影。强劲市场需求带动下的广告学学科建设迎来了第一个发展高峰。

2. 高端人才培养开始逐渐受到重视

与此同时，随着国内广告公司规模和水平的上升，以及国外广告公司的进入，都对国内广告人才提出了更高的要求。培养高端、专业化人才，是当时广告学专业高等教育需要确定的目标。"由于广告业恢复之初都是为了应急培养广告公司、媒介、企业急需的广告应用型人才，因此，多数院校的广告教育都偏向技能教育，实际操作培训，而且有相当多的课程是从本本而来照猫画虎。在办学之初出现这样的情况在所难免，因为当时国内的广告公司、媒介、企业，尚不具备正规的岗位职业培训的意识和能

---

① 《中国广告年鉴》编辑部：《中国广告年鉴 2001》，新华出版社，2001，第 15 页。
② 刘瀛：《外资广告公司在中国的发展回顾》，《商业研究》2000 年第 10 期，第 151 页。

力，专业培训的任务只能由高校广告专业来承担。市场需求决定了'产品'性质，因而在广告学专业成长的前期，教育偏重于操作层面的技能培训也就不足为奇。"① "然而经过近十年的发展，社会环境、市场环境和广告的生态环境都发生了根本性的转化，企业经营思想成熟了，媒介经营竞争激烈了，广告公司的经营范围和运作功能也增加了，社会对广告人才的需求已从技能型逐渐转向懂经营战略，懂整合传播的高层智能型人才。"②

从教人员也开始思考如何培养学生在职场中持久的竞争力。"高校广告教育的目标，不能够仅仅定位于设计人员、市场人员、媒介人员或策划创意人员、管理人员等具体目标上，而应该从培养适应社会发展，适应行业发展的'广告人'的角度来思考问题，为学生毕业后的十年二十年考虑，为广告人的一代一代的传承考虑。高等教育的历史使命是为社会培养有用的人才，而不是培训员工，大学教育绝不能等同于技能学校、职业中专。"③ "广告教育应当从专业知识、职业敏感、敬业意识、责任感、主动性、团队意识、沟通能力等方面全面开展，这样的育人理念，才是培养高等级广告人才的正确思路。"④

对研究生的培养，在某种程度上是对高端人才培养的一种尝试。"截至 1998 年底，全国高校广告专业在校的专科生有 1540 人，本科生 3182 人，函授生 875 人，硕士研究生 31 人。"⑤ 从学生的数量结构上，这个时期的广告专业的本科生数量具有绝对的优势，其次是专科生和函授生，硕士研究生的数量最少，这当然跟开展研究生培养的学校数量，有直接的关系。

（三）差异化定位开始出现

随着全国各高校广告学专业越来越多，由于不同的高校学科基础差异

① 李苗：《构筑广告学高等教育的课程体系》，《暨南学报》（哲学社会科学版）1999 年第 4 期，第 44 ~ 47 页。

② 李苗：《构筑广告学高等教育的课程体系》，《暨南学报》（哲学社会科学版）1999 年第 4 期，第 44 ~ 47 页。

③ 李苗：《构筑广告学高等教育的课程体系》，《暨南学报》（哲学社会科学版）1999 年第 4 期，第 44 ~ 47 页。

④ 李苗：《构筑广告学高等教育的课程体系》，《暨南学报》（哲学社会科学版）1999 年第 4 期，第 44 ~ 47 页。

⑤ 许正林：《中国广告学研究 30 年文选》，上海交通大学出版社，2009，第 4 页。

非常大，加之之前的雷同竞争导致的不良结果，各个高校开始依据各自的优势专业背景，以及对于广告市场中不同人才的需求，开始有针对性地培养特色人才。"在学历教育中，要注意广告业内部专业人才的定向培养，各院校要结合自己的学术和教学优势，把广告专业办得有所侧重，有自己的特点。"①

不同院校的广告学专业通常会根据自己所在的院校系的资源背景，以及区域经济的特色来设定特色方向。"厦门大学的广告专业开设在新闻传播学院下面，主要培养具有较高专业素质和业务能力，能够从事广告及公关策划、广告创意、文案、设计、管理、市场、营销、教学和理论研究的高级专门人才。中国人民大学的广告专业开设在新闻学院下面，受新闻学科的影响所开设的主要课程偏重新闻类，要求毕业学生能从事策划、文案创作、新闻传播和文化事业等工作。吉林大学文学院的广告学专业培养具有深厚理论修养、娴熟的业务技能和创造意识的从事广告创意策划、广告经营管理、广告设计制作以及公共关系等实际工作的高级人才。湖南商学院艺术设计学院的广告学专业培养具有较广博的现代企业营销及传播理论、深厚的视觉表现及策划创意能力，能熟练地使用电脑操作软件，具有本专业的市场调查、营销策划、广告文案创意及设计的能力，能在各专业型广告代理公司、各大中型企业广告管理部门及新闻媒体单位和高校从事广告策划、整体运作、广告教学、研究及管理等方面的高级应用型专门人才。"② 上海大学张祖建在专业申办的准备过程中调研了上海地区的广告市场，"通过采访，我发现广告公司对广告制作类人才的需求已经接近饱和，而他们需求更多的是创意策划类人才"。③

学科体系建设也进入了研究领域。1999 年，中国传媒大学的丁俊杰带领同事们一起承担的北京市教委教改项目《面向 21 世纪广告学专业教学内容和课程体系改革研究》圆满结项，"标志着历经 10 年北京广播学院广告学专业学科体系构建的基本完成。他与张树庭执笔的《广告学系教学改革综合报告》受到北京市教委的高度评价，并荣获北京广播学院第一届教改项目评奖一等奖"④。

① 郑和平：《加强广告人才培养体系的系统性》，《广告大观》1997 年第 12 期，第 11 页。
② 曹灿安：《中外广告企业人才需求及培养模式比较研究》，天津理工大学硕士学位论文，2009。
③ 根据张祖建教授访谈记录整理。
④ 张亚萍：《拓展与坚守——丁俊杰广告教育与学术思想研究》，《广告大观》（理论版）2008 年第 1 期，第 63 页。

二　课程体系

这个时期的课程设置在基础素质和专业操作能力方面逐渐兼顾。基础素质包括综合基础素质和专业基础素质两个方面。综合素质包括经济学、管理学、社会学以及人文学科等方面的素质培养，而专业基础素质，则包括广告专业基础理论知识，专业操作能力则是具体的策划、创意、调查等方面的动手能力。这样的培养思路，基本上在各个高校的广告学专业教育中都得到了认可，具体不同的院校有着不同的操作思路。这个时期，教育部的相关规定提出了类似的思路。"教育部在《普通高等院校本科专业设置暂行规定》中，提出了广告学专业人才培养目标，即能在广告公司、新闻媒介广告部门、工商行政管理部门及企业事业单位从事广告经营管理、广告创意策划、设计、制作及公关等实际工作的高级专门人才。广告专业学生通过高等教育，应获得下列几方面的知识和能力。1. 掌握广告学基础理论、基础知识、熟悉广告整体运行程序。2. 具有现代广告的策划、创意、制作、发布的基本能力，以及市场调查与营销的基本知识和市场分析、数据处理的基本能力。3. 熟悉有关的广告政策法规，遵守广告人道德准则，自觉维护《广告法》。4. 具有公共关系的基本知识和活动能力，具有团体合作精神和人际关系协调能力。5. 了解中国广告事业的现状与发展趋势，了解外国广告事业的发展动态。"①

（一）课程设置

1. 课程设置的理念

课程体系的设置是各高校广告学专业的差异化定位的集中体现，中国传媒大学由于广播电视媒介的特殊基础，媒介领域的课程逐渐成为显著的特色。"北京广播学院广告系在人才培养上，重在'通才教育、一专多能'，他们强调所培养的不是拉广告的，也不是纯技术制作人员，而是'熟悉广告学活动整体作业流程，对营销活动整体把握的管理人才'，基于这样的认识，他们增加了《市场战略与广告》《媒介战略与广告》《广告表现研究》《广告运动个案研究》《广告市场个案研究》《广告综合研究》

---

① 杨海军：《论高校广告学专业课程体系建设》，《广告大观》2000 年第 12 期。

等特色课程，效果很好。"①

"由于我国高校多能结合各校的办学条件及学科优势来实施特色教学，因此，在我国高校广告学专业教育中就出现了经贸型、艺术型、新闻传播型等多元化的结构模式，实践证明，这些办学模式与我国经济发展水平及广告专业发展现状是相适应的。"② 厦门大学更为侧重传播学的传播体系，河南大学则更为侧重人文社会科学领域基础。"厦门大学广告学专业的创办者强调该校广告学专业是属于新闻传播型的，在学科体系上，把传播学理论作为广告学的理论基础，逐步形成独具特色的教学体系，这就是加重与传播有关的各类课程的分量，如《新闻学》《传播学》《广告媒体研究》等。河南大学结合本校文科基础好的特点，提出了以文科学科为基础的素质培养，和以广告基础理论及技能课为框架的专业培养齐头并进的人才培养目标，与此相适应，则增加了《社交礼仪》《普通话口语》《演讲学》《中国文化史》《世界文化史》《中国民族与民俗》等与培养学生综合素质有关的课程。"③

北京工商大学的商科基础良好，也把为企业培养人才作为重要方向。北京工商大学（原北京商学院）的管理系于1992年开始申办广告专业。当时参与筹备的罗子明介绍："我们专业的起点有两个，一个是我们在1988年开办了广告的大专班，以工商部门、广告公司、媒体单位以及有意愿从事广告的人士为主体进行专业的培训。另一个是邓小平'南方谈话'的影响，我们对开办广告专业有很大的信心。"④ 北京工商大学将专业的发展与企业的管理相结合。这个定位有两个考虑，一是专业开设在管理系下，二是学科创办团队从大专班的办学经验中得到支持。之前的大专班为在各个部门的广告人员提供了系统的理论培训，其中一部分人陆续走到了管理岗位。

深圳大学广告学专业在院校发展的初期，人才的培养模式是属于新闻传播的模式，重点强调学生的策划、创意的能力。随着社会的发展，在人

---

① 潘惠德、许传宏：《高校广告专业课程改革的相关问题的研究》，《东华大学学报》（社会科学版）2002年第1期，第70～76页。
② 杨海军：《论高校广告学专业课程体系建设》，《广告大观》2000年第12期。
③ 杨海军：《论高校广告学专业课程体系建设》，《广告大观》2000年第12期。
④ 根据罗子明访谈资料整理。

才培养的目标设定上，深圳大学更加强调专业与地方经济的连接功能，在学校内，对学生的毕业要求进行改革，从要求学生进行论文撰写转向要求学生做毕业设计，在毕业设计中培养学生资源的调配能力、沟通能力以及合作的能力，促进学生广告知识的掌握，并转化为实践作业能力。

北京大学、复旦大学与浙江大学在本科生的课程操作上，主要是依靠校内其他学科的助力，学科带头人规划布局课程的组建板块、协调校内资源，以此来完成专业的教学。当时，复旦大学广告学专业的学科带头人程士安介绍："在专业成立之初，我们并没有现成的教学团队。我们将课程分成了三个部分：经济类课程、新闻传播类课程、广告专业类课程，前两项是我们在整个学校中争取到的教师来给我们的学生授课，我们自己要承担的就是广告专业类课程，这使得我们减轻了很大的负担。专业开办到现在，我们将这样的课程设置思路延续了下来，强调广告专业的学科基础是我们专业发展的特色之一。"[1] "我们在培养学生专业能力的同时，也更加强调我们学生的综合实力，这也是我们的竞争优势之一。"[2] 专业的能力是建立在综合知识储备的基础之上，培养广告行业中的管理人才一直是复旦大学广告学专业的人才培养定位。北京工商大学广告学专业开设的会计课程，是从所在管理系直接借调老师讲课。

暨南大学"根据本专业教学大纲，除学校公共必修的基础课程外，我们主要的专业基础课应体现广告学科的三大支柱特点。具体的基础课程并非一定是某某概论、某某概论的罗列，对于综合课程跨度的广告专业来说，在相关的学科中选一两门典型和有特点的课程是必要和可行的。例如，文学类，不可能开出十几门主干课，可以选取培养学生创意思维和语文表达的典型课程，类似《古典文学》《现当代文学》《外国文学作品选讲》《语法与修辞》等；哲学类，则以思维科学和方法论的学习为目的，开设《哲学》、《逻辑学》和《创意思维》等课程；美学类，以具体的《艺术概论》、《音乐欣赏》（选）、《中外电影欣赏》（选）等具体课程来培养学生的审美意识和美学价值观，等等，课程呈现梯级结构的特点，在大基础课上，架构专业基础课，在专业基础课的上面，设立业务课，由学生

---

[1]　根据程士安访谈资料整理。
[2]　根据程士安访谈资料整理。

在全面掌握的基础上，有侧重有目标地重点加强某一方面的学习，有意识地培养兴趣专长，力争成为某一方面的专家。这样才能使学生在宽口径厚基础的台阶上达到一专多能的目的"。[1]

2. 授课思路与方法

具体的授课思路和方法不断地被探索。如中国传媒大学（原北京广播学院）在课程的设置上，尝试采用项目制的授课模式，学生的专业学习通过具体的项目开展，项目则是来自行业委托。在课程任务的分配上，本科生负责前期与基础的调研工作，研究生则负责研究报告的撰写与方案的设计，同属一个项目，但不同层次的学生分工不同。

但是问题依然很多，如基础课和专业课的关系，理论课与实践课的关系等，如何协调，难以统一。"对广告专业的教改突破，应努力改革目前多数学校课程设置的弊端：基础课时平均，力量平均，教学方式单一；技能课虽课时多，但重方法而轻原理的知其然不知其所以然的简单教学，或把业务课也当成理论课来上的不按专业规律办事的问题。对于基础课和专业理论课要规划重点课程，如市场营销、传播学、心理学、语言训练以及广告创意、策划、文案、广告经营管理等，在课时上加大力度，讲深讲透，在教学法上结合案例，鼓励学生参与、讨论、研究，激发学生的学习兴趣，提升学生认识深度。由于广告学科跨度宽、课程多，如何在教学法和教时上科学调配，至今大家仍在探索，技能课占课时多，理论课占课时太少且用力太平均的矛盾尚未能够很好地解决。"[2]

3. 校内校外合作课程

各个学校在课程建设的过程中也纷纷与校外建立合作关系，例如，上海大学广告学专业的张祖建老师的课程，由具体的案例作为研究的起点，通过深挖社会现象背后的原因进行研究，最终的研究成果可以直接作为企业的研究报告。具体的资料整理都是由学生完成，教师在这个过程中也有所学习，师生共同练习了研究方法。

这个时期，复旦大学与奥姆尼康、欧莱雅集团、电通集团进行课程合

---

[1] 李苗：《构筑广告学高等教育的课程体系》，《暨南学报》（哲学社会科学版）1999 年第 4 期，第44～47 页。

[2] 李苗：《构筑广告学高等教育的课程体系》，《暨南学报》（哲学社会科学版）1999 年第 S1 期，第44～47 页。

作，在课程的形式和内容上都进行了整体的规划。与早期的合作课程相比，重要的几项变化在：首先，在课程开设之前，学科带头人与行业专家共同设计课程的内容与考核的方式，提前沟通相关信息，这样有助于行业专家更加了解学生的特点，同时教师也能够传递教学经验给行业专家；其次，在课程内容的设置上，对知识进行了严密的逻辑设计，便于学生更快地接受；再次，在考核方式上，教师作为辅助的参与人员，由行业专家主导，以程士安的广告策划课程为例："在学生以小组为单位完成的策划案中，我们的考核都是教课的行业专家进行打分和评审。"[①]

三　教师团队培养

截至1997年，"全国共有90多所学校开设了广告学专业，其中经教育部批准开设广告本科的院校共有28所"。[②] 由此可以看出，一是就业市场对广告专业人才的需求旺盛，二是对于广告专业的教学单位来说，教学队伍建设的压力明显。在这个时期，教师的选拔多是来源于两个渠道，一是从高校的毕业生中选拔，二是从已有的其他专业的教学队伍中选拔，对于大部分的学校来说，第二种方式是其普遍采用的。不同研究方向的教师进入广告学专业的教学团队中，也带来多种视角的研究思路和方法。由于这个时期专业出身的广告学教师数量还非常有限，教师团队的培育依然非常重要。

从广告学专业建设的统计数据上看，这个时期的办学层次是以本科以下的院校为主、本科为辅的建设情况。不同的办学层次决定教师队伍建设的重点和方向，对于本科层次以下的院校来说，技能型教师能够快速地投入教学实践中，更加符合他们的学生培养定位。本科院校的教师队伍建设在这个时期兼顾了两个重任，一是要了解广告市场的发展，从现状中发现并总结教学经验；二是要承担广告学基础理论建设的研究工作，为学科建设服务。

1996年教育部与日本电通广告公司合作开展的"中日广告教育交流项目"，为北京大学、中国人民大学、中国传媒大学（原北京广播学院）、清

---

① 根据程士安教授访谈资料整理。
② 乔均：《中国广告学专业教育现状调查》，《中国广告》2003年第10期。

华大学、复旦大学、上海大学 6 所高校开展了围绕广告教育的一系列活动，其中邀请日本电通公司的一线人员进入课堂为师生开展讲座、派遣国内广告学专业老师到电通进修等活动，为国内广告学教师的培养提供了非常系统的方案。通过高水平的学习和交流，参与进修的教师的授课内容得以丰富，相关专家传授的操作理论、经验和接受的案例，都可以迅速填充其中，专业教师的授课水平也得到了提高。在这个时期，教育部与日本电通合作的广告教育项目，通过智力和财力的支持，扶持了当时的中国广告科研的发展，催生了一系列的研究成果，对中国广告学专业教师科研能力的培养起到了非常大的作用。

黄升民表示，当时北京广播学院广告系为了明确广告学系的定位，提出了三个方向，即广告学的系统化和理论化、广告实践层面的教学和学科的国际化。1996 年开始实施的中日广告教育交流项目，正好解决了他们提出的明确学科定位所面临的课题。该项目为广告学教育提供了相关的素材和教材，电通内部有大量的营销专家，通过这个讲座，广告学教育一线的工作者也获取了不少有深度的来自实践一线的相关理论。

同时，这个时期先发展起来的广告学专业，纷纷建设自己的研究机构，组织教师团队进行科研工作，北京广播学院（现中国传媒大学）在1992 年率先成立了广告信息研究中心（IMI 市场信息研究所前身），从事媒介受众调查、消费者调查和市场分析等工作。在 1995 年成立了国际广告研究所（IAI），致力于广告理论的研究，推进学术交流。厦门大学在 1993年设立传播研究所，加上早期建设的新闻传播实验室，由专业教师组成的科研团队承担了广告专业一系列的研究工作。北京大学在 1999 年成立了现代广告研究所，为专业的研究工作提供了平台。

四　与广告行业资源互换能力

这个时期，伴随着广告专业创办的数量的增加以及学校类型的多样化，它们与业界的互动形式也更加丰富、深入。

（一）合作形式日渐多样

对于已经较为成熟的广告学专业来说，在其与企业的合作中，经过前期的积累，双方可以开展不同形式、不同层面的合作。如，中国传媒大学（原北京广播学院）在早期与企业间的合作多是停留在企业基本的市场信息收集、产品推广，"潘婷派发"活动就属于这类活动。到了这个时期，他们在学校内部成立不同的研究机构，便于完成不同的市场诉求层面的合作，上海家化化妆品市场调查、海王集团企业形象策划等多种合作的展开，表明了校企之间合作形式的多样性。调研文化可以作为这个时期中国传媒大学（原北京广播学院）的文化特征，由黄升民、丁俊杰带队进行的互动北京城的"潘婷派发"活动，以及后续开展的上海家化化妆品市场调查、海王集团企业形象策划、全国高校广告教育状况和广告公司用人状况调查等一系列的活动，使专业建设逐渐稳固，这些是学科带头人与学生一起在共同探索专业发展过程中积累的宝贵经验与精神财富。

（二）合作的内容更加深入

学校和企业之间的合作，对于学校来说，师生可以通过实践验证理论知识；对于企业来说，借助院校的力量完善操作流程的标准化。在双方的合作中，经过初期的磨合，更加深入地开展合作是企业发展对院校的肯定。中国传媒大学（原北京广播学院）在1996年进行的关于"华天集团发展战略研究"的项目中，就涉及企业 CI 形象的策划工作，该活动包括了对企业外部市场的调研，对内部企业文化的整合分析，到最后企业整体CI 形象确立。在这个过程中，师生对于 CI 理论及操作有了更为深入的认识，企业也得到了专业人士的智力支持。

与业界互动的过程，也是对师资培养的过程。北京工商大学，"在专业初建的时期，我们系是鼓励我们教师到广告公司任职的，教师在兼职中了解行业发展态势，从行业的发展中带回的案例补充教学"[1]。浙江大学广告专业教师胡晓云回忆："我曾经有过一段自主创业的经历，对再次回归学校教学有着很大的启发。"[2]

五 小结

这个时期随着广告学专业的广泛出现，随着全国广告学专业增多，发

---

① 根据罗子明访谈资料整理。
② 根据胡晓云访谈资料整理。

展雷同等问题也日渐明显，后期建设的院校的专业思路和方案，拷贝早期建设院校，而且这个时期的课程体系主要就是围绕广告策划体系而设置，这就使得各高校广告学专业之间的特色不够鲜明，虽然也有不少高校确定了差异化定位，谋求特色化发展，但是，差异化特色并非易事，需要有足够的研究基础和师资团队，但这恰好是这个阶段许多高校的匮乏之处。当然，对于一些先发展的高校，已经在发展初期，进行了一定的积累，在这个时期，开始探索一些更为广阔、深入的发展路线，在与业界的合作中，进行更为深入的研究，提升自己的行业影响力。教学思路也在这个过程中得到了的拓展，教师团队建设和课程体系建设也都有很大改进，课程内容更为专业、丰富，也就提高了对学生的培养水平，随之扩大了社会认可度，从而进入良性循环。

第三节　2000～2009：学科发展规模化

进入 21 世纪，中国广告行业经历了二十年的发展历程，媒介强势，4A 广告公司强势局面形成，发展速度也逐渐放缓。WTO 后国际广告公司的大批进入，国内的广告公司的影响力开始下降，广告行业整体的作业水平和专业化程度、细分化程度日渐上升，对于广告教育而言，这意味着需要培养专业度更高、具有国际视野的人才。

1999～2003 年，广告学专业高等教育伴随高等教育系统扩招的趋势，而迅速扩张。由于追求规模、争取学科地位等高校内外部资源配置的要求，广告专业的数量在这一时期膨胀到 200 所左右，院校布局结构也渐次展开，由京沪穗、沿海、省会城市，向内陆拓展，专业布局走向纵深。开设广告专业的院校类型也从传统的综合性大学、商业财经院校、新闻影视院校、美术艺术院校向师范院校以及农科、林科、民族、专门性工科院校延伸。[①] 从 2004 年到 2010 年，随着广告行业发展开始趋缓，广告专业人才的需求出现量的饱和。这一时期在校生数量的增长主要是民办独立学院

---

① 郑苏晖、孔清溪：《广告教育——变革期的反思》，《现代传播》（《中国传媒大学学报》）2010 年第 2 期，第 122～126 页。

的专业增量以及研究生学历教育扩张。高等教育经过几年跨越式发展，以就业为导向的专业设置也使广告专业开始进入一个稳固发展期。广告专业的设置从量的增长开始转向质的提升。

这一时期，还有一个明显的特征就是从业教师的学历层次得到明显提升，这也跟高等教育研究生层次教育的飞跃发展紧密相关，但是师资的知识架构则有待调整。[①] 有学者通过实证调查，结果显示，截至 2007 年 9 月 30 日，我国（港澳台地区除外）设有广告专业的高等院校有 322 所。这个数字比教育部高等学校新闻学学科教育指导委员会主任李良荣在 2006 年中国广告教育国际论坛上指出的 270 多所多出 50 所左右。在这 322 所院校中，本科 234 所，专科 88 所，分别占 72.67% 和 27.33%；民办院校 39 所，占 12.11%，独立学院（或二级学院）35 所，占 10.87%。在本科院校中，有 22 所是"985"院校，占全国所有 38 所 985 院校的 57.89%；有 50 所为"211"院校，占全国所有 107 所"211"院校的 46.73%。[②] 结果发现，2008 年广告专业设立在"人文"和"新闻传播"学院最多，分别为 104 和 107 个，所占比例分别为 44.44% 和 45.73%，二者旗鼓相当；设立在艺术院系名下的本科广告专业有 52 个，占 234 个专业的 22.22%，设立在社科（5.56%）、管理（4.27%）以及其他院系（2.56%）的广告专业，数量不多（有些院系如"人文社科学院"包含两个学科，所以各类百分比之和超过 100%）。[③]

持续的扩张，带来了更为明显的发展问题、学科定位不明确、师资力量跟不上、教学设备落后、课程设置不合理、重理论轻实践操作，以及科研水平不高等问题。[④]"但由于政府相关部门对广告教育长时间的不重视，广告专业教育存在的学科地位低、经费不足、师资力量薄弱等问题一直未能得到彻底解决，受到业界批评和就业压力的影响，部分学校教育功利地走入了'技能培养'的误区。""从广告教育自身来看，'广告学'至今尚没有应有的'名分'。尽管广告学专业在本科阶段榜上有名，但从国家学科目

①　郑苏晖、孔清溪：《广告教育——变革期的反思》，《现代传播》（《中国传媒大学学报》）2010 年第 2 期，第 122~126 页。

②　黄合水等：《中国广告教育状况研究报告》，《广告大观》（理论版）2008 年第 6 期。

③　黄合水等：《中国广告教育状况研究报告》，《广告大观》（理论版）2008 年第 6 期。

④　丁俊杰：《我国广告教育中的几个问题》，《大市场》（《广告导报》）2002 年第 4 期，第 52~54 页。

录中，找不出广告学专业的踪影，许多高级专门人才'出师无名'，'广告无学'的阴影犹存。而业界方面对广告专业培养方面仍有误解。"①

这一阶段的特点，可以看出在办学条件、办学定位、课程设置、科研活动、专业师资上，出现了明显的分野。有的院校经过多年的发展，已经在迈向国际化、谋发展、引领行业发展方向上有所突破，有的院校则还受制于师资、设备、科研发展资金，在专业生存线上挣扎。

一　学科定位规划

自 1999 年我国高等教育开始进行扩招，"2007 年的调查显示：在人才培养层次方面，关于本科院校的统计结果显示，有 18.80%（44 所）的本科院校培养广告方向的硕士，有 3.42%（8 所）的院校培养广告方向的博士，还有 5.98%（14 所）的院校开办广告双学位。高层次的人才主要由'985'和'211'院校培养"。② 在大众化的高等教育普及过程中，以专业发展为依托的各个高校之间的竞争其实也在猛然加速。如何能够应对外部的环境变化及时地做出调整，走出一条优势突出、特色鲜明的发展之路是各类学校发展的主旋律。

越来越复杂的广告市场竞争环境，对于专业人才的综合素质和专业性要求更高，对于市场竞争心理承受能力也需要更强，这就需要广告教育的培养更为精细化，更为专业化，才能符合广告行业的需求。与此同时，随着广告市场的细分，广告公司也开始细分成不同类型的专业方向，比如媒介购买公司、市场调查公司、创意公司、公关公司等，这意味着对于人才也不是必须要全面，而且随着广告公司的专业程度日渐提高，作业的精密程度日渐提高，高等院校内部的专业实践教育，已经难以与其匹敌，这使得广告学高等教育一方面强化与校外的教学合作，另一方面也开始树立自己的专业研究水准，开始通过各类有深度的专业研究培养学生的综合素质、专业视野、专业认知能力，使其具有更为长远的发展潜力，而不再停留在简单的操作层面。

这个时期，有学者通过分析内外部环境和条件发现，"广告专业学科

---

① 倪宁、谭宇菲：《试析"大广告"时代的我国广告教育》，《国际新闻界》2009 年第 5 期，第 10～13 页。
② 黄合水等：《中国广告教育状况研究报告》，《广告大观》（理论版）2008 年第 6 期。

的基础受到了外界环境的重要影响，学科的发展基础受到动摇，广告专业面临对消费者、广告主、新媒体等快速发展领域关注的不足"①。

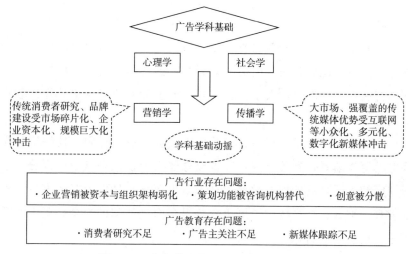

图 2 - 1　广告学科基础变化的原因和现状

（一）提高人才水准是主要目标

这个阶段的广告人才需求依然非常巨大。2009 年我国广告市场营业额达 2041 亿元，成为全球第三大广告市场，2011 年突破 3000 亿元。虽已有各类高校共计 242 所开展专业广告教育，但并没有满足行业的需求。有数据表明，截至 2010 年底，我国已有广告从业人员 145.38 万人，但受过正规广告教育的不足 5%，而在美国广告行业中，75% 以上的从业人员是本科生或硕士毕业生。另一项由中国广告协会学术委员执行对京、沪、穗三城市不同类型广告公司的调查表明，在各方面困难的排行中，缺乏广告专业人才居首位，占 77.9%。与专业人才在数量上的短缺相比，毕业生普遍存在的理论强实践弱、缺乏职业素养和敬业精神的弱点更为突出，使得广告教育与行业需求之间呈现出巨大落差。② 如何在这样的背景下培养出高

---

① 郑苏晖、孔清溪：《广告教育——变革期的反思》，《现代传播》（《中国传媒大学学报》）2010 年第 2 期，第 122 ~ 126 页。

② 郭桂萍、张炬：《关于新的市场环境下广告学专业课程体系构建的思考》，《科技创新导报》2012 年总第 36 期。

素质的人才，已经不仅仅是广告高等教育需要面对的问题，其实是整个行业需要共同面对的问题。

深圳大学的吴予敏表示："21世纪的深圳，传媒经济和文化产业已经成为继高科技、金融、物流之后的第四支柱产业。传媒、文化产业的蓬勃发展，带来了对人才培养新的要求和期望，对人才培养模式以及人才的专业素养、知识、能力三大方面提出了更新、更具体的要求。深圳大学，作为深圳特区唯一的综合性大学，责无旁贷地担负着培养高素质媒体创意人才的重要使命。"①

广告人才培养要求的提高，以及广告教育自身的局限，使得广告学专业高等教育逐渐意识到了自身在广告教育体系中仅仅是其中一部分，学生实习期间和入职之后的职业教育，对于学生而言，是更为接近市场需求的专业教育，那么，在高校中，更适合获得全面且基础的教育，更为注重专业理论特色和系统特色。

（二）打造特色方向

这个时期的广告学高等教育也开始更为注重自己的研究特色。多数学校对专业的定位做出了调整，中国传媒大学将专业的定位调整到以"广播、电视、新媒体"为代表的媒体领域。武汉大学，强调了专业的"策划、创意"。厦门大学，在专业的发展中，加入了新媒体。

到2000年，高等教育开始扩大招生的总量，如中国传媒大学的广告学院成立，以广告学专业为龙头专业，在此基础上整合了公共关系、视觉传达、网络与新媒体三个专业。在以计算机技术为代表的互联网的快速发展浪潮下，广告学专业的学科定位开始不断地扩大其外延，为专业的发展注入新的内容。此时的中国传媒大学广告学院的定位以人才培养的出口为重点参考方向，培养懂得媒体操作规律的广告人才。

进入2000年，北京工商大学对广告学专业的发展方向进行了重新定位，在坚持原有的企业经营管理范畴的基础上，对专业的发展方向做出了进一步的规划，即专业的发展以广告经营为主体。方向调整的背后有

---

① 胡莹、吴予敏：《构建大学生创新、创意、创业实践的平台——深圳大学现代传播教学实验中心的改革与实践》，《实验技术与管理》2008年第12期。

三点考虑：一是进一步与新闻传播模式下的广告专业进行区分；二是将学校的资源与专业的发展进行整合，利用学校优势的同时突出专业的特色；三是出于对市场发展状况的考察，广告的经营管理岗位对人才的需求是多元化的，懂广告的管理人才更适合参与到行业标准与政策制定的管理岗位上。暨南大学自 2002 年，将广告学专业定位到营销传播上，服务地区内以广汽传祺为代表的汽车行业的品牌营销，地方政府公益广告的拍摄、宣传等。

北京联合大学的广告学院是我国广告学历史上第一个创办的民办学院。作为学院的筹备人与学科带头人，刘瑞武在介绍学科定位的思路时强调，"我们是市属的高校，生源也以北京市为主，我们的学生在高考成绩上与北京大学、清华大学等学校有一定的差距，但学生们的思维都非常的活跃，因此在学科定位中考虑学生的主体性，围绕他们设计专业类型和培养目标是我们能做的"①。因此，北京联合大学围绕学生特征创立了以"广告表现"为主体的学科发展规划。

上海大学则在布局新媒体的领域时，同时紧跟地方发展的趋势，加快了广告专业会展方向的布局。北京大学的广告专业在学科带头人的引领下，直接将专业定位到了以互联网为代表的新媒体发展方向，放弃了与其他学校围绕传统媒体所进行的人才培养定位的竞争。

有学者通过调查发现，"在所调查的 200 多所高校中，其专业定位有在广告策划与管理方向的，有定位在文案写作方向的，也有定位在平面设计、影视广告编导制作、网络广告方向的，具体情况如下：以平面设计为专业方向的有 48 所高校，以影视广告为专业方向的有 9 所高校，平面设计与影视广告共同为重点（也就是'两横两纵'教学模式）的有 11 所高校，以大型活动策划与会展策划为专业方向的有 3 所院校。其余院校均为策划、创意、文案写作培养方向，其专业定位较杂、但人才培养目标较为明确"②。其原因既有各高校广告学专业对于人才市场的考虑不同，也与高校的资源差异有关。

这个时期，"广告学专业形成了函授生、专科生、本科生、双学士到

---

① 根据刘瑞武访谈记录整理。

② 崔银河：《广告学高等教育发展现状与专业设置调查报告》，《中国广告》2007 年第 6 期。

硕士、博士的多层次人才培养模式，培养的人才主要是本科，培养硕士的院校不到本科院校的五分之一，培养博士层次的更少"①。截至 2008 年，我国已有 330 多所高校设置了广告本科专业，50 多所大学开设了广告学方向硕士学位点，近 10 所大学获得了广告学方向博士生招生资格。② 这意味着该学科达到了成熟学科的基本水平，有能力培养高端研究人才。

二 课程体系规划

强化基础素质和综合素质，是这个时期课程的一个重要发展思路，此外，就是强化课程特色和课程效果。这个时期，一些发展状况较好的高校的广告学专业的课程体系都有着整体的规划和思考，具有系统性，都是在面向未来培养人才。当然，由于迅速扩张，从全国范围来看，广告学专业课程的问题依然非常多，黄合水等在相关调查中发现，"许多课程还带有随意性和拼凑的特点，这些都说明广告专业的课程设置还不够成熟"③。

（一）"通才"与"专才"兼顾

倪宁提出，为适应时代发展对专业人才的需求转变，广告人才培养应跳出固有的培养思维，转而建立以"素质"为核心的人才观，"以'素质'为核心的广告人才观，是坚持'通才'教育为原则，重视基础教育，帮助学生建立专业素质和职业素质并重的结构体系，并且，这一素质体系具有较强的专业性"。④ 丁俊杰提出，每个不同的院校可以根据不同的背景而体现不同的设置，但是，一个专业应该有一个较为科学的教学计划及其课程设置。广告课程体系可概括以下五方面的内容："1. 公共基础课约占35%；2. 人文、社科、经济管理约占 20%；3. 专业基础课和专业课约占30%；4. 专业前沿课及特色课约占 15%；5. 实践教学环节（外出教学、见习、实习等）不少于 30 周。课堂教学应力求生动活泼、形式各样、把

---

① 黄合水等：《中国广告教育状况研究报告》，《广告大观》（理论版）2008 年第 6 期。
② 查灿长：《国外高校广告教育研究》，上海三联书店，2010，第 186 页。
③ 黄合水等：《中国广告教育状况研究报告》，《广告大观》（理论版）2008 年第 6 期。
④ 倪宁、谭宇菲：《试析"大广告"时代的我国广告教育》，《国际新闻界》2009 年第 5 期，第 10～13 页。

理论讲授、硬件操作、市场调查、设计制作、企划实务、参观考察、实习等有机结合起来，努力提高教学效果。"①

北京大学、复旦大学、中国人民大学等学校在课程设置的价值理念选择上，兼顾了应用性的取向，但同时把以通识教育为代表的人文素养类课程提升到了与专业课建设同样的高度。通识类的课程包括文化类、方法类课程，意在培养学生的人文、科学素养。首先，课程的设置体系在内容的设计上贴合时代发展的主题，众多学校纷纷将新媒体、网络媒体等相关的课程纳入课程体系中。其次，课程体系在实施的过程中，结合新媒体的发展融入了多媒体教学的现代化展示方式，为师生之间进行话题的讨论节省出了更多的时间。这个时期，"有学者进行的广告学专业教育现状研究时，也发现，在谈到广告专业教育创新时，有部分教师分析，自己所属高校的广告学专业教师与一线广告公司的联系密切，保证了教师能够结合广告公司运作实际讲授广告学专业知识；同时通过与国际4A公司进行'校企合作'，学校邀请到很多广告业内人士来学校进行广告讲座，将本校教师授课与广告公司老总授课相结合，避免了走封闭式的'学院派'路线"②。

这个时期的广告学专业课程，不断地从学科本质开始，"强调广告学专业跨学科、综合性、应用型的特点，除了在课程体系上强调新闻传播学、社会学、经济学、心理学等课程的纳入，也考虑学生的认知能力、接受能力、理解能力、理论体系、逻辑思维、批判意识、创造能力等素质的综合体系，让学生既有对宏观环境的认知和掌控能力，又有具体工作实践的能力，并能在富于变化的环境中不断调整、丰富和提高自我"③。技能性的教育，在课程设置中地位明显下降。

（二）新媒体课程成为新热点

随着新媒体的崛起，一些高校也敏锐地意识到了这个趋势，迅速调整。中国传媒大学广告学专业由于有着扎实的新媒体研究基础，因此，也

---

① 丁俊杰：《我国广告教育中的几个问题》，《大市场》（《广告导报》）2002年第2期，第52~54页。

② 沈剑虹：《高校广告学专业教育抽样调查与思考》，《新闻界》2010年第5期。

③ 倪宁、谭宇菲：《试析"大广告"时代的我国广告教育》，《国际新闻界》2009年第5期。

是国内较早就开设新媒体课程的广告学专业，开始将一些传统媒体的课程淘汰，及时应对广告行业的新变化，也使得学生能够迅速跟上时代潮流，在就业市场占据明显优势。中国传媒大学广告学院前副院长钟以谦在介绍这个阶段的课程变化时说道："考虑到我们学校本身的资源优势，在课程设置中我们仅涉及部分的广告表现类课程，相对应的开设新媒体研究等新型课程。在课程架构中，增设了新媒体相关的课程，同时也淘汰了一批像报纸广告一类的课程。"①

这个时期有学者对"广告专业毕业生去向"情况进行调查，结果显示："各高校毕业生去广告公司工作的比例最高，其次是企业市场营销部门和媒介的广告部。随着新媒介的迅猛发展，也有部分毕业生到网络媒体机构任职。"② 从这个时期开始，去网络媒体中就职的学生数量开始逐年增长，原有的技能类课程首先显现出了滞后性，而对于新媒体的产业流程、营销操作等，如何获得资源开设课程，也是很多高校广告学专业开始不断思考的问题。

（三）培养方式创新

这个时期，传统课程体系和授课方式乏力的问题已经明显显现，尤其是课内与课外脱节的问题也非常明显。黄升民提出，"创新其实是一个永恒的命题，从广告教育研究的角度，可以归纳为三个问题。第一，广告专业教育怎么去适应产业环境的变化；第二，大学是个知识装置。社会环境都变了，怎么建构新的专业知识框架；第三，找到自己专业的核心资源和社会实行交换。和社会的交换有第一层的交换，上街贴小广告这是劳动力的交换。根据专业方向，出售知识，这是我们的交换。作为大学，一定要站在专业的前端给社会提供它的观念和知识，只有这样它才会有新的资源，有更新的平台"③。

深圳大学广告学专业做了非常大胆的改革尝试，依托深圳在《深圳市文化产业发展"十二五"规划》中的思想，"即传媒经济和文化产业成为

① 根据钟以谦访谈记录整理。
② 沈剑虹：《高校广告学专业教育抽样调查与思考》，《新闻界》2010 年第 5 期。
③ 黄升民：《转型、聚合与创新：广告教育和广告研究的任务》，《广告大观》（理论版）2006 年第 3 期。

继高科技、金融、物流之后第四支柱产业，积极拓展发展触角。深圳大学将全校与新闻传播相关的各个实验室整合起来，为学生打造了创新学习平台、创意交流平台和创业实践平台。首先在学习体系上，强调学生的自主意识和问题解决能力，以本学科专业学生为主，面向本学院和学校其他相关专业进行了一定规模的开放式实验教学，并与业界合作在实验中心内建立了'艾杰比尼尔森媒介研究计划'、'深圳新闻网实践教学基地'、'深圳循环经济系列片实践教学基地'、'中日友好影视制作中心'等校内实践教学基地项目，让一大批学生不出校门就能参与专业实践的项目运作。其次，鼓励学生利用实验室开展创意实践，1999～2007年，学生在全国大学生艺术大赛、全国文科大学计算机设计大赛、中国广告协会学院奖、时报金犊奖等大型专业竞赛中，取得了 348 项奖励，其中教育部高教司奖 45项，省教育厅奖 161 项，专业协会奖 142 项。此外，在创业实践上，利用专业知识关注社会问题。从 1997 年开始，就取消本科毕业论文，而是要求学生做一个毕业设计，截至 2008 年，广告专业学生完成了 114 项大型真实课题的毕业设计项目。除了大量的商业性广告策划设计外，更重要的是，很多项目直接和深圳市创建文明城市、实施文化立市战略、发展高新科技和循环经济、推进和谐社会建设、发展文化产业等重大决策紧密联系。不少直接来自深圳市政府有关部门、大型媒体集团的委托，毕业设计延伸出市场营销和广告创意领域的新成果"[1]。

这个时期，中国传媒大学广告学院，继续秉承"项目培训"的传统，依托各类众多的科研项目，将本科生和研究生吸纳进媒介研究所、广告主研究所、IMI（创研）市场信息研究所、IAI 国际广告研究所、首都传媒经济研究基地等实验室、研究机构，培养本科生的动手实践的能力、硕士研究生的学术思考能力和学术操作能力。

（四）以赛促练，培养实践能力

这个时期，国内的学生类广告赛事受到普遍欢迎。这一方面是广告行业和广告教育意识到了需要通过平台合作的方式来整合人才培养

---

[1]　胡莹、吴予敏：《构建大学生创新、创意、创业实践的平台——深圳大学现代传播教学实验中心的改革与实践》，《实验技术与管理》2008 年第 12 期。

资源，共同提升国内广告人才的水平；另一方面高校意识到自己的优势更在于基础教育，因此也希望对学生实践动手能力，以更为社会化的方式来培养，这对于明显弱化技能教育的课程体系而言，也是一种有效的补充。金犊奖、大学生广告艺术大赛、one show 等一系列大型的广告专业赛事的举办，为这个时期学校与行业之间的互动开辟了新的途径。赛事主要承担了学生的实践平台，行业则作为与学生合作的对象，在学生的作品中寻找行业发展的创新点，对于双方来说都能够在此过程中获益。

对于高校的发展来说，特别是职业技术类的院校，赛事的开展为教师与学生提供了非常强大的实践平台，专业教师的教学计划与内容与大赛密切相关，因此在这个时期也诞生了"以赛促教""以赛带练"等多项教学实践形式，教师获得了更多的指导经验。对于行业发展来说，赛事其实质是一个交流的平台，行业的操作规范通过平台可以得到推广，同时师生的参与又推动了行业规范的进一步优化。北京联合大学的刘瑞武在介绍学生的学习特点时说："在学习中，我们的学生思维特别活跃，他们更加愿意参与实践性强的课程。所以，在学校内我们开展了多项的活动，比如风筝节、各种比赛，学生在实践的过程中同时掌握了专业知识。"[①]

规模化的人才培育平台也开始打造。2007 年 11 月 11 日，"北京大学新闻与传播学院与中国 4A 会员'广告教育人才战略合作伙伴项目启动仪式'在北京大学百周年纪念讲堂多功能厅举行，奥美、盛世长城、智威汤逊、灵智精实、达彼思、葛瑞、实力、阳狮、中视金桥、全景视觉网络科技有限公司等共 10 家公司成为首批与北京大学新闻与传播学院建立'广告教育人才战略合作伙伴'关系的企业"。[②]

（五）研究生课程体系受到关注

"自 1993 年北京广播学院（现中国传媒大学）开始招收广告学方向硕士研究生开始，我国广告专业研究生教育已初具规模，招收广告专业硕士研究生的院校也不断增长。但众多院校的研究生培养仍然处于探索阶段，

---

① 根据刘瑞武访谈记录整理。
② 马雯、蒋海英：《提升广告教育，实现人才战略——北大广告教育人才战略合作伙伴项目启动》，《广告大观》（综合版）2008 年第 6 期。

对于培养目标和培养方式仍不明确，相应的课程体系建设也不具备科学性和系统性，而课程体系的建设却恰恰是高等教育培养中的重中之重。"（见表 2 - 3）①

表 2 - 3　中国四所高校广告学硕士研究生课程学分要求②

	公共课程	专业课程	补修课程	其他教学环节	总学分
北京大学	9	26	无	—	35
武汉大学	5	24	有	6	35
厦门大学	7	28	无	1	36
中国传媒大学	9	27	有	5	41

注：表中"总学分"为学位最低学分要求。

孔清溪等通过对国内 24 所高校的广告学研究生教学大纲和课程计划分为四种模式，"即 '2 + 1（+1）模式'、'2 + 2（+1）模式'、'3 + 1（+1）模式' 和 '3 + 2（+1）模式'。其中，'2 + 1（+1）模式' 是指 '两类必修课程（公共必修课、专业必修课）＋一类选修课程（专业选修课）＋补修课课程' 的课程体系结构，不过有的高校没有设置补修课程，因此这样的高校在套用该模式时要用括号将最后一类课程括起，以表示没有设置，华中科技大学采用这种模式"。③ "'2 + 2（+1）模式' 是指 '两类必修课程（公共必修课、专业必修课）＋两类选修课程（专业选修课、跨专业选修课）＋补修课课程' 的课程体系结构，湖南大学和南昌大学等高校采用了这种模式。'3 + 1（+1）模式' 是指 '三类必修课程（公共必修课、专业必修课和研究方向必修课）＋一类选修课程（专业选修课）＋补修课课程' 的课程体系结构，武汉大学、北京大学、苏州大学和湖南师范大学等高校采取了这种模式。'3 + 2（+1）模式' 是指，三类必修课（公共必修、专业必修和研究方向必修课）＋两类选修课程（专业选修课、跨学科选修课）＋补修课课程' 的课程体系结构。复旦大学、东北师范大

① 孔清溪、郑苏晖、苏健、曹祎楠：《广告学硕士研究生课程体系建设研究》，《广告大观》（理论版）2009 年第 4 期，第 103～110 页。

② 孔清溪、郑苏晖、苏健、曹祎楠：《广告学硕士研究生课程体系建设研究》，《广告大观》（理论版）2009 年第 4 期，第 103～110 页。

③ 孔清溪、郑苏晖、苏健、曹祎楠：《广告学硕士研究生课程体系建设研究》，《广告大观》（理论版）2009 年第 4 期，第 103～110 页。

学和江西师范大学和北京某大学等高校的广告学研究生教育采用了该模式。"①

由于研究生教育在当时主要是为了培养高端广告人才，以及广告教育人才，因此对于课程体系要求更高，其培养目标应该主要是搭建合理的知识结构、培养具有较强的创新能力、逻辑思维能力、归纳总结能力和独立工作能力，但是，如何实现这一目标，虽然不少高校在课程体系上进行了探索，但是，传统的授课方式和课程体系能否有所突破，培养方式能否有所创新，真正提高人才培养质量，实现效果，一直是一个备受关注的问题。

三　教师团队建设

各个学校在招生的总量上在这十年迅猛增长，对于广告学教学队伍中的老师们来说，不仅要保持教学的质量，同时也要适应新的环境变化，在研究中不断探索学科的新领域。

（一）培养新生力量

2010 年，有学者对国内高校广告学专业的抽样调查显示，各高校的广告学专业的教师的平均数量有限，我国高校广告专业教师人数大多为 5 至10 人，5 人以下以及 15 人以上的情况较少，且广告专业教师的专业结构主要集中在新闻传播类与艺术设计类和中文类，② 广告学专业出身的教师还是非常紧缺。

在这个时期，广告学专业开始自行培养高端的教育人才。"2000 年，中国传媒大学招收首批广告学博士生。2003 年，武汉大学成为国内第二个获批广告学博士招生资格的院校，此后，厦门大学、中国人民大学、北京大学、复旦大学、上海大学、华中科技大学等十多所高校也获得广告学博士招生资格，这些国内广告教育的顶尖院校，每年为广告教育界培养大量优秀的广告学博士和硕士，他们经过系统广告学术训练和广告实战训练，进入广告教师队伍后，一方面能够快速适应教学需要，另一方面能够开展

---

① 孔清溪、郑苏晖、苏健、曹祎楠：《广告学硕士研究生课程体系建设研究》，《广告大观》（理论版）2009 年第 4 期，第 103～110 页。

② 沈剑虹：《高校广告学专业教育抽样调查与思考》，《新闻界》2010 年第 5 期。

广告学术研究，极大地提升了中国广告教师队伍整体素质。"①

　　由于新生力量较多，这个时期的教师团队总体年轻，入职之后的相关培养还需持续进行。黄合水等的调查显示，"广告专业师资队伍很年轻，34 岁以下的教师占将近一半，35～44 岁教师约占三分之一（32.44%），45 岁以上的教师仅占不到两成。由于队伍年轻，所以教学经验不够丰富，教师队伍的职称也偏低。具体表现在从事广告教学工作 6 年或 6 年以下的教师占 64.85%，7 年至 15 年的占 29.33%，15 年以上的占 5.82%。获得正高职称的仅占 11.93%，副高职称的占 27.68%，高级职称这样一个比例甚至比体育专业还低。另一方面是学历偏低，具有博士学历的教师仅占 10.93%，本科学历的教师却多达 41.08%。在教师知识背景上，不管从本科学历、硕士学历还是博士学历来看，广告专业出身的教师均占少数，分别为 16.85%、15.56% 和 8.97%，这个比例偏低。广告专业队伍的整体素质还有待提高"。②

（二）研究项目培育教师

　　这个时期各个高校都积极开拓自己的科研项目，也借此培养自己的教师团队。从科学研究的物质基础上看，众多学校建立了一系列的研究室与实验室，为广告从事专业方向的研究提供了可能。

　　武汉大学在 2002 年成立的媒体发展研究中心，教师团队共同推出了一系列媒介研究成果，促进了教师团队成长；北京大学建立了新媒体营销传播研究中心，以各种合作方式引入新媒体营销传播研究，为教师团队争取了接触业务一线，并深入思考、研究的机会；中国传媒大学在 2001 年创办的《媒介》杂志，教师团队带领博士研究生、硕士研究生、本科生，关注媒介产业热点，并且将研究成果及时向社会各界发布，引起了非常大的反响。中国传媒大学广告学院黄升民提出，广告教育在内容和数据的方面要架构自己的专业教学资源平台。他认为，对当代广告教育研究而言，有两个支柱非常重要，一个是媒介研究，另一个是市场研究。中国传媒大学广告学院在媒介领域开拓了媒介产业化研究、媒资管理系统、市场研究，开

---

① 廖秉宜：《中国广告高等教育三十年的反思与变革》，《新闻界》2014 年第 2 期。
② 黄合水等：《中国广告教育状况研究报告》，《广告大观》（理论版）2008 年第 6 期。

拓了 IMI 为代表的市场调查体系，也涉及了家庭消费、消费碎片化等，也开拓了家庭信息平台，这些研究为教师团队提供了学术成果，也为他们提供了课程基础。[①]

其他院校，如欧莱雅与复旦大学之间的合作、暨南大学与地方公益广告的合作、北京联合大学与北京市政府之间的各种活动，都拓展了教师团队的专业视野，锻炼了他们的研究执行能力，积累了研究成果，也能随之转化成课程内容。

四 行业资源互换能力

随着互联网的兴起，广告产业开始出现变化，这使得与其紧密相关的广告学专业也开始出现调整。如何在新的发展阶段，继续与广告行业保持资源互换能力，如何定位自己，是一个关注焦点。

这个阶段，广告学界与业界的对话能力受到质疑。"中国广告教育1999 年被收编为'新闻传播学'一级学科旗下，原本多元化的办学传统开始单一化。由于传播学缺乏对企业和产业的研究，使得广告学专业越来越丧失与业界，特别是与广告主对话的能力，只能对业界变化亦步亦趋，无法引领业界发展。因此，中国广告教育改革的第一步应该是回归多学科传统，重视企业和产业研究。"[②]

对于广告学专业与业界关系的持续发展，中国传媒大学黄升民认为，"学科的兴衰与产业兴衰密切相关，产业兴，学科就旺，产业式微，学科也不得不调整。业界和学界有自己的社会分工，承担不同的使命和责任。例如传媒业和广告业，可以说是社会行业中'浮躁'的代表，新潮异端、变化无常。如果大学的相属专业一味跟风，恐怕会失去了自我。那么，什么是大学专业的自我呢？撇开那些厚重的理论不说，就其专业理念来讲，面对一日等于二十年飞速成长的产业，必须保持一种清醒的头脑，明晰产业发展的未来路向；必须甘于寂寞，关注产业发展的根基，在此开掘培育，随时为产业的生存和发展作出理论的回应。大学的专业教育，一是专

---

① 黄升民：《转型、聚合与创新：广告教育和广告研究的任务》，《广告大观》（理论版）2006 年第 3 期。

② 王成文：《中国广告教育"下半场"：由"高速度扩张"到"高质量发展"》，《中国工商报》2018 年 10 月 5 日。

业技能之传授，二是专业知识之创新，这是大学专业教育的基本要素，也是大学专业生存和发展的理由"①。

这个时期，中国传媒大学广告学院通过与媒介产业的相关合作，拓展了数字媒介产业化的相关领域，这个时期的卫星电视、数字电视、电影产业、家庭信息平台等方面的研究，使得其研究能够一直与行业的发展并肩前行，除了继续提升自身的学术水平，在很大程度上也开始彰显了对于业界发展的影响力，作为独立学术机构的角色，开始被业界重视，被社会认可。因为，这样的研究已经不仅仅是在追随行业的发展变迁，已经开始在更高的层次思考行业的发展轨迹和发展逻辑，逐渐积累出了自己的专业知识创新。

五　总结

这个时期，在外部条件不断变化的情况之下，中国广告学专业高等教育在内部条件匮乏的情况下，依然在努力做出应答，虽然非常艰难，但是对于一个没有太多可借鉴对象的应用类学科而言，这也是一个必然的选择。

依靠大胆的创新、多元的合作，以及对内深筑科研根基，这是在新的历史时期的自我优势构建，自我位置的重新找寻，应该说，这是中国广告学专业走向成熟的重要标志，开始有了鲜明的自我意识，开始有了明确的战略化思考，并且在前两个阶段的积累下开始勇敢地向业界和社会发出明确的回应之声，通过各类创新性的教学成果，以及扎实的专业研究成果，作为社会体系中的独立的知识装置，中国广告学专业彰显出了独有的力量。

第四节　2010～2019：广告学专业的大变革时代

这个时期，中国广告教育自身有了一定的改善，但是行业环境出现了非常大的变化，数字技术对于传统的营销传播产生了颠覆性的改变，

---

① 黄升民：《转型、聚合与创新：广告教育和广告研究的任务》，《广告大观》（理论版）2006年第3期。

这就使得高等教育者需要重新应对产业新环境。此外，数字技术带来的变革，由于打破了原有的广告行业壁垒，产业范围更广阔，产业构成更为复杂，产业链条也更技术化、数字化。作为一个应用类学科应当如何应对挑战呢？

当然这不仅是中国广告学高等教育的问题，而且是全球广告学都需要应对的问题。"通过近百年的努力，广告与营销的'科学性'逐渐建立，并在20世纪80年代达到了全面的成熟。其科学性主要通过三个层面来建立，其一是能够帮助营销者实现有效地控制信息，并对这些信息进行相关的包装、策划；其二是能够精准地瞄准受众，利用恰当的媒体渠道以及营销手段直达目标受众，实现最终提升销售的目标；其三是这些手段、方法能够重复进行。基于这三项基础，传统的广告与营销一直试图通过科学的手段探知受众并把握其需求，做出市场预判，并通过大众媒体进行有效的、低成本的传播，最终帮助生产者进行适销对路的生产，同时满足消费者的各种需求，实现生产与需求之间的匹配。"[①] 与此同时，消费者的"碎片化"与重聚在数字媒介的推动下加速完成，"将消费者原有的媒介接触时间、接触习惯完全打破，单一媒体垄断转化为多种媒体并存发展，'权威'坍塌而自我意识崛起"[②]，这样的变化无疑是巨大具有颠覆性的。

基于这样的变化，新的人才需求产生，姚曦等对前瞻产业研究院发布的2014年排名前十的广告企业的招聘信息进行了研究，"发现数字时代广告企业对广告人才的需求最大的是网络技术人才（35%），其次是媒介职务（10%），媒介职务主要是与新媒体的购买、策划与运营有关"。[③] "从对广告企业人才招聘职位的分析可以看出，数字时代的广告业界需要的是既懂营销、媒体和传播，又懂网络技术、数据处理和分析；既能运用最新的科技手段和营销传播方式，又具备良好的分析技能、批判性思考和策划运营能力的复合型人才，但是我们从相关就业资料发现，这几年广告专业的毕业生的就业情况并不乐观，能找到专业对口工作的不足一半，对工作

---

① 黄升民、刘珊：《"大数据"背景下营销体系的解构与重构》，《现代传播》2012年第11期，第14页。

② 黄升民、杨雪睿：《碎片化背景下消费行为的新变化与发展趋势》，《广告大观》（理论版）2006年第2期。

③ 姚曦、李春玲：《互联网、大数据、营销传播结构主义视角下我国高校广告教育体系的解构与重构》，《新闻与传播评论》2016年第2期。

满意的仅占三成，一方面是行业对技术类、媒介类人才的急切渴求，另一方面是大批毕业生学无所用，这一切只能说明人才培养与市场需求的严重脱节，现有广告教育体系已不能充分履行其结构功能。"①

中国广告学高等教育原有的学科定位、课程体系、知识结构以及对接的业界组织，都难以涵盖，技术化、多媒体化、大数据化，以及具有鲜明的网络文化特征，这些意味着需要更广阔的视野、更丰富的知识体系，更灵活的教学方式，以及更广泛的与业界的资源交换范围，才能够从根本上建构一个全新的广告学高等教育体系。

一　学科定位规划

学科发展在变革时期，最重要的是要从自身进行革新。学科体系整体架构的调整、发展方向的调整都是对应的举措。"以互联网为代表的新兴媒体崛起，以及以互联网媒体为平台的媒体融合趋势使本学科的根基动摇，学科调整成为引人关注的话题。"② 理念层面的变革，实际上是关键且应该先行的。"教育理念是意识层面的概念，对广告教育目标、教育制度、教育活动、教育方法等产生直接影响，数字化媒介、社会性媒体和移动互联网等新兴事物和技术的出现和兴起，将成为广告教育理念变迁的直接动因和根本动力。"③

（一）寻找立身基点

回看中国广告学高等教育在 20 世纪 80 年代初期开启的繁荣发展之路，会发现正是由于它准确地在广告产业中找到了自己的生存基点，准确满足了行业的需求，也据此界定了自己的学科规划，延续这个思路发展了将近40 年，但是随着数字媒介的变化，广告产业形态的巨变，使得这个基点不复存在。

刘祥、丁俊杰指出，"即使广告在互联网时代仍然发挥着重要作

---

① 姚曦、李春玲：《互联网、大数据、营销传播结构主义视角下我国高校广告教育体系的解构与重构》，《新闻与传播评论》2016 年第 2 期。

② 陈培爱：《数字化时代中国广告教育改革的思考》，《广告研究》2011 年第 4 期，第 35 页。

③ 姚曦、李春玲：《互联网、大数据、营销传播结构主义视角下我国高校广告教育体系的解构与重构》，《新闻与传播评论》2016 年第 2 期。

用，但这一作用的主要功能载体可能已经发生了迭代，换言之当下的广告业可能不是广告功能的首选载体了。这种功能载体的变化，导致了行业在当下的迷茫，进而将这种迷茫和疑惑的情绪传递到了广告教育领域，而广告教育与理论研究并未能够有效地解决这一疑惑，反过来又加重了这种情绪的发酵与蔓延。从行业层面看，媒介格局的变化导致传统媒体优势不再，进而解构了以传统媒体代理为核心的广告作业模式与流程，形成了以互联网巨头为代表的广告新贵，并在一定程度上凭借技术优势掌握了行业话语权。广告教育在行业层面的这个锚已经发生了根本性变化"。①

为了应对，广告学专业需要重新寻找自己的"锚"。"广告作业模式与流程正在重构，广告业的整体性资源迁移已是进行时。生存之锚的变化使得中国广告教育必须要寻找新的立身基点，从目前来看，这个基点的寻找过程尚未完成，前景也是扑朔迷离。生存之锚的丧失从根本上影响到了中国广告教育的理论基础、自身定位与内容体系等多方面。"②

不少学者认为，高等教育领域也需要确定"大广告"概念，去拓展专业规划。陈刚认为，"在广告教育的新一轮改革中，新思想、新理念很重要，没有新的理念，就没有办法理解和判断技术变化的价值和方向"。③ 姚曦等认为，"新时期的广告教育要树立'大广告'教育理念，即'眼界大、大潜力'，在互联网和大数据发展迅速的今天，广告思维正在向多个行业渗透，比如文化传播、国际形象传播，广告教育要立足广告，超越广告，放眼国际和前沿，站在行业发展的制高点上审视广告行业的走向，给专业发展和专业教育谋求更广泛的出路，同时，广告教育理念要始终继承'重基础、宽口径、厚沉积、谋长远'的原则，要注重个人潜力、成长空间的挖掘，打好基础，发展优势，培养能灵活适应市场需求的人才"。④

---

① 刘祥、丁俊杰：《从"而立"到"不惑"：中国广告教育发展的历史考察》，《中国广告》2018 年第 10 期，第 109 页。

② 刘祥、丁俊杰：《从"而立"到"不惑"：中国广告教育发展的历史考察》，《中国广告》2018 年第 10 期，第 109 页。

③ 姚曦、李春玲：《互联网、大数据、营销传播结构主义视角下我国高校广告教育体系的解构与重构》，《新闻与传播评论》2016 年第 2 期。

④ 姚曦、李春玲：《互联网、大数据、营销传播结构主义视角下我国高校广告教育体系的解构与重构》，《新闻与传播评论》2016 年第 2 期。

（二）强化数字营销人才培养

姚曦等的研究表明，目前国内的广告学专业的人才还停留在相对传统的范围内，并没有大幅度地转向数字营销传播人才的培养范围（见表2-4）。

表2-4

学校	广告专业培养目标
北京大学	培养具备系统的广告知识与技能、宽广的文化与科学知识，熟悉我国宣传政策法规，能在新闻、出版、影视、广告、文化产业等领域工作的广告高级专门人才
厦门大学	具备高素质，熟悉和掌握广告策划、品牌规划、媒体计划、公共关系、广告创意、广告文案写作、广告设计、视听广告制作、广告管理、市场调研、活动营销等综合能力，并适应新媒体传播环境的高级 AE 人才
武汉大学	在经济全球化和媒介融合背景下，为了适应中国现代化建设和当代广告事业发展的需要，本专业要求学生理论基础扎实，知识面宽，适应能力和实际工作能力强，成为富有创新精神的高素质的广告学理论研究、广告世纪运作和广告设计的高级专门人才

国内广告学高等教育可以参照美国广告业的改革思路，在数字媒介的浪潮中，双方几乎从同一个起点出发。目前国外的发展思路可以给予一定的启示。"美国传统广告教育主要培养专业的广告策划创意人员以及具有经营管理能力的商业性人才，而社交媒体时代需要在此基础上还掌握数据挖掘、数据分析、社交媒体内容营销专业知识与能力，在掌握专业能力的同时，还应具备全局意识和战略眼光，了解社会化媒体营销的全流程。广告学专业的培养体系需要进行扩充及丰富，才能适应社交媒体时代对广告营销人员的新要求。"（见表2-5）[①]

表2-5　美国5所高校广告专业培养目标

学校	培养目标内容
北卡罗来纳大学教堂山分校 （University of North Carolina at Chapel Hill）	帮助学生了解行业趋势，特别是在数字营销和社交媒体领域，以及在线分析、搜索营销和品牌整合等领域的新方法

[①]　韩红星、杨晨：《连接与共创：行业转型下的学科生态重构——基于社交媒体时代美国广告教育的研究》，《广告大观》（理论版）2019 年第 2 期，第 86 页。

续表

学校	培养目标内容
西北大学（Northwestern University）	培养新一代的多媒体记者和整合营销传播专业人士；通过与全球企业和同行合作来学习如何创新营销传播策略和解决商业问题；着重于日益数字化的媒体环境下有效的营销传播战略和策略
伊利诺伊大学香槟分校（University of Illinois at Urbana – Champaign）	致力于为学生提供广泛的广告、新闻或媒体研究的职业能力；使学生了解世界和人，进行有效的沟通
佐治亚大学（University of Georgia）	将学生培养为在大众传播、广告和公共关系领域中创造性的问题解决者，文案作者、管理者，政策和沟通决策者，媒体策划人员和分析师。注重21世纪在传播和新媒体中必不可少的有说服力的有效沟通技巧
得克萨斯州大学奥斯汀分校（University of Texas at Austin）	使学生在一个媒体融合的时代茁壮成长，获得新的见解和技能，为多平台开发内容，实现新的表达形式，并重新定义传播的边界

注：表中培养目标内容由笔者于各学校官方网站收集编译。

（三）打造教育平台

由于数字技术和数字媒介的瞬息万变，以及当下的数字营销传播的复杂、多样，单单依靠广告教育工作者来进行高等教育，必然难以胜任。丁俊杰教授也指出：随着互联网技术扩散所带来的公民精神与意识的崛起，普通民众参与甚至建构新的教育途径……以往由高校或只是掌控方驱动的教育理念面临挑战。这就意味着以开放的方式，打造教学合作平台，是未来趋势。"高校需要改变传统单一专业建设的格局，探讨与本校的计算机学院或软件学院等合作培养人才的新模式，跨院系教师共同开发新课程，如开设计算广告学、数据挖掘技术与应用等。"[①]

这个时期，一系列教育合作已然开始。2018年，"中国传媒大学广告学院与数字新思联合主办的'战略合作签约仪式与神经营销情感云实验室成立仪式'在中国传媒大学广告学院举行"。[②] 2018年7月13日，"百思传媒与

---

① 廖秉宜：《数字时代的广告教育变革》，《新闻春秋》2016年第1期，第76页。
② 《数字新思与传媒大学广告学院合作成立神经营销情感云实验室》，http://www.sohu.com/a/231848331_236354。

中国传媒大学广告学院联合发起成立的'联合营销实验室'在中国传媒大学正式挂牌"。① 2019年4月24日，"中国传媒大学广告学院联合上海蜜度信息技术有限公司（简称蜜度信息）成立的'品牌大数据实验室'"。②"2019年1月11日下午，上海大学新闻传播学院与上海剧星传媒股份有限公司共建'上海大学·剧星传媒互联网广告研究院'战略合作签约仪式，在上海大学延长校区顺利举行。"③ 2019年4月，"'上海大学新闻传播学院汉威士集团海外奖学金计划'将充分发挥上海大学的综合性大学优势，提升新闻传播学院学术实践水平，聚焦国家和上海在广告创意领域的重大需求，培养具有国际视野的卓越广告人才，更好地服务于上海这座国际大都市"。④

利用平台，可以进行充分的资源和信息的沟通。"新时代沟通渠道的便捷，再加上广告行业自身发展的需要，传统教育理念显然已不能应对，新时代的广告教育理念要注意与三个层面的沟通：一是与受教者及学生的沟通；二是与市场的沟通；三是与教育专家和学者的沟通，通过沟通与交流及时调整教育方向，真正起到导向和前瞻性的作用。"⑤

二　课程体系规划

为了应对当前的行业趋势，需要对既有的广告教育进行多角度的拓展，重新建构课程体系。

（一）多角度拓展课程体系

最近几年，国内各高校开办新媒体专业的热情比较高，2012年5月，初广志等对我国高等学府新媒体营销教育的现状进行了一次问卷调查，"在131份问卷中，有63份表示其所在院系开设了新媒体营销类课程，占比达48.1%；

---

① 《百思传媒与中国传媒大学广告学院携手成立"联合营销实验室"》，https：//baijiahao. baidu. com/s？id=1606500364349024386&wfr=spider&for=pc。

② 《中国传媒大学广告学院携手蜜度信息成立"品牌大数据实验室"》，http：//3g. donews. com/News/donews_detail/3043936. html。

③ 《上海大学新闻传播学院与上海剧星传媒达成战略合作》，http：//bkzsw. shu. edu. cn/info/ 1054/6558. htm。

④ 《汉威士集团（Havas Group）携手上海大学新闻传播学院打造海外奖学金计划》，ht- tps：//www. adquan. com/post-7-229202. html。

⑤ 姚曦、李春玲：《互联网、大数据、营销传播结构主义视角下我国高校广告教育体系的解构与重构》，《新闻与传播评论》2016年第2期，第170页。

有 68 份表示其所在院系尚未开设新媒体营销类课程，占比达 51.9%。在表示其所在院系尚未开设新媒体营销类课程的问卷中，有 40 份（58.8%）表示在未来一年内仍然不会开设新媒体营销类课程，有 24 份（35.3%）表示在未来一年内会开设新媒体营销类课程，还有 4 份（5.9%）问卷没有表明态度"。①

中国传媒大学广告学院，就是在原有的三个专业（广告学专业、公关专业、视觉传达专业）的基础上，派生了一个新专业，2010 年创立新媒体广告传播系（新媒体与信息网络方向），依据新媒体的产业架构，进行全新的课程设置，涵盖基础类课程、产业类课程、数据类课程、产品类课程、营销传播类课程等（见表 2 - 6）。

表 2 - 6

课程类别	课程名称
必修课	新媒介史、互动广告、移动媒体概论、多媒体制作、广告公司新媒体战略、流言与互动媒体
选修课	媒介数据分析与应用、新媒体内容策划、移动传播、整合营销传播概论、新媒体策略与实务

教学团队一方面依靠内部教师迅速转型；另一方面，引入行业力量和行业资源进行课程建设。2018 年，中国传媒大学何海明教授开办了《企业营销策略》和《新媒体创业与创新》等课程，课程不只面向校内学生，还通过网络平台向社会直播，通常每一次课都有数十万人同时在线收看，形成了非常好的社会影响力。2019 年 6 月，中国传媒大学广告学院开创了数字营销新方向，开始了进一步的专业拓展。

（二）强化媒介课程、广告技术课程和数据课程

数字营销和广告新技术、大数据课程是课程体系的重点。在互联网广告和新广告技术发展趋势下，广告学专业需要加强对广告专业的新传播技术、新广告设计技术教育，提升广告学专业对数字广告创意与传播的驾驭能力，将广告新技术教育提升到更高层面。

---

① 初广志、李晨宇：《数字媒体时代已来，广告教育亟待转身》，《广告大观》（综合版）2013 年第 2 期，第 33 页。

初广志等对全国开设新媒体课程的研究发现，"在 131 份问卷中，只有 48.1% 的被访者表示其所在院系开设了新媒体营销类课程。'新媒体营销相关内容已分散到已有的课程之中'（58.8%）和'缺乏师资'（55.9%）是当下各院校未开设该类课程的主要原因。已开设的新媒体营销类课程中，主要涉及的新媒体类型依次是微博、社交网站、手机媒体、电子商务网站、搜索引擎、视频分析网站、论坛和社区网站、企业官方网站等"。[①] "原有课程中设计新媒体营销内容较多的依次为广告媒体（研究）、广告创意（表现/策划）、市场营销学、品牌营销（传播/管理）、整合营销传播、网络传播（管理）、广告学概论（原理）、新媒体概论（研究/传播）等课程。"[②] "就目前而言，他们认为最有必要开设的新媒体营销类课程依次为新媒体营销（传播/实务）、社会化媒体营销、手机（媒体）营销、微博营销、数字（媒体）营销（传播）、新媒体广告（创意/策略）等。"[③]

比较而言，国外的广告学专业的课程设置，也在强化数字营销的相关课程。"以美国广告与营销领域的顶尖名校西北大学广告专业的课程设置为例，始于西北大学莫迪尔新闻学院的 IMC（整合营销传播）课程日益着重于数字化的媒体环境下有效的营销传播战略和策略。IMC 整合营销传播的课程设置将媒体生态和业界的最新变化加入课程设置的考量当中，其中，关于数字时代的营销和媒体创新的课程已经不在少数；此外，基于数字体验的消费者洞察和顾客价值创新与评估的课程也受到相当的重视。"[④]（见表 2 – 7）

表 2 – 7　西北大学 IMC 的核心和选修课程[⑤]

核心课程	选修课程（部分）
（IMC 455）消费者洞察	（IMC 454）通信和内容营销

---

① 初广志、李晨宇：《数字媒体时代已来，广告教育亟待转身》，《广告大观》（综合版）2013 年第 2 期，第 33 页。

② 初广志、李晨宇：《数字媒体时代已来，广告教育亟待转身》，《广告大观》（综合版）2013 年第 2 期，第 33 页。

③ 初广志、李晨宇：《数字媒体时代已来，广告教育亟待转身》，《广告大观》（综合版）2013 年第 2 期，第 33 页。

④ 韩红星、杨晨：《连接与共创：行业转型下的学科生态重构——基于社交媒体时代美国广告教育的研究》，《广告大观》（理论版）2019 年第 2 期，第 86 页。

⑤ 韩红星、杨晨：《连接与共创：行业转型下的学科生态重构——基于社交媒体时代美国广告教育的研究》，《广告大观》（理论版）2019 年第 2 期，第 86 页。

核心课程	选修课程（部分）
（IMC 452 - 0）营销管理	（IMC 451 - 1）分析
（IMC 450）财务会计	（IMC 461）媒介经济与技术
（IMC 451）统计和市场研究	（IMC 459）IMC 的法律、政策和伦理
（IMC 460）IMC 战略过程	（IMC 463）品牌传播决策
	（IMC 465）品牌权益
	（IMC 475）危机公关
	（IMC 490）顾客价值创新
	（IMC 482）数字、社交和移动营销
	（IMC 498）数字营销、媒体和创新
	（IMC 498 - 0）创建病毒性的内容
	（IMC 498 - 0）数字体验的消费者洞察

（三）基础素质培养进一步强化

为了增强学生的长远适应能力，不少高校把"重基础、宽口径"放在了重要的位置。"在中国的许多大学，广告专业的课程已经包括了素养与通识类的课程。增加广告专业的厚度，强调的是要更加重视通识教育和人文素养教育。不要把这些课程放在边缘或者辅助的位置，而要把这些课程放在同专业课同等重要的地位；同时，要把这些课程认真讲好。"[①]

姚曦等的研究发现，"北京大学的广告学专业目前的课程比较注重复合型人才的培养，其大类平台课程所占比重较大，要求学生具有广博的知识面，尤其注重学生人文艺素养的培养，另外，对于专业性课程，倾向于学生对于新闻学、传播学和广告学的融会贯通，方向性课程界限比较模糊，提倡兼修。厦门大学也是采取大类培养方式，其课程设置以传统课程为主。武汉大学则主要是通过'通识课程'完成学生基础素养的几点，其有别于前两所高校之处在于专业课程从学生入学即开始，在学生在学校学习的过程中平均布局"。[②]

---

① 陈刚：《关于广告教育数字化转型的思考》，《新闻与写作》2017 年第 5 期，第 33～36 页。

② 姚曦、李春玲：《互联网、大数据、营销传播结构主义视角下我国高校广告教育体系的解构与重构》，《新闻与传播评论》2016 年第 2 期，第 171 页。

国外同期的广告学教育也强化了多元的学科基础。"从西北大学的课程设置可以发现新媒体和移动互联时代未来广告教育的发展方向与美国高校向来注重课程内容的创新和丰富，广告专业课程内容经常涉及心理学、经济学、文学、语言学甚至数学方面的内容。社交媒体时代的营销需要学生具备优秀的沟通及交际能力，使得美国广告教育者开始重视对学生沟通表达能力的培养与重视相一致。"① "在广告专业课程中增加商学和经济学内容也是一个趋势。美国学者 John J. Cronin 在《在社交媒体时代学会投资回报分析》中提到，很多企业高管抱怨说，这些刚从高校毕业的学生基本都无法独立完成一项传播活动的财务分析。ROI（投资回报率）作为衡量财务绩效的最重要的标准，是必不可少的，而社交媒体活动的投资回报率的计算比可能想到的更复杂，也意味着学生毕业工作后将面临更多的挑战。"②

但是目前国内的数字营销的课程建设的情况还非常不理想，"近一半（49.2%）的被访者表示'没有教材，仅有教学大纲（教案）'，分别各有近三成（29.6%）的被访者使用'已公开出版的教材'和'未出版的自编教材'"。③

（四）课程合作

2015 年国务院办公厅印发《关于深化高等学校创新创业教育改革的实施意见》，明确要求高校应着力培养大学生的创新创业能力。广告学专业具有创新创业教育改革优势，为大学生创造了创新创业的舞台。新技术驱动下的广告学专业创新创业能力培养，"要注重专业知识学习与实战的结合，通过在课程中引入新的创意与传播技术，掌握大数据、程序化购买、智能营销等前沿广告创意与传播技术"④。

---

① 韩红星、杨晨：《连接与共创：行业转型下的学科生态重构——基于社交媒体时代美国广告教育的研究》，《广告大观》（理论版）2019 年第 2 期，第 86 页。

② 韩红星、杨晨：《连接与共创：行业转型下的学科生态重构——基于社交媒体时代美国广告教育的研究》，《广告大观》（理论版）2019 年第 2 期，第 86 页。

③ 初广志、李晨宇：《中国的新媒体营销教育：挑战及对策——基于广告学专业教师的调查》，《现代传播》2013 年第 3 期，第 140 页。

④ 张艳萍、周华清：《新技术驱动下的广告教育改革研究》，《艺术与设计》（理论版）2019 年第 1 期，第 137 页。

2015 年 6 月 9 日奇虎 360 携手中国传媒大学广告学院在京举办数据引擎 DataEngine 暨 360 与中国传媒大学战略合作签约仪式发布会，成立 360& 中传大数据研究实验室。该合作旨在将大数据营销的践行者与最权威的理论研究机构进行联合，一方面进行大数据以及数字营销方面的研究，另一方面是进行大数据挖掘的人才培养；此外，双方还将共同建立大数据研究及实战案例库，并成立分行业、核心广告主的专项研究团队；还将举行公开课，向学生及业界人士培训包括设计、统计分析、产品原理、无线互联网等在内的多方面内容。2019 年春季，中国传媒大学广告学院经过论证，正式邀请国内计算广告的开创性科学家刘鹏与其合作，开设《计算广告》专业课程，课程内容主要包括计算广告基础、在线广告产品概览、合约广告、搜索与竞价广告、程序化交易广告、移动互联网与原生广告、信息流广告、在线广告产品时间等。该课程还计划从业界引入程序化广告系统，为学生提供实践教学工具，使学生可以进行程序化广告的投放、分析与优化实践。

从 2015 年起，北京大学广告系开始与互联网大数据平台和广告主合作，在课堂教学中进行大数据营销实战教学。把真实的广告项目引入课堂，实现理论与实践、学校与企业、学界与行业的结合。通过引入真正的广告主、真正的广告技术平台，把广告主真实存在的问题摆在学生面前，让学生置身于开放真实的市场环境中，通过实战解决问题，培养实际操作能力。[1] 北京大学广告系 2015 年使用腾讯广点通系统，2016 年使用微博粉丝通，2017 年使用今日头条广告系统。与此同时，2015 年引入联想企业，2016 年引入欧诗漫企业，2017 年引入蒙牛企业，相关企业配套团队把其营销传播问题和产品对学生进行讲解，引导学生进行大数据平台实战竞技，最后考察传播效果和销售效果。[2]

（五）多种形式授课

目前，国内新媒体营销的授课形式相对比较传统，"开设新媒体营销类课程的院校，主要采取用教师讲授（100.0%）、课堂讨论（76.2%）和课外作业（52.4%）等教学方式，此外，还通过邀请营销、传播实务界专

---

① 陈刚：《关于广告教育数字化转型的思考》，《新闻与写作》2017 年第 5 期，第 33～36 页。

② 陈刚：《关于广告教育数字化转型的思考》，《新闻与写作》2017 年第 5 期，第 33～36 页。

家讲座和广告及营销大赛等方式，配合课堂教学"。"正如利用新媒体技术教学方面，常用的方式为'课堂上实时链接互联网络'（74.6%）；而采用'建立 QQ 群互动'、'建立微博的微群互动'教学方式的还不到一半。"①深圳大学广告学专业在 2010 年开设"现代科技新闻传播"课程的同时，任课老师就带领学生创办了有一级域名的"深圳科技新闻网"。此网既是教学平台，也是面向社会提供信息服务的新闻媒体，编辑团队全部由该班学生组成，颇似哥伦比亚大学几乎每门实务课程都建立网站的做法。经此训练的学生在 2011 年第 26 届世界大学生运动会上大显身手，承担了大运会官网 80% 的工作量，受到大运会组委会的高度赞扬。

比较来看，国外的教学课堂让学生利用多媒体途径进行作业。如"西得克萨斯农工大学教师 Emily S. Kinsky 以美国'超级碗'赛事期间的品牌广告推广为模拟实战背景，在课堂上编号将学生分成小组，分别代表内容创建者、客户代表、战略家和法律顾问。就像在现实世界中一样，他们面临来自客户和团队成员的不同程度的支持和合作。活动结束后，学生们创建了一个 Storify 故事，讲述他们团队的活动时间，包括与观众的互动。Storify 允许用户从在线内容构建故事情节，并与其他人分享。人们可以从Twitter 的推文、Facebook 的帖子、Instagram 的照片和更多方式来展示事件的进展，以及人们在展开时如何评论这件事。除了对 Storify 故事的评估之外，学生还可以观看他们在活动当天在教室和战争室里的小组工作。他们也对这个项目的社交媒体活动进行了观察，同时使用社交媒体管理工具Hootsuite 来追踪课堂标签。项目结束后，通过在线课程网络（例如 Black-board）向学生分发问卷链接；学生们还有机会在之后的课堂上讨论这个项目，而业内专家们也会匿名提出问题和建议。教学流程全部完成之后，学生们受益匪浅，他们在后续访谈中表示尝到了'真实世界的味道'，感受了'实时营销的混乱'，多个学生表示提升了全方位的能力，包括沟通技巧、社交媒体使用、与客户对接技巧、创建内容以及通过 Facebook 分析评估工作的能力"。②

---

① 初广志、李晨宇：《数字媒体时代已来，广告教育亟待转身》，《广告大观》（综合版）2013 年第 2 期，第 33 页。

② 韩红星、杨晨：《连接与共创：行业转型下的学科生态重构——基于社交媒体时代美国广告教育的研究》，《广告大观》（理论版）2019 年第 2 期，第 86 页。

一些课程拓展到了课外。"一家中西部大学的新闻与大众传播学院建立了一个名为Jacht的营销传播公司，由学生自主经营。这个以实验教育理论为基础的'广告实验室'同时具有实习公司和上课班级的属性：每四个月就有一批新员工，学生们付学费来上班，由于它既是一个大学课堂，也是一个创业公司，拥有不同寻常的结构属性。作为一个班级，它是广告和公共关系课程的一部分，三个学分的课程，它可以提供如课外活动而不是课程的动手体验。作为一家企业，Jacht与社区的地方创业机构有业务往来，在资金上与一家3.77亿美元的风险投资公司紧密联系。该机构通过在社交媒体的'实践社区'中实现相互学习的可能性，同时建立和管理营销和教学活动。"[①] "Jacht已经成为一个跨学科的校园创业孵化器，实现了更高效的真实世界的技能、背景和学科的组合。"[②]

三　教师团队建设

学科整体的调整，对于教育人才的挑战非常巨大，如何进行新时期的教师团队的建设，是每个广告学专业都需要正视的问题。从本研究课题组走访的14所大学教学队伍的变化上看，目前广告学教学队伍有以下几个方面的特征：第一，专业在选拔青年教师时更加关注教师的学习背景与科研经历，特别是"双一流"大学对教师的初始学习、海外学习经历、科研成果有了明确的要求标准；第二，各个大学在引进教研人员时更加关注学科生态的布局，计算机、人工智能、统计学、社会学、心理学的教研人员加入广告团队中；第三，老一辈广告人逐渐从教学工作中退出，他们开始致力于自己所感兴趣的方向进行研究性工作。

（一）数字营销教师缺少

数字营销方面的师资非常匮乏。"广告专业的大多数老师来自中文、历史或者新闻等其他专业。随着广告专业教育的发展，本科专业的增设、硕士点、博士点的增加，这一现象虽然已经有所改善，但没有得到根本解

---

① 韩红星、杨晨：《连接与共创：行业转型下的学科生态重构——基于社交媒体时代美国广告教育的研究》，《广告大观》（理论版）2019年第2期，第86页。

② 韩红星、杨晨：《连接与共创：行业转型下的学科生态重构——基于社交媒体时代美国广告教育的研究》，《广告大观》（理论版）2019年第2期，第86页。

决。另一方面，即使广告专业出身的教师也存在知识结构老化的问题，加上自身的思维惰性，无法胜任数字时代新开广告专业课程的教授任务。目前，大多数专业教师读书阶段接受的都是传统的广告教育，无论是理论体系还是操作实务都难以应对社会现实的问题、难以满足学生的求知需要。而且广告教育的资源绝大部分集中在北京、上海、广州等一线城市，而身处二三线城市高校中的教师大多很难有机会接触。"① 大部分教师也认识到了自身的局限性。"被调查的教师们认为在教学管理方面，'与营销、传播实务界的互动需要加强'（87.3%）、'课程体系需要更新'（68.3%）和'培养目标需要调整'（42.9%）。"② 以华中科技大学为代表的大学特别重视教研人员的科研质量与产量，并且学校建立了一套扶持教师申请国家级、省部级课题的政策，通过提前规划、集体学习、经验分享等形式的大会，为教研人员申报工作做足了准备。同时，对成功申报的教研团队提供团队支持与资金奖励。

（二）教师培训成为关注点

国内广告学专业高等教育体系内部出现了自我培育的尝试。"总体来看，广告专业的师资力量有待提高，而且比较欠缺适应教育改革或者引领改革的教师。为此，北京大学从 2014 年开始连续 4 年开设创意传播管理暑期学校，每次接收约 200 名来自全国各地高校的青年教师，在进行理论强化的同时，将实战引入课堂，让参加的教师有机会亲手操作大数据的营销平台，掌握新的数字营销技术，主动地接收新知，进而反哺他们的教学。"③

日本电通教育项目也开始关注数字营销教育人才的培养。2011 年 7 月 10 日至 11 日"第一届电通广告教育高端论坛"于苏州举办。电通广告教育高端论坛是中国教育部和全球最大的广告广播公司株式会社电通（日本）于 2005 年设立的"电通·中国广告人才培养基金项目"的子项目之一，双方曾连续举办五届"电通·中国广告人才培养研讨会"。之后连续

---

① 陈刚：《关于广告教育数字化转型的思考》，《新闻与写作》2017 年第 5 期，第 33～36 页。
② 初广志、李晨宇：《数字媒体时代已来，广告教育亟待转身》，《广告大观》（综合版）2013 年第 2 期，第 33 页。
③ 陈刚：《关于广告教育数字化转型的思考》，《新闻与写作》2017 年第 5 期，第 33～36 页。

性的论坛、研讨会中，每次都有来自全国近50所高校的近百位广告专业一线骨干教师与电通公司的著名专家参加。数字营销的主题，每次都是必备内容。

2019年7月，广告人文化集团联合中国人民大学，举办了"金牌教师教学研修班"，也是为面对专业教育转型，为广告教育人才提供的培训，力图解决课程与行业脱节、教学与实践脱节、人才与市场脱节等问题。

四 行业资源互换能力

这个时期，中国广告学专业高等教育与行业的资源互换活动，也受到了很大的挑战，与传统媒介、传统广告公司的合作关系，已经难以维系和拓展，如何跟随新的产业变革，获取发展资源和研究资源，不同的广告学专业都在积极探索。2017年12月5日，国务院办公厅印发《关于深化产教融合的若干意见》，为未来的产教融合制定了明确的行动路线图，也首次肯定了企业在产教融合中的重要地位。该文件的出台，为中国广告教育深化学界与业界合作奠定了制度框架的基础。因此中国广告教育改革也需要充分唤醒企业、数字媒介的主体意识和参与意识，满足企业在人才、智库和研发上的多元化需要。

（一）深挖数字媒介研究

由于之前的媒介研究基础，中国传媒大学广告学院依托自己的研究力量，切入数字媒介研究范围中，为教学体系的建设、教学经验的积累，打下坚实的基础。从数字电视研究开始，逐渐过渡到家庭信息平台，以及内容平台，这个过程都是一系列的横向项目、纵向项目在支撑，有的项目来自国家部委、政府管理部门，有的项目来自电信企业、广播电视台等。在2008年国家广电总局和科技部提出了下一代广播电视网（NGB）的概念，受国家广电总局社科研究基金项目的委托，开展了《下一代广播电视网发展战略研究》。之后开启了对手机媒体的战略规划、互联网广告模式和监管、垂直网站的运营模式、互动营销传播战略、移动互联网的内容和业务传播等方面的研究，到2010年提出了"内容银行"的概念。这些研究课题和研究成果，成为后来中国传媒大学广告学院网络与新媒体专业若干课程的基础。这样资源互换的基础，最终成就了一系列成熟的教学内容，使得学生在第一时间能够迅速接触到行业最关注的核心问题，能够充分掌握到扎实的行业研究成果。

2006 年，北京中传网联"CCData"正式成立。该公司脱胎于中国传媒大学广告学院数字研究项目组，主要进行海量样本收视率、数字电视增值业务检测和媒体质量，2010 年，该公司与尼尔森公司合作，成立尼尔森网联媒介数据服务有限公司，主要进行跨媒体用户视听行为研究、广告效果检测等。2018 年发布了《2019 中国家庭大屏产业生态发展白皮书》。这是中国广告学术商业化的有力探索和尝试。

对于学界与业界互动的关系，黄升民教授认为，"对于这个问题，我觉得不能一概而论。有的大学可以着眼于学术高地，承担学术领袖责任，站在较高的角度，提供定国安邦大计，指引业界发展。但中国大部分高校的广告专业尚不具备这样的条件，也不适合这样的定位，相比较于学术型的定位，他们更适合应用型的选择，事实上以很强的专业技能为主导的广告教育专业也占大多数，其实这无论对学生的就业而言，还是对课程的设置和知识的传授来说都是有利的。所以对于这个问题，简单的以学科一刀切的方法是粗糙和盲目的，正确的做法应该事实求是，根据不同高校各自的状态、师资、生源做出重新调整，找寻一个比较切合实际的定位"。①

（二）融入区域经济体系

利用地缘优势，融入区域经济体系中，也是一种探索思路。

首都传媒经济研究基地，2016 年 12 月入选"中国智库索引（CTTI）来源智库（2017－2018）"，是目前唯一以传媒经济为主题的国家级智库。2017 年获得北京哲学社科办授予的优秀基地称号。该基地在北京市广告行业的长期研究基础上，协助国家工商总局编制了《全国广告行业"十三五"发展规划》；基地以北京新媒体研究为基础，协助中央网信办编制了《全国重点新闻网站"十三五"发展规划》等；基地在北京传统媒体融合发展研究的基础上，协助中宣部进行媒体融合发展重点项目验收评估工作等。

北京工商大学的广告学专业与多家企业建立了良好的合作关系，如把

---

① 黄升民：《关于广告学专业三个关键问题的思考》，《广告人》2011 年第 2 期。

真实、典型的项目引入工作室，激发了学生的兴趣和积极性。"在与北京老字号企业'京华茶叶有限公司'的校企项目合作中……由专业教师与企业相关人士共同针对茶叶产品包装设计、企业形象推广设计等实体课题指导学生在工作室制的教学模式下完成研究、调研、设计与操作任务。在教学与研究中衍生的设计成果直接投入一线的商业运作中，为企业解决实际问题的同时使学生充分了解商业运作模式，充分体现实践性、开放性和职业性。"① "深圳大学广告学专业跟酷派合作，直接在企业里面把学生的创意作品放置在手机终端里面进行运用。此外，还跟 SP 供应商合作，搭建了基于移动互联网的手机频道的创意频道，希望通过这个频道开辟一个虚拟空间的手机电视台，希望融创科技的平台可以成为学生一个非常好的锻炼机会，直接用企业的力量促进教学。"②

（三）广告研究的政产学研新形态

1. 全国公司广告创新研究基地

2010 年 1 月 28 日经国家工商行政管理总局批准，"全国公益广告创新研究基地"在中国传媒大学揭牌，研究基地将对公益广告运作模式、资金保障、法制建设等基础性课题开展研究，为主管部门制定相关政策提供参考。这是唯一一个设在高校的全国性公益广告研究机构。在研究之外，也推动国内公益广告实践活动。如 2012 年发布首部《中国公益广告年鉴（1986－2010 年）》并召开中国公益广告创新研讨会；2013 年与中央电视台合作开展"全球公益广告征集活动"；2014 年发布《中国公益广告年鉴（2011－2013 年）》。

2. 国家广告研究院

国家广告研究院是经由工商总局批准，2011 年 12 月 21 日成立于中国传媒大学的全国性研究基地。其成立的主要任务是配合国家政策开展广告业规划发展、监督管理及产业政策和发展趋势的研究，此后承担若干国家工商行政管理总局和国家社科的课题，发表了一系列的研究成果。

---

① 王丹谊：《文化创意产业视野下高校广告专业工作室生态教育模式初探》，《中国成人教育》2013 年第 20 期。
② 何周：《传媒产业需要进行融合性的人才培养》，《深圳大学学报》（人文社会科学版）2010 年第 5 期，第 3 页。

2012 年至今，国家广告研究院开展并完成的主要课题包括：国家工商行政管理总局立项课题，同时也是国家哲学社科基金重点课题《"实施国家广告战略"研究》；国家工商行政管理总局广告司重点课题《2013 年中国广告业发展白皮书》《大数据背景下广告数据中心的建设和应用》《广告对于消费经济的拉动作用研究》《广告业发展"十三五"规划研究》《互联网对广告业态环境的改变及其广告监管路径研究》；国家广告研究院品牌分院开展"中国品牌竞争力研究"，课题成果《中国品牌白皮书》正式出版发行；国家广告研究院互动营销实验室陆续开展了《互联网广告经营数据统计研究》《互联网 IP 地理信息标准研究》《中国互联网定向广告用户信息保护框架标准》课题；国家广告研究院主导完成了《大视频广告传播发展研究》和《中国精众营销理论研究》等课题。

（四）史学研究平台打造

2014 年 9 月 20 日中国广告博物馆成立，由国际广告杂志社、中国传媒大学等共同发起，筹建过程历时十年，在数字资源建设、藏品体系建设、重点学术研究等方面已经取得了一系列成果。其初衷是填补国内广告史学研究的多项空白，围绕中国广告的史学研究提供一个专业的研究和成果展示场所，广告博物馆专注于广告历史、广告艺术、广告科学等见证物进行搜集、保存、研究和展览。

广告博物馆藏品体系主要包括"文物"、"文献"与"数码馆"三大部类。中国广告博物馆自 2014 年 9 月 20 日开馆以来，已经举办过 15 个具有影响力的展览和大型活动，累计参观人数达 30000 多人次，已经成为国内外广告学专业学生的重要参观学习热点，迄今为止，已有十余个省部级科研项目立项；已经完成了"当代中国广告系列史"、"中国广告源流考"和《中国广告口述史》、《中国广告图史》、《当代北京广告史》、《当代中国广告大事典》、《镜像与流变：社会文化史视域下的当代中国广告与消费生活》等课题和著作。拍摄有《中国广告二十年》《中国广告三十年》《中国当代广告学术二十年史（1987—2007）》《中国广告协会学术委员会二十年》四部广告史纪录片。目前正在拍摄《中国广告四十年》纪录片，推出"中国广告四十年"系列丛书，并且启动"百年百城·大国精神"的大型科研项目。

五　小结

这个时期，对于广告教育来说，是最好的时代，也是最坏的时代，因为挑战前所未有的巨大，但是数字媒介所催生出来的巨大产业机会，对于广告学专业而言，也意味着巨大的发展机遇。只是如何进行改革，是广告教育需要深入思考的问题。

目前的探索表明，需要站在更高的产业发展视角，结合产业逻辑和产业链条，重新为自己设置一个生存之锚，以开放的平台化的方式，集聚行业内外资源，融合学科内外知识力量，在重视基础素质的同时，以灵活机动的方式打造课程体系和授课方式，引入多种教学人才，同时以更佳的激励效果激发教师团队的科研创新和科研合作，让广告教育不单单作为教育体系的一个存在，而是需要将其与数字营销产业、区域经济体系、文化产业发展之间紧密建构连接，使得中国广告学专业高等教育能够深深嵌入社会体系之中，凭借独有的优势，与各方面资源、力量形成良性循环，从而获得生生不息的发展。

第三章　中国广告学术发展

中国广告学术研究，早于中国广告学专业高等教育而启动，伴随着中国广告高等教育的兴起而逐渐发展，在回应行业需求导向、学科体系训导和西方广告研究示范这三股力量当中，进行自己学术体系的构建，逐渐产生了学术独立、学术自觉和学术自省。其中，广告学术研究天然与广告业界紧密联系，是广告行业的发展需求赋予了广告学术直接的动力，行业前进中一直需要专业知识支持和学理指导，白手起家的广告学界也同样需要广告行业给予研究案例、研究资料和资金支持；学科体系是中国的宏观学术体系依托学科而具体落实的一个部分，会从学科归属、绩效考核、学科评估、学术成果规范等方面来对其进行约束，在一定程度促进了广告学术的规范化和质量、数量的提升，但过于教条的学科训导，就会产生一些彼此的不对位；学科体系之外的学术发表平台和国家科研项目，则是由宏观学术体系的传统规范决定；学术研讨则是学科训导、回应产业需求、中西方文化交流以及大的学术规范多种力量集合作用的结果。来自西方的学术示范，其研究体系、学术流派、研究范式等通过各种方式，成为中国广告学术的必然参照。本章将不停留在三种力量的作用过程和影响机制的分析中，而是会从广告学术的厘清入手，因为从史实角度来看，这个部分一直没有得到充分的整理，正其名，先明其身。

首先，为了推进研究，本研究将中国广告学术大致分为三个部分，分别为广告实务研究、广告历史研究、广告文化研究。其中广告实务研究范畴，包括广告实务应用研究和广告实务理论研究，广告实务应用研究是指广告流程实务、广告产业实务这两个部分，广告流程实务主要是与广告操作体系相关的基础知识、主题研究等，广告产业实务是针对广告产业层面的发展问题进行研究；广告实务理论包括广告流程理论和广告产业理论，广告流程理论指广告流程实务的理论化总结，如品牌理论，广告产业理论则是指广告产业实务研究的系统化、学理化的归纳，如媒介产业化理论等。广告历史研究主要是围绕广告发展历史所进行的各类相关研究。广告文化研究中，一类是对于广告文本、广告文化、广告要素进行特征研究，另一类是借用西方文化批评理论、符号学理论、消费批评理论等，对广告本身、广告的社会内涵及其引发的社会影响，进行批判式的解读和剖析。

回顾中国广告学术四十年的历程，其学术积累是一个快速增长的过程，与广告行业的发展形成了一种同步的默契。有研究表明，30年来五种新闻传播学代表性期刊中广告论文发表的数量情况体现了整体波动性上扬的走势。尤其到了20世纪90年代，广告论文的数量有了明显的提升，总体表现为迅速上升的趋势。进入21世纪之后，广告论文的数量达到了之前20年的最高值，随后其数量进入了稳定期，每年保持在30篇左右。①

在中国广告学术体系中，实务研究比重占据主导，广告历史日渐受到重视，比较而言，广告文化研究相对有限。这主要是由于业界需求较为强烈而且直接，也对应着高等教育的"经济建设"功能，在初始阶段，广告业界在广告流程实务的传播中占据着主导的位置，因为他们更早地接触到了广告实务理论和操作经验；随着跨国广告公司的进入，积极推广他们自有的实务流程理论，广告流程实务不再稀缺，广告学术界也转而深度研究广告类流程实务中的各个主题，如品牌、广告主、媒介等，占据了独特的优势。广告产业实务是随着广告产业迅猛发展，各种深层次问题不断暴露，由于问题复杂且难度不小，成为广告学界彰显影响力的重要研究范畴，加之这些问题源于国情的特殊性，国外相关研究的借鉴性非常小，也就成为中国广告学者的一个研究重点，他们对于中国广告行业的体制问题、结构性问题、指标性问题、系统关联关系等基础性问题，颇有建树。

广告历史研究则是被学界和业界共同重视的领域，因为是为行业树碑立传的重要凭借，对学界而言，也是能够在学科训导、西方研究体系获得合理性，近年来研究日益细分，主题也日渐增多，方法也逐渐多样化。而广告文化研究，八九十年代主要是由大众文化学者来进行，广告作为大众

---

① 姚曦、李名亮：《中国大陆广告学论文研究现状定量分析》，引自《新闻与传播评论》，武汉出版社，2004，第206页。

文化批判的对象之一，其目的是在通过广告来解释西方经济逻辑，反思社会形态；后来大众文化学界对此涉及减少，作为广告学术界的一个固定板块，但是一直规模有限，近年来数量也在增加，主题也开始细分，对于本土问题的研究增多。这个部分符合学科训导的要求，也与西方研究有着明显的接近，但是由于并非业界迫切需求，所获动力有限，且这个部分对研究基础要求较高。

广告学术一直面临一个发展障碍，那就是学术发表平台局限性很大。学术发表平台的数量和等级，决定着学术研究成果的发布状况，具体而言，一方面决定着研究成果的价值等级，另一方面，也是研究者的学术晋升的重要衡量标准，目前国内的广告学术期刊，数量少，级别低，迄今并没有一本广告学研究的专业学术期刊跻身 CSSCI 或是核心期刊的评价体系。这在很大程度上挫伤了广告学者的热情，限制了广告学术和广告学者的发展。

此外，中国广告学术一直蒙受"有术无学"的指摘，应该说，回到历史的脉络中，会发现这个评价过于武断，其主要是指其实务研究的部分太过主导，且与西方广告学术迥异，首先这是个事实，但是，面对四十年硕果累累的中国广告学术，终归让人无法不去质疑，目前的"学"与"术"的界定和划分，是否就应该成为一个亘古不变的标准？而学术研究所产生的社会价值和社会影响力，因何就不应该纳入评价体系？如果可以纳入，那么该怎么制定标准，并且推广？实际上，中国广告实务研究起步于广告产业重启，中国广告产业的特殊性决定了支撑其实务研究的特殊性；中国广告学术与广告产业紧密相连，是一个必然的发展结果。其他的应用类学科，如管理学、化学工程等的评价体系，也许更有借鉴意义。

一直以来，其实中国广告学术中的实务理论没有得到应有的重视，如1996 年的中国广告学者黄升民、丁俊杰提出的"媒介产业化"理论，是基于中国媒介产业的特殊性而提出的媒介发展理论，是中国广告学术独创的学术理论，此后该理论一直延续发展，直至形成了"数字媒介产业化"理论；张金海在对 20 世纪广告理论系统进行研究之后，提出了"功能与效果是 20 世纪广告传播理论的两大核心观点"这个广告理论最本质的问题；金定海总结了近三十年来中国广告创意实践的成果，以及对广告创意学进行学理建构的尝试；陈刚提出的发展广告学，也对广告学的长远发展提出了框架性的思考。应该说，这是中国广告学人的独立探索，基于扎实研究的不断提升，履行"服务经济建设"的历史使命，其价值不应仅仅由于"学""术"之争而被忽视。

当然，中国广告学者学理储备有限、研究方法训练不足等问题，并非不存在，但是，历史发展是一个只能向前的过程，基于中国现实而言，从来没有万事俱备的可能，只有在探索中不断完善和纠正的可能。

第一节　1979～1991：广告学术萌芽期

从 1979 年往前回溯，会发现在 20 世纪 50～70 年代的外贸系统和商业美术等领域，已经有一些中国广告人开始探索现代广告的实务研究，在《对外贸易》《装饰》等外贸系统和商业美术杂志上也出现了一些介绍橱窗布置、商标包装、调查研究甚至"市场学"的文字。[①] 只是，类似的研究非常零散，影响范围也非常有限。

在广告行业恢复之后，百废待兴的现状，对于当时的教育界和学术界提出了非常迫切的普及需求，然而中国广告教育界和学术界也刚刚起步，正在集结队伍和积累基础学术资源。刚刚恢复的广告行业，业界中的佼佼者对实务操作知识更为领先，积极推动知识普及，学界也从中受益不少；史学研究开始起步，有了非常难得的方法尝试；广告文化研究尚无踪迹，大众文化研究还没有在国内兴起。

一　广告实务研究

这个时期的广告实务研究，一则是为广告"正名"，二则是普及基础流程操作知识，介绍广告实务理论。这些任务是以业界先锋为主导的，中国广告学人大多刚从其他专业转型而来，尚在初步的积累中。

（一）为广告"正名"

由于这个时期的特殊性，广告的合理性和社会属性，是一个关注的焦

---

① 陈刚、祝帅：《在批判中建构与发展——中国当代广告学术发展四十年回顾与反思（1979－2018）》，《广告大观》（理论版）2018 年第 4 期。

点。由于"文化大革命"刚结束，对于广告的性质以及作用并没有正确的认知。

"正名"文章于20世纪70年代末开始出现，如丁允朋的《为广告正名》（1979）、陈良的《要重视广告在社会主义流通中的作用》（1980）、胡祖源的《社会主义制度下的广告的特点与作用》（1980）、田同生的《广告在社会主义经济活动中的作用》（1980）① 等。"作为上海两报一刊的通信员，丁允朋在1978年底的《文汇内参》上写了一篇文章，介绍出口广告恢复后的情况，同时提出了恢复国内广告的建议和设想，此举颇需胆识。但丁允朋做梦也没想到，该文成为上报中央的内参，一个月不到就得到了胡耀邦的意见'可以一试'。""在文汇报社梁廉禁、郭志坤的联系下，1979年1月14日《文汇报》第二版《为广告正名》见报了。有必要把广告当作促进内外贸易、改善经营管理的一门学问对待。"② "我们应该运用广告，给人们以知识和方便，沟通和密切群众与产销部门之间的关系。此篇千余字的专谈一出，为被'革了命'的广告清源正名，可谓一石激起千层浪，引起了国内外的广泛关注，反响强烈，虽谈不上举国轰动，但毕竟是我国广告业的一声春雷。"③ 这篇文章登载之后的半个月，各类广告纷纷在中国大陆登场，掀起了轰轰烈烈的历史进程。

确实，从严格的学术规范来看，这些文章难以符合，但是对于中国广告学术而言，这其实就是它特有的起点，即从广告最为基本的属性论证开始，为广告行业能够被广泛认可和接纳而服务。非如此，后续的学术研究发展也难以出现。"今天看来，这样的论述完全不能对'资本主义广告'作出排他性的论断，作者对于市场、营销、传播、品牌等概念的认识也相对肤浅，但这批广告文章，却仍然在当时的社会经济条件下为现代广告观念在中国大陆的发展作出了若干理论的铺垫。"④ 应该说，这就是广告学术与广告行业紧密关联的起点。

---

① 引自祝帅《中国广告学术史论》，北京大学出版社，2013。
② 吴琼、徐豪：《丁允朋广告思想及历史价值探微——以〈为广告证明〉》，《广告大观》（理论版）2011年第1期。
③ 吴琼、徐豪：《丁允朋广告思想及历史价值探微——以〈为广告证明〉》，《广告大观》（理论版）2011年第1期。
④ 祝帅：《中国广告学术史论》，北京大学出版社，2013，第87页。

（二）广告操作实务

1. 广告教材普及广告基础知识

这个时期一系列的广告教材的出现，发挥了非常重要的广告知识普及工作，不仅面向专业学生，对于广告从业人才，也是重要的学习内容的作用。这个时期，出版的著作，如潘大均、张庶平的《广告知识与技巧》（1981），唐忠朴、贾斌的《实用广告学》（1981），这些著作的重点都是基础的广告专业知识，为快速培养广告操作人员而服务，符合当时广告行业的迫切需求。

表 3 - 1　中国 1979～1991 年广告学研究成果①

著作名称	著者	出版年份
《广告知识与技巧》	潘大均、张庶平	1981
《实用广告学》	唐忠朴、贾斌	1981
《广告学》	傅汉章、邝铁军	1985
《广告学入门》	闫瑾瑜、陈宏愚	1986
《现代广告学》	杨荣刚	1987
《现代广告学》	赵育冀	1987
《中国广告学》	刘林青	1988
《广告学》	孙有为	1991

初期的广告教材的编撰难度也非常之大，唐忠朴、贾斌的《实用广告学》诞生并不容易。"1980 年，唐忠朴刚调到工商出版社，负责筹办《市场新闻报》。一次偶然的机会，被同事拉到了国家工商总局主办的全国部分大城市广告工作座谈会的会议现场。""广告恢复之初的广告从业人员缺乏实践经验，对当时全新的社会环境也很难把握。针对这一现状，参会代表提出编辑一本广告实务方面的书籍，满足广告从业人员的知识需求。于是身在出版社的唐忠朴便大胆接受了为我国广告从业人员编写第一本广告学书籍的任务，这也就有了后来的《实用广告学》的诞生。""《实用广告学》于 1981 年 9 月 1 日由工商出版社正式出版发行，当时定价仅为人民币 0.7 元。第一版印刷了 2 万册，很快就销售一空，接着又紧急加印

① 祝帅：《中国广告学术史论》，北京大学出版社，2013。

了 3 万册。一本专业性的图书，没有任何宣传，在 20 世纪 80 年代初的图书市场上如此热销，从侧面反映了中国广告业恢复之初，广告从业人员对广告事业的热情和对专业知识的渴求。""《实用广告学》对于帮助人们正确认识广告，确实起到了一定的启蒙作用，是'我国广告传播界报春的第一只燕子'。"①

陈培爱教授表示，"从 1984 年我们招生以后，每个老师都面临着上课的压力，但是上课基本上没有教材。我们当时请香港的一些老师来上课，每门课程我们会安排一个老师当助教，跟住他，认真地做笔记，之后再根据自己的理解进行整理。到 1992、1993 年我们正式出版第一套教材，整整用了前后十年左右时间。在这十年左右时间，我们每位教师对课程的理解增强了，对教材方面编写的能力也增强了。开始陆续推出中国高校第一套广告系列教材，叫'21 世纪广告丛书'，这里面大概有十本，几乎把我们厦大广告学专业当时能够开设的主要课程全部稳定下来"。②

2. 业界人士推广基础知识

这个时期，一些具有操作经验的业界人士，通过撰写文章推广广告学基础知识。其中，值得缅怀的是徐百益先生，他当时年事已高，笔耕不辍。1981 年，徐百益先生参与筹备《中国广告》的创刊工作，并且在接下来的多年中，陆续写就了《中国广告发展概况》《广告文稿纵横谈》《广告的真实性》《浅谈广告的目的性》《谈谈广告的策划和广告创作》等。他还用英文写就了《中国广告简史》，引起了当时国外广告理论研究家的重视。1988 年，他的《广告学入门》出版（上海文化出版社，1988）。"1989 年出版的《销往中国》（*Marketing to China*）是他出版的一部纯英文著作，这也是世界上第一部由中国内地人士撰写的英文营销学专著，与英文学术论文《中国广告的作用》（*The Role of Advertising in China*）、《如何到中国进行市场营销》（*How to Do Marketing in China*）一起成为很多国外同行了解当时的中国广告现状以及历史的一扇大门。③

---

① 《广告学的报春飞燕——〈实用广告学〉的诞生》，http://info.news.hc360.com/html/001/002/009/018/72618.htm，最后访问时间：2019 年 6 月 25 日。

② 对陈培爱教授的采访。

③ 智颖：《徐百益：中国广告业的先驱——徐百益之子徐本健回忆父亲》，《中国广告》2019 年第 1 期。

当时在北京广告公司就职的程春先生在《国际贸易》第 11 期上撰写了《漫谈现代广告》，探讨了现代广告的界定和内涵。① 1986 年时任《中国妇女报》摄影记者的刘立宾先生出版了《摄影广告的艺术构思与表现》（辽宁美术出版社）。② 这本书是国内最早的摄影广告方面的专著，并且对广告创意和广告表现都有了初步的探索和总结。丁允朋先生在 1987 年出版了《现代广告设计》一书。

《中国广告》杂志在开创期起到了其基性的学术传播作用，曾经发表了唐仁承撰写的研究上海及中国的品牌建设和广告实战案例剖析十余篇。1984 年，唐仁承与邵隆图合作率先开辟"消费心理漫话"专栏，关注广告心理学，在《中国广告》杂志上连载达 10 年之久，合计 40 多篇。沪上的著名学者如章汝奭、晁钢令等都写下了难忘的篇章。③

（三）引入营销理论和策划理论

这个时期的广告行业注意力集中在广告制作上，都在思考如何能够绘制出像国外广告作品那么有创意、有效果的广告作品，但是，从业者发现创意是"营销策略"的一个组成部分，并非艺术创作。这样的观念改变来自营销理论的引入。

改革开放之后，营销类的课程很快在中国出现，1979 年春节过后，暨南大学的何永祺率先在中山大学商业经济专业的高年级学生中开设市场营销学课程，1979 年秋天，暨南大学正式开设市场营销课。④ 与此同时，北京、上海的一些外贸类高校，也开始开设市场学课程，但是这些课程或者面向当时的企业管理者，或者面向当时的经济类、外贸类的大学，并没有面向广告行业进行传播。

广告界的营销传播理论的正式引入是在 1980 年。当时，北京广告公司组织了日本电通广告专家进行的为期五天的讲座。这次讲座中的"MAR-KETING"概念精准阐释了"以销售为目的的、统一的、有计划的市场活

---

① 参见祝帅《中国广告学术史论》，北京大学出版社，2013。
② 姜弘：《广告人生》，中信出版社，2012，第 90 页。
③ 何佳讯、王智颖：《中国广告学研究 20 年——主题分布与阶段演进》，《中国广告》2001 年第 4 期，第 36～39 页。
④ 《1978 年，暨南大学破题》，http://info.news.hc360.com/html/001/002/009/018/72600.htm，最后访问时间：2019 年 5 月 17 日。

动"，更是一次非常有价值的传播，改变了中国广告人的广告观念和广告操作。姜弘先生后来回忆，"我们这些外贸广告领域所谓老广告人，此前所从事的，其实都是表面的、单摆浮搁的一种'广告表现'"，①　在讲座之后，观念彻底被改变，开始意识到广告是需要市场调查作为重要的基础，才能够找准市场机会和宣传机会。

　　这个时期，策划理念也开始引入。其实早在民国期间，广告策划的概念在广告行业也有传播。②　1986 年，中国广告协会委托唐仁承撰写我国第一部广告策划专著——《广告策划》，1987 年 3 月完稿，作为中国广告函授学院的教材在全国发行，对中国广告业发展起到很好的启蒙教育作用，③　1989 年由轻工业出版社正式出版。同年，北京的杨荣刚也出版了《现代广告策划》（机械工业出版社），该书是"现代广告丛书之二"。现代广告丛书共有五本，其余为现代广告丛书之一《现代广告学》（杨荣刚）、现代广告丛书之三《现代广告设计》（李巍）、现代广告丛书之四《现代广告写作》（姚振生）、现代广告丛书之五《现代广告信息》（裴民慧）。这应该是最早的第一套成体系的广告流程实务的系列丛书。

　　这个时期，社会上的"点子"大师盛行，一些较为浮夸的操作出现，④基于营销体系的广告策划，起到了正本清源的功能。余明阳《论公共关系策划》［《深圳大学学报》（人文社会科学版）1990 年第 12 期］是具有代表性的学术研究成果。

（四）海外译著引入操作实务和实务理论

　　20 世纪 80 年代，海外书籍的引入，满足了当时"文化热""知识热"中人们的强烈需求。广告专业书籍也在业界知识匮乏的背景下开始引入，但是数量有限。

　　这个时期的广告译著，主要都是涉及广告流程实务和广告实务理论，由于国外研究成果规范、成熟且体系完整，对于初期中国广告从业人员、

①　姜弘：《广告人生》，中信出版社，2012，第 90 页。
②　王晓乐：《广告策划源流考——基于 20 世纪前叶中美广告学文献的研究》，《新闻与传播评论》2014 年第 11 期。
③　秦先普：《唐仁承：建构中国人自己的广告理论自信》，《中国广告》2019 年第 2 期。
④　胡百精：《合法性、市场化与 20 世纪 90 年代中国公共关系史纲——中国现代公共关系三十年》（中），《当代传播》2013 年第 5 期。

教学人员起到了非常重要的启蒙作用。这个时期，还有一些来自台湾的译著也流入国内，毕竟广告专业翻译人才有限，台湾译著也就成为有效的替代品。这一时期创刊的《中国广告》和《国际广告》，自然而然地成为介绍国外广告流程实务和实务理论的主要"阵地"，但它们大都是选择其中的某个章节来介绍或是针对某本经典著作的一些评论（见表3－2）。①

表3－2　20世纪80年代广告学术的部分译著②

著者/译者	译著名称	出版社
〔日〕川胜久/汪志龙	《广告心理学：市场决战的奥秘》	福建科学技术出版社（19，2013 85）
〔日〕八卷俊雄、梶山皓/采湘、毓朗	《广告学》	广东人民出版社（1986）
〔法〕若阿尼斯/伍志强、邬延光	《动机研究与广告创作》	轻工业出版社（1987）
〔美〕大卫·奥格威/林桦	《一个广告人的自白》	中国友谊出版社（1991）

二　广告史学研究

这个时期，史学研究成果很少，但是已经出现了规范的史学研究和一些资料汇编。

（一）学术界出现规范的史学研究

1991年，黄升民发表了《中国广告的消失和复兴》一文。对中国广告恢复时期的广告市场特点、恢复过程，做了深刻剖析，是非常严谨的广告史"节点"研究。该文基于扎实的学术基础和成熟的研究方法，对于中国广告恢复前后的史实情况进行了非常深入的整理，通过严密的论述指出，中国广告是随着经济形态的变化而兴灭，而不是相关政令的禁止。这个观点与当时流行的观点并不相同，展示了严谨的学术研究的力量，其规范的

① 李丹：《西方广告学译著的引进及启示——基于1985－2015年〈全国总书目〉和中国国家图书馆"广告学"类目的统计》，山西大学硕士学位论文，2016。

② 李丹：《西方广告学译著的引进及启示——基于1985－2015年〈全国总书目〉和中国国家图书馆"广告学"类目的统计》，山西大学硕士学位论文，2016。

研究对于当时的学术研究发挥了示范作用。

但是，类似的史学研究基本没有，这表明当时的学术研究水平整体确实不高。

（二）广告作品集编撰

这个时期开始出现了一些广告作品集，成为后续历史研究的重要文献材料，也是中国广告史料文献汇编的起点。

中广协出版的《中国广告年鉴 1988》（新华出版社，1988）、《1987 年全国广播广告优秀节目评选概况》（北京广播电视出版社，1988），这是最早的行业年鉴。张农主编的《全国广播广告获奖作品评选：1986－1990》是由中国广告协会广播委员会评选的一、二等奖的优秀广告作品的汇编。

三　探索实证研究方法

当时，学术研究的实证研究方法受到重视。其实，进入 20 世纪 80 年代后，我国的各学科领域都进入了一个繁荣复兴的新时期，学术交流的开放与西方理论思潮的大量引入，对新闻传播学界也产生了深刻影响，实证研究作为社会科学的一种研究方法，逐渐为我国新闻传播学研究所重视。"自 1981 年 11 月中国和澳大利亚新闻学术讨论会举办和 1982 年西方传播学学术讨论会后，'传播学'一词正式为我国学界所接受。1982 年，在中国人民大学、复旦大学、北京广播学院、新华社的支持下，社科院新闻研究所组织了一次西方传播学的学术讨论会。对传播学与新闻学的关系，传播学研究对象、内容、基本理论和基本方法等问题，作了初步的分析和探讨。"[1]"而经历了整个中国大陆学术界的 1986 年的'方法论年'，1987 年，传播统计学者祝建华和刘玉东，已开始明确撰文呼吁在新闻传播学研究中引入实证、定量的研究方法，提出'科学方法论的要义是：关键不在于结论是什么，而在于得出结论的过程是否符合科学原理'，体现出社会科学研究向自然科学研究靠拢的趋势，最终在 1988 年，《新闻学论集》推出了'系统科学与新闻学专辑'，体现了'方法论大讨论'中间新闻学者的不甘示弱。"[2]

---

① 丁俊杰：《现代受众调查在我国的兴起》，《北京广播学院学报》1988 年第 1 期。
② 祝帅：《近二十年中国广告研究方法讨论的再思考——兼论广告研究的定量与定性之争》，《广告大观》（理论版）2011 年第 3 期。

实际上，与广告相关的调查在 1981 年已经起步。对受众广告态度的调查较早进行的是在 1981 年，北京商学院对北京 218 户居民进行了第一次"电视广告宣传的调查"。调查结果表明，消费者对广告的信任程度相当低，接触程度也不尽如人意。[①] 1982 年由北京新闻学会发起，中国社会科学院新闻研究所和《人民日报》《工人日报》《中国青年报》参加的北京新闻学会调查组，对北京市居民读报、听广播、看电视的情况进行了一次抽样调查。调查对象是北京市 13 岁以上的居民（不包括城市无职业的家务劳动者）。[②] 1986 年 5 月 12 日至 7 月 15 日，还是北京广播学院新闻系本科学生的丁俊杰与几位同学共同为北京市委宣传部进行了一次"北京电视台观众收视情况调查"，调查对象涉及北京市 19 个区县，样本量为 1509 人，调查结果由他执笔写成报告。1988 年，丁俊杰最早独立发表的论文《现代受众调查在我国的兴起》，载于《北京广播学院学报》（现名《现代传播》）1988 年第 1 期的"毕业论文选刊"专栏。这是一篇全面梳理现代受众调查在我国兴起的历史，并分析其发展特点及趋势的文章，在当时新闻理论界、广告学界具有原创性和前瞻性意义。[③]

这个时期，对于消费者、广告内容、广告效果的调查都有了很重要的尝试。1985 年，中国社会科学院心理研究所助理研究员马谋超发表了《消费心理与决策》，对于广告消费心理学中的广告、消费者和商品，通过心理学分析了广告的作用机制，并且用量化的方式展示了各种广告要素对于消费者的作用情况，并且通过复杂的运算，对于企业结合消费者信息进行决策的过程进行了总结。1989 年，复旦大学新闻学院俞振伟的《报纸广告：趋势、模式与特征——1985-1988 年上海报纸广告内容分析》一文（《上海大学学报》1989 年第 6 期），选取了上海三家报纸，采用内容分析的方法，对报纸广告的现状、趋势和特征进行分析。1990 年黄合水、彭聃龄发表的《电视广告效果的测量及影响因素》（《中国广播电视学刊》1990 年第 8 期）一文运用两种广告效果的测量方法，即印象评价法和再认回忆

---

① 黄升民：《中国广告活动实证分析》，北京广播学院出版社，1992，第 50 页。
② 黄升民、杨雪睿：《改革开放 30 年中国受众广告接触状况研究》，http：//www.china. com.cn/news/txt/2009-08/05/content_18281751.htm，最后访问时间：2019 年 7 月 10 日。
③ 张亚萍：《拓展与坚守——丁俊杰广告教育与学术思想研究》，《广告大观》（理论版）2008 年第 1 期，第 60 页。

法，测定 56 条广告的效果，并对两种测量方法之间的关系以及影响广告效果的一些因素，进行统计分析和讨论。

这个时期，来自国外的调查研究项目对于国内的研究方法的发展同样起到了重要的推动作用。1988 年 6 ~ 8 月，受日本 NHK 委托的以山本武利教授为课题负责人的中日共同研究小组（日本方面参加调查的有一桥大学教授山本武利、埼玉大学教授西真平、关西学院大学教授津玉泽聪广和当时在日本一桥大学留学的黄升民，中国方面参加的有中国人民大学教授沙莲香、中国人民大学讲师王建刚、中国人民大学讲师刘志明、北京广播学院副教授朱光烈、复旦大学教授林帆、复旦大学讲师左贞、复旦大学讲师胡盛华、暨南大学教授陈朗、暨南大学副教授陈宝琼），分别在北京、上海、广州三个城市进行了城市居民消费意识、广告意识调查。[①] 1989 年 11 ~ 12 月，日本一桥大学山本研究室与北京广播学院广告教研室（丁俊杰主持执行）组成共同研究组，执行了日本电通委托的调查项目，向北京市 100 家企业进行了题为"中国企业的市场活动和企业管理者的广告意识"问卷调查。调查对象为在国家工商管理局登记的企业的管理人员，回收调查问卷的企业共计 92 家。从企业的市场活动、企业的广告活动实态、企业管理者的广告意识三个侧面考察改革期间的企业广告活动。[②] 这是我国第一次针对广告主进行的调查。

1992 年，黄升民出版专著《中国广告活动实证分析》，介绍了日本的市场与媒介调查的方法与理论。其中收录的三篇长篇论文，以描述性统计、问卷调查、相关分析、因子分析等定量的实证研究方法，分别对中国广告市场动态、中国企业广告活动、中国广告受众等领域进行了调研和数据分析。[③]《中国广告活动实证分析》一书具有非常鲜明的示范效果。这是中国广告学领域第一本自觉运用实证研究方法的研究专著，特别是在电子计算机还没有充分普及的 90 年代初期，这本专著及其研究方法在当时还没有完全走出"广告是科学还是艺术"辩论的广告学界给人耳目一新的感觉，在学术史上也具有重要的"范式"（Paradigm）的

[①] 黄升民：《中国广告活动实证分析》，北京广播学院出版社，1992。
[②] 黄升民：《中国广告活动实证分析》，北京广播学院出版社，1992。
[③] 祝帅：《近二十年中国广告研究方法讨论的再思考——兼论广告研究的定量与定性之争》，《广告大观》（理论版）2011 年第 3 期。

意义。无论如何，这本书是在中国广告学界明确引入了"实证研究"的概念，尽管这样的研究只是一个开端，却广泛开启了整个中国广告学界的实证研究。①

四 学术研讨和学术交流

这一时期，1982 年成立的中国广告学会，以及后来替代它的 1983 年成立的中国广告协会及 1987 年成立的中国广告协会学术委员会，积极推动着中国广告学术的发展，率先带领学术界对于各类行业问题、理论问题进行研讨。

在 1986 年的中广协的全国广告学术会议上，姜弘以《面对新形势的中国专业广告公司》为题，把北京广告公司实施"以创意为中心，为客户提供全面服务"的经营理念和转变经营方式所取得的成就，做了介绍，引起了与会者的热烈反响。② 在之前的 1984 年，深受日本电通专家讲授的营销理念影响并刚刚被任命为北京广告公司总经理的姜弘，就在全公司第一次职工代表大会上，第一次提出了"以创意为中心，为客户提供全面服务"的经营和服务理念。1986 年的发言，是对于北京广告公司经营理念的集中展示。姜弘的报告引发了中国广告联合总公司等其他内贸系统广告公司的积极响应和效仿，在很大程度上颠覆了改革开放之初中国大量内贸广告公司对自身只能"画广告牌"和"做霓虹灯"的业务定位。时隔多年之后，时任中国广告协会学术委员会副主任兼秘书长的广告人唐忠朴回忆说，这个讲话拉开了中国广告业创意革命的序幕，姜弘的理念在 20 世纪 80 年代的中国广告界掀起了一场"创意风暴"。③ 确实，这次讲话除了推动了广告流程实务的规范发展，也推广了营销理论。

1991 年，中国广告协会学术委员会第二届会员大会以"中国广告发展十年"为题进行了深入的学术研讨。这是第一次以广告史为主题的研讨会，基于中国广告学术的自觉性，在一定程度推动了广告史研究的发展。

---

① 祝帅：《近二十年中国广告研究方法讨论的再思考——兼论广告研究的定量与定性之争》，《广告大观》（理论版）2011 年第 3 期。
② 姜弘：《广告人生》，中信出版社，2012，第 151 页。
③ 陈刚、祝帅：《在批判中建构与发展——中国当代广告学术发展四十年回顾与反思（1979－2018）》，《广告大观》（理论版）2018 年第 4 期，第 4～17 页。

五 小结

中国广告学术的起步点，应该就是为中国广告行业提供最初的"正名"和流程实务的启蒙，这个任务貌似与传统的学术范畴并不相关，但是，为广告的合法身份进行论证，在当时分外迫切，如果没有意识形态层面的论辩，就没有广告行业的顺利开展。应该说，从这里也就开启了中国广告学术深度参与中国广告行业发展的传统，在某种意义上，两者共生共荣。

在中国广告行业恢复之初，另一个迫切需求，就是对于广告基础知识的渴求，由于中国广告学专业高等教育在 1983 年才起步，在此之前，都是由业界人士、广告行业关注者积极进行教材编写、书籍编撰、海外书籍翻译引进、广告流程实务普及等；1983 年之后，随着广告教育者的加入，开始承担越来越重要的作用，逐渐规范流程实务知识的体系。总体来看，这个时期，由于业界的步伐较快，一直在相关理念和知识的传播中，扮演更为积极的角色。

这个时期，学术界的主要价值，主要体现在对于广告策划理论的引入，对于研究方法的思考，以及广告历史研究的启动，这是能够充分体现其自觉性的表现，毕竟在业界还是更为关注流程实务。引入和阐释实务理论，通过研究方法强调研究的规范性，以及深化历史研究，这是后续中国广告学术的重要立足点。

第二节 1992～2001：广告学术研究初具形态

1992 年到 2001 年，是中国广告学术的快速增长期。这个时期，相关的学术论文的发表不仅增长快速，而且具有了相当的专业度和社会影响力，这表明中国的广告学术研究水平已经得到逐渐提升。当然作为与行业发展关联紧密的学术研究，它依然保持着对于业界的持续关注，既有对于流程实务系统化的持续推动，也有对于行业热点问题的积极发声，更为值得关注的是，中国广告学界在广告实务研究的基础上，创造了具有历史意义的首次理论创建，它为中国广告学术未来的发展指明了方向。那就是不唯"西"，不唯"学"，而是在中国问题的探究中，进行独立的思考和理论构建。

这是源于广告行业的快速增长，使得广告学术研究有了更大的发展空间，1993 年之后的广告市场的大发展，同样引发了广告研究的百花齐放；同时也表明，中国广告学术与行业共荣共生的模式在延续，此外来自学科体系的训导继续发挥作用。毕竟从 1997 年开始，作为新闻传播学下的三级学科，广告学开始按照这个学科方向去架构自己的学术体系。当然，传播学的理论仅能作为广告学术研究的部分理论，营销学、心理学和社会学等相关理论的相关度也很高，加之对于行业问题的关注，这也使得中国广告学术虽然受训于传播学，但是又与传播学的学术体系有着非常明显的差异，应用特征非常鲜明，且由于中国广告行业的特殊性以及发展阶段的特殊性，使得能够与之对应的理论体系在国内外几乎没有，只能依托自己的实务研究进行归纳和总结。这在很大程度上限制了广告学术成果在新闻传播学术体系内的被认可程度。

于此，看得出从这个时期开始，中国广告学术界的自主性日益明显，结束了上个阶段中业界分走一分天下的状况，中国广告学术界与业界的关系日渐平等、融洽。

一　广告实务研究

这个阶段，中国广告学术界，除了引入国外经典实务理论，推广广告流程理论之外，继续通过教材梳理基础知识之外，也积极回应这个时期行业发展遇到的热点问题，显现出了明显的话语权和专业研究优势。

由于广告行业发展非常迅速，以及合资广告公司的日益增多，广告业界对于广告流程的理论性和系统性的追求，一方面是因为可以用来梳理业务流程，另一方面也是用以打造专业性和权威性，这也是受到了跨国广告公司的影响，他们在这方面的做法非常成熟。

（一）广告实务应用研究

1. **广告流程实务研究**
（1）教材体系中梳理实务通识体系
这个时期的广告教材依然是高校的一个建设重点，一方面是因为高校中的广告学教育工作者继续夯实教学体系，"教科书作为学科发展成熟程度的重要指标，是学科知识传承和学科认同形塑的主要媒介"；①另一方面是因为随着开办广告学专业的高校越来越多，对于它们而言，是否有独立出版的教材，是一个重要的衡量标准。这个时期的教材出版有三个特点，一是系列化，如厦门大学出版了21世纪广告系列丛书，共包含10本书，有《如何成为杰出的广告文案撰稿人》《广告策划与策划书撰写》《广告攻心术》《策划过程中的市场调查》等；武汉大学出版社出版了《珞珈广告学丛书》系列教材（两辑共10种，武汉大学出版社，1996~2002）。二是主题的重复率很高，《广告概论》《广告策划》等主题的教材数量非常多，重复率非常高。三是一些细分的选题出现，如丁俊杰的《现代广告活动理论与操作》（中国三峡出版社，1996），马谋超的《广告心理学基础》（北京师范大学出版社，1992），赵静的《广告英语》（外语教学与研究出版社，1992），高晓虹、宋平的《电视广告策划》（北京广播学院出版社，1992），樊志育的《广告学原理》（上海人民出版社，1994），张金海的《广告经营学》（武汉大学出版社，1996），张微的《广告美学》（武汉大学出版社，1996）等。这表明随着高等教育的发展，课程体系开始日渐丰富，也表明学院派的广告学者开始了研究细分的探索。

教材间的雷同，主要是各高校盲目重复建设的结果。仅首都图书馆馆藏的"广告学概论"层面的著述就多达175部。如果将这些同类教材加以比较，大都是依据广告运动的基本程序来建立编写框架的，集中建构的主要是广告自系统的知识体系，名之曰"广告概论"课，却非严格意义上的"广告学概论"。也就是说，即便如许多的概论层面的著述，都尚未完成本学科的概念框架、知识体系、理论体系与方法体系的完整建构，包括几种列入国家"十五""十一五""十二五"规划教材的"广告学概论"层面的著述。②

（2）跨国广告公司的流程实务系统

这个时期以跨国广告公司为代表的实务界，对于广告流程实务系统积极阐释观点，如随着国内业务的拓展，奥美、电通等将本公司的研究性成

① 方文：《社会心理学的演化：一种学科制度视角》，《中国社会科学》2001年第6期，第126~136页。

② 曾琼：《中国广告学知识生产的学科制度检视》，《新闻大学》2019年第1期。

果、系统性总结，不断地介绍进来。这对于中国广告行业的整体作业水平的提高，作用非常明显。这也是境外广告公司树立专业形象，传播影响力的重要手法。一批跨国广告公司高层经理纷纷在中国广告刊物中扮演"发言人"的角色，争先恐后以"品牌主义"为首要工具谋取中国市场。①2000年，宋秩铭的《奥美的观点·Ⅰ》，宋秩铭、庄淑芬的《奥美的观点·Ⅱ》是由企业管理出版社出版。《观点》是奥美整合传播集团通行全球的内部期刊，多年积累下来，形成《奥美的观点·Ⅰ》，选收1991～1996年《观点》中文版的48篇文章，内容涵盖广告专业、奥美文化、创意、直效行销、品牌、媒体、消费者研究、公关、CIS以及互动行销，由于奥美当时是全球领先的广告公司，这两本书在业界引起了非常强烈的反响。电通则依托扎实的研究体系，积累了更为严谨的广告流程实务理论体系，社会影响力也非常持久。

不少公司为了传播便利，草率创造概念，误导业内知识风尚；不少提法并没有扎实的研究支撑，缺少严谨的学理性。

2. 广告行业实务研究：热点引发热议

由于20世纪90年代中国广告行业的迅猛发展，所遭遇的问题也层出不穷，这时广告学术研究及时跟进，发表观点，引发业界、管理部门和社会的广泛关注，为业界的健康发展做出了重要贡献。

当历史性地完成了"为广告正名"的重任之后，中国广告学人迅速把视角对准中国广告业面临的深层问题。这个时期，广告行业的一些深层结构性问题，如行业体制、行业发展动力等，超越了一般业界人士的研究能力，这也就需要中国广告学术界来做回应。这个时期，广告学者对于行业热点话题积极发声，其研究优势开始得到各方面的认可。

2000年5月16日国家税务总局出台了《企业所得税税前扣除办法》，规定从2001年开始，企业年广告支出超过销售收入2%的部分将不能在税前扣除。这一政策出台，在行业内引发了巨大争议。为此，黄升民专门发文《对于2%，我坚决反对》（《现代广告》2001年第1期），之后陈培爱也发文《2%的限制值得商榷》（《现代广告》2001年第5期），两位学者

---

① 何佳讯、王智颖：《中国广告学研究20年——主题分布与阶段演进》，《中国广告》2001年第4期，第36～39页。

对于这样教条的行政干预给予了旗帜鲜明的批判，对于广告市场秩序的维护，充分地显示出了学界的力量。1993 年国家工商总局颁布了《关于进行广告代理制试点工作的若干规定（试行）》，我国开始试行广告代理制，并且逐渐推广全国，由于行业内的代理制问题非常复杂，黄升民 1993 年就发文《打破媒介垄断是实行代理制的关键》（《中国广告》1993 年第 1 期），刘云峰发表《十年磨一剑，至今难出鞘——步履维艰的广告代理制》（《现代传播》1995 年第 3 期），薛维军发表《广告公司：你愿意为谁代理——关于"代理"问题的经济学思考》（《中国广告》1996 年第 2 期），从广告公司的利益而不是单纯的市场需求角度论述了广告公司对广告主的选择问题。

（二）广告实务理论研究

1. 广告流程实务理论的持续引入

广告流程实务理论的引入和推广，日渐成为中国广告学术界的优势和任务之一，结束了中国广告实务界一度主导的局面，也与不够严谨的跨国广告公司的广告实务理论，有着明显的区别。这是中国广告学术独立性和自主性的呈现。

20 世纪 90 年代，国内广告界掀起了 CI 的热潮，这是受到 1988 年引入 CI 战略的广东太阳神集团的轰动效应的影响，进入 90 年代，由于企业之间重复建设严重，都试图找寻一种有效途径进行差异化，1992 年日本的 CIS 之父中西原男到中国传播 CIS 理论，掀起了国内企业的 CIS 热潮。[1] 当时的研究文章主要是介绍 CI 理论，以及应用方式等。这个时期，具有代表性的研究论文有，张武的《CI 大潮与导入中国》（《国际广告》1994 年第 1 期）、靳俊喜的《企业发展层次与 CI 导入》（《中国广告》1995 年第 2 期）、马谋超等的《将 CIS 真正建立在解学基础上》（《中国广告》1997 年第 1 期）、乔远生的《从狂热到冷却，是一种成熟》（《现代广告》1997 年第 5 期）等文章。[2] 但是随着一些神话企业在 20 世纪 90 年代后期开始陨落，CI 热潮开始消退。

---

[1] 胡百精：《合法性、市场化与 20 世纪 90 年代中国公共关系史纲——中国现代公共关系三十年》（中），《当代传播》2013 年第 5 期。

[2] 祝帅：《中国广告学术史论》，北京大学出版社，2013，第 96 页。

20 世纪 90 年代中期，舒尔茨的整合营销传播 IMC 开始受到关注。代表性的研究论文有，从 1996 年 9 月开始，卢泰宏、朱翊敏、李世丁、何佳讯在《国际广告》上发表的 IMC 的系列文章 7 篇，这些文章最早把 IMC 理论引入国内，包括卢泰宏、朱翊敏的《什么是 IMC》（《国际广告》1996 年第 9 期）），卢泰宏、朱翊敏、李世丁的《视窗 95：20 世纪营销传播奇观》（《国际广告》1996 年第 10 期），卢泰宏、李世丁的《就是 15 分美丽》（《国际广告》1996 年第 10 期），卢泰宏、李世丁的《跨国公司走向整合营销传播》（《国际广告》1997 年第 7 期），卢泰宏、何佳讯的《IMC 的时空结构》（《国际广告》1996 年第 10 期）；[1] 还有林升栋的《整合营销传播对国内广告业的挑战》（《中国广告》2001 年第 1 期）；等等。

这个阶段，品牌也是实务操作系统理论的热点，这是中国企业逐渐升级的一个必然需求。总体上看，主线是从品牌资产的个别要素转移到品牌资产的整体要素，从制造业品牌转移到服务业品牌，从品牌资产的表层操作转移到品牌资产评估及内部机理的研究。从 1995 年开始，北京名牌资产评估有限公司每年发布"中国最有价值品牌年度排名"几乎成为国内品牌实力排名的一种声音。[2] 代表性的学术论文有卢泰宏等的《我国自创品牌的进展与展望》[《中山大学学报》（社会科学版）1995 年第 5 期] 和《品牌延伸的评估模型》[《中山大学学报》（社会科学版）1995 年第 11 期]；潘向光的《名牌战略中的传播问题》[《杭州大学学报》（哲学社会科学版）1997 年第 12 期]；郑敏等的《我国产品品牌竞争力研究及其对策》[《上海大学学报》（社会科学版）1997 年第 8 期]；丁俊杰等的《品牌忠诚营销——第四次营销浪潮》（《广告大观》1997 年第 8 期）；贾丽军的《创造"品牌资产"——本土广告公司的生存之道》（《广告大观》1998 年第 2 期）；罗子明的《消费者品牌忠诚度的构成及其测量》（《北京商学院学报》1999 年第 3 期）等。

这个时期来自广告界所进行的广告流程实务和广告流程实务理论的思考，数量非常有限，具有代表性的是，关于整合营销传播（IMC），由中国广告学研究奠基人之称的徐百益老先生在当时的《新闻报》上进行了介绍，

---

[1] 初广志：《整合营销传播的本土化研究》，《现代传播》2010 年第 12 期。

[2] 杨婷：《1981－2005，中国广告关键词解析》，上海师范大学硕士学位论文，2006。

还有李光斗的《整合营销传播在商战中的应用》(《中国广告》1997 年第 10 期)。1996 年，叶茂中的《广告人手记》(企业管理出版社) 出版，他作为知名的广告策划专家，他的著作也是依托自己的实践经验而推出。

2. 广告实务理论创新：媒介产业化理论诞生

在丰富的实务研究的基础上，中国学术界的思考开始提升到本质层面，这个时期，媒介产业化理论是一个重要的尝试，也为之后的广告学术研究树立了一个非常重要的典范。对于中国广告学界而言，依托中国广告市场，其实拥有了一个具有非常丰富的内涵和研究主题的研究对象，虽然难以用西方的研究范式来进行规范和界定，其实也是获得了一个建构自己的学术规范和学术路径的难得机会。

中国传媒大学广告系 1995 年之前就对《北京日报》《法制日报》《科技日报》等报业经营发展战略做过研究。但是在 1995 年，黄升民带队在广州电台进行发展战略的研究过程中，发现广州电台外部环境开放，内部管理严谨，商业化操作成熟，用以往的广告营销观念不能解释广州电台遇到的困境，就提出了跨地区、跨媒体、跨行业的经营战略。1997 年丁俊杰、黄升民出版的《媒介经营与产业化研究》(北京广播学院出版社) 是系统论述媒介产业化理论的第一部著作，提出了在当时非常有争议的媒介产业化的理论。书中使用定性与定量相结合的方法，在对国内具有代表性的广播、电视、报刊进行个案分析的基础上，用实证方法建构理论体系，有别于以往重定性缺实证的研究。① 1998 年，丁俊杰、黄升民出版的《国际化背景下的中国媒介产业化透视》(企业管理出版社)，重点考察国际化背景下的专业媒介购买公司的崛起和媒介企业集团的发展历程，拓宽了媒介产业化研究的视野。之后，随着媒介规模化的发展，中国传媒大学的研究领域开始向广电集团化方向发展。

这是中国广告学人基于多年的广告研究和媒介研究的基础上，对于媒介产业形态的一次深刻思考。该理论首先非常明确地选定了媒介行业，这是一个对于中国广告行业影响至关重要的角色，随着国内广告产业中的"广告主—广告公司—媒介"这个铁三角关系的日渐稳定，媒介凭借其垄

---

① 张允烛：《实践与理论并举——当代中国广告学学科建制思考》，山西大学硕士学位论文，2008。

断特征成为左右中国广告产业形态的重要力量，从媒介角度切入，是一个非常有价值的学术研究视角；其次，这次理论探索表明，对于其中国特色鲜明的问题，来自海外的任何理论都无法透彻阐释，只能依靠中国广告学术界，做出掷地有声的回答。

该理论的诞生，也再次表明了广告学术与广告行业的关系。"一方面，广告学作为一门应用性极强的学科，他们必须与业界进行实务性的对话，甚至必须获得业界的知识生产认同，才能获得某种'广告'身份认同和一定的知识生产话语权。另一方面，广告毕竟是一门学科，他们必须与学界展开对话，至少是与其归属于其下的新闻传播学的学术领域展开学理性对话，科学知识生产的对话，从而获至其所期待的学科身份认同，科学知识生产身份认同。"① 但是，广告学术研究不应该作为行业的附属品或者行业的行动指导者，而是一个外在的知识装置，通过特有的知识功能与行业进行对话和互动。

（三）译著兼顾实务操作和实务理论

这个时期的译著，开始由国内译者主导。一类译著是比较系统化、经典的广告流程实务方面的内容，主要是广告创意与设计、广告营销、文案、品牌、广告经营与管理方面，能够满足当时渴望提高广告流程实务作业的广告业界的需求。另一类译著，就是经典广告教材，对于国内广告教材提供了很重要参考，在一定程度上促进了之前的雷同问题的改善。

1999 年，内蒙古人民出版社出版了一套由刘立宾主编的广告实务方面的书籍，被称为"国际广告商务译丛"，共包括三辑：1998 年的书籍包括肯罗曼著、庄淑芬等翻译的《贩卖创意》，奥美公司编著、庄淑芬等译的《奥美的观点》，约翰·菲利普·琼斯著、杨忠川译介的《广告何时有效》。1999 年的书籍包括罗瑟·瑞夫斯著、张冰梅翻译的《实效的广告》，夏慧言等译介、威雅著的《颠覆广告》，沈云聪，汤宗就翻译的大卫·爱格的《品牌经营法则》，麦可·梅尔德伦与马尔科姆·麦当诺合著、楼永坚翻译的《营销诡计》，查尔斯·戴克著、李圣贤译介的《宝洁的观点》。2000 年的书籍包括卡普斯著、郭贞等翻译的《增加 19 倍销售的广告创意法》，

---

① 曾琼：《中国广告学知识生产的学科制度检视》，《新闻大学》2019 年第 1 期。

所罗门·杜卡著、郭贞译的《广告目标与效果测定》，梁开明翻译的威廉·威尔巴克的《如何选择广告代理商》。① 2000 年到 2003 年由河北美术出版社出版的《国际广告设计大师丛书》系列共有 19 本，是当时具有标志性的创意类翻译著作，在当时的广告创意人员中受到热烈的追捧。1999年引入的《肥皂剧、性和香烟》（光明日报出版社，1999），借助美国历史展现广告与社会的互相塑造，对于广告文化研究产生了一定的影响。

这个时期经典的广告教材开始引入，影响较大。如 1999 年，巴茨等著，赵平、洪靖、潘越译的《广告管理》（第五版）（清华大学出版社，1999）堪称国际上最优秀的广告管理教材之一。2000 年，威廉·阿伦斯著、丁俊杰等译的《当代广告学》（华夏出版社，2000）出版，这也是一本非常经典的广告学教材，这与当时的国内广告教材，形成了鲜明的对比，引发了国内对于广告概论类的教材体系的重新思考。2000 年，乔治·E. 贝尔齐等著，张红霞、李志宏译的《广告与促销》（东北财经大学出版社，2000）出版，是"市场营销经典译丛"的一本，该书从整合营销传播视角探讨了广告与促销活动，是一本集综合性和前沿性的教材。②

这些译著，基本是国内学者直接翻译国外作品，这是中国广告学术力量崛起的一个标志，翻译者来自各个领域，这个时期台湾版本的译著的重要性开始下降。

二　广告历史研究逐渐受到关注

这一时期的史学研究，开始有较为成型的研究成果。一方面是由于学术界的自觉性，以及学科训导使然；另一方面是广告行业虽然不断发展和积累，但常常要面对社会对于广告的"差评"，经常和恶俗、欺诈等同，其经济效益和社会功能无法得到合理认可，通过历史来"正名"是改变境遇的一个选择。这个时期的广告历史研究，一方面是研究方法上的突破，在黄升民之后，余虹采用口述史的方式进行探索，另一方面就是广告学界开始引入广告社会学的视角，通过纪录片的方式记载和思考，纪录片《中国广告二十

---

① 李丹：《西方广告学译著的引进及启示——基于 1985 – 2015 年〈全国总书目〉和中国国家图书馆"广告学"类目的统计》，山西大学硕士学位论文，2016。

② 李丹：《西方广告学译著的引进及启示——基于 1985 – 2015 年〈全国总书目〉和中国国家图书馆"广告学"类目的统计》，山西大学硕士学位论文，2016。

年》带领着广告历史走出了业界，走入了大众视野，引起了社会各方面的关注，此后演变成一个系列；史料文献等方面的汇编，种类增多。

（一）以口述史探索广告历史真相

余虹、邓正强 1999 年出版的《中国当代广告史》，采用了实地调查、口述历史等方法予以突破，这应该是国内最早通过这些方法进行广告史领域的探索，作者当时走访了北京、上海、广州的数十位广告人，自创以分期为提纲、每期内有"专题"为线索的写作体例，详述 1979～1996 年的重大事件、主要学术论争和广告营销现象。①

（二）以社会史角度切入广告史研究

从 1998 年开始，中国传媒大学黄升民、丁俊杰牵头的"中国广告猛进史（1979－1998）"课题研究，在国际广告杂志社的支持下，对大量资料进行分析整理的基础上，第一次对中国广告发展的历程和脉络进行了详细的梳理。1999 年《中国广告猛进史（1979－1998）》出版，该书是国内第一部全景式广告社会发展史，呈现政治、经济、企业、媒体文化、时尚互动的历史事实，扫描相应事物的横向关联和纵向传承关系。该书构建了一个广阔的广告史研究框架，也尝试引入了社会学的视角去观察广告的发展历史。该书更接近史料汇编，观点论述并不突出。

（三）以纪录片形式记录广告历史

从 1999 年开始，黄升民、丁俊杰作为制片人的《中国广告二十年》纪录片筹备。1999 年 4 月 17 日至 18 日"中国广告二十年历史资料研讨会"在北京举行。这次研讨会是由国家工商行政管理局广告监管司主办，北京广播学院、四川电视台与国际广告杂志社协办。该片通过大量的历史资料收集和整理，对当时事件的亲历者和见证者进行采访拍摄，真实全面地纪录中国广告二十年发展的风雨历程。② 2001 年，纪录片《中国广告二十年》出品，一共 16 集，评述和史料兼顾，将广告的社会价值和意义凸

---

① 祝帅：《中国广告学术史论》，北京大学出版社，2013。
② 《北京：中国广告二十年历史资料研讨会召开》，《广告大观》1999 年第 2 期。

显，是国内第一次通过纪录片的形式，对于广告历史进行呈现，形式生动，资料翔实，对于之前二十年的发展历程进行了非常充分的总结，影像方式也记录了非常珍贵的史实资料。

（四）史料文献汇编

这个时期的史料汇编除了由行业组织进行，高校的研究机构也开始着手。

由中国广告协会电视委员会出版的《中国电视广告十年：1984 - 1994》（新疆摄影艺术出版社，1995），是中国广告协会电视委员会成立十周年的特辑。由中国广告协会广播委员会的赵凯、张连城主编的《全国广播作品获奖作品选：1991 - 1995》发行，收录的是中国广告协会广播委员会从 1991 年至 1995 年五次评选中选出的获一、二等奖的广播广告节目。杜连成编著的《广告人风采》（中国文联出版公司，1995），记录了国内 18 家公司的发展历程及决策者的创业经历。《上海广告年鉴》（上海人民出版社，1999）也开始收录地区广告史料。中广协出版的《中国广告行业年鉴》，在这一个阶段也延续成一个重要系列，成为一个标志性的广告行业年度数据资料。1999 年开始的《中国广告摄影年鉴 1999》（湖南美术出版社，1999）也延续到了 2007 年，成为广告作品重要的收录载体。

高校的广告学者也开始进行史料文献的积累。1996 年黄升民、丁俊杰主持成立了 IAI 国际广告研究所，2000 年出版了中国广告业的第一本广告作品年鉴《IAI 中国广告作品年鉴》。此后每年一册，是中国广告作品收录的一个重要载体，是广告文本研究和广告史学研究的重要素材来源。

三　广告文化研究

始于 1993 年底《上海文学》发表的王晓明等人的对话《旷野上的废墟》所引发的关于"人文精神"的大讨论，先是针对文学创作中的所谓"痞子化"现象，而到了 1994 年上半年《读书》的"寻思录"问世后，讨论的领域拓展到整个社会道德与人文科学，矛头扩大到了 90 年代社会文化转型的方方面面。① 之后借助来自西方的文化批评理论，国内文化批评

---

① 刘泓：《世纪末的裂变与反叛——九十年代中国大众文化的挑战》，《福建师范大学学报》（哲学社会科学版）1999 年第 3 期。

开始起步，广告作品量多、影响大，且含有丰富的社会内涵，加之这一时期中国市场经济大发展，引发了消费热潮，生活观念、价值体系迅速变动。对于这些现象，大众文化研究学者和广告文化研究学者借用西方的文化批评理论从不同角度进行解读。这个时期代表性的研究有孙振斌的《商业广告，消费文化与社会学宣传——关于广告理论的读书札记》（《现代传播》1993 年第 8 期），王岳川的《90 年代大众传媒的审美透视——从政治意识形态到消费意识形态》（《求是学刊》1995 年第 7 期），卜卫的《我国电视广告中女性形象的研究报告》（《新闻与传播研究》1997 年第 3 期），姚文放的《作为广告文化的当代审美文化》（《江苏社会科学》1998 年第 12 期），鞠惠冰的《从"物的价值"到"符号的价值"——商品、消费、广告的符号化趋势》（《中国广告》1999 年第 12 期），戴慧思、卢汉龙的《消费文化与消费革命》（《社会学研究》2001 年第 9 期），张殿元的《广告传播负面影响的文化解读》（《现代传播》2001 年第 10 期），等等。

自此之后，来自文学界、社会学界的学者对于广告的关注开始减少，其中的一些学者转型专门进行广告文化的研究。

四 提升研究方法：实证研究方法日渐受到关注

研究方法的提升，一方面来自学科体系的训导，即研究方法的科学性是一门现代学科的成熟标志，自然也成为专业类学术期刊对于学术论文的基本要求。另一方面国外广告行业的发展过程，调查研究就是重要的"科学化"的原动力。而现代学术体系中对于实证研究方法的大量引入，也是现代学科"理性化"的一个标志。当然，在这个过程中，对于定量方法的看重，在一定程度上导致了定性方法的被忽视。实际上，广告学术界对于定性的方法并没有太多掌握，"事实上在社会科学研究中，不管是'定性研究'还是'定量研究'，都属于'实证研究'的范畴，以此来区别于人文学科的历史的、思辨的'非实证'研究方法。因此，定性与定量之争，说到底还属于社会科学实证研究方法内部的争论"。[①]

这个时期，实证研究方法开始在更大范围内应用，这既是推进专业研

---

① 祝帅：《近二十年中国广告研究方法讨论的再思考——兼论广告研究的定量与定性之争》，《广告大观》（理论版）2011 年第 5 期。

究的有力工具，也是中国广告学者彰显学术优势的重要手段，是对于中国广告学术"科学性""专业性"特征的构建。当然，这也是既有的学术体系规训中国广告学术的角度之一。

（一）实证类研究方法的应用

对海外广告学术范式的引介和广告学与其他自然科学、社会科学的沟通，是这个时期广告学术研究方法推广两个重要的基础。随着中国经济和广告市场的高速发展，有越来越多的经济学、心理学、社会学等学科背景的研究者加入了广告学研究的队伍。与此同时，个人计算机技术以及SPSS、SAS、R等社会科学统计软件开始普及，越来越多的有意识模仿和使用实证研究方法的期刊论文、学位论文、教材和专著出现。

1995 年黄升民、丁俊杰的《中日广告表现透视：中日广告表现对比研究之一》（民主与建设出版社）出版，这是日本大学艺术学部与北京广播学院共同研究课题的成果，是国内第一本对于广告作品通过内容分析法进行研究的学术著作。

中国科学院心理研究所研究员马谋超的《广告心理》（经济管理出版社，1993）等教材对于实证研究方法的传播和普及起到了巨大的作用。[1]厦门大学陈培爱、黄合水等的《国内电视广告社会效益研究》（《现代广告》1996 年第 6 期），北京科技大学管理学院的瞿国忠、李天宏的《广告效果评估新方法——熵权双基点法在广告效果评价中的应用》（《现代广告》1997 年第 6 期），原北京广播学院课题组《中国消费者媒介消费行为解析》（《现代广告》1998 年第 6 期）等[2]都是对于实证研究方法的应用之作。

（二）专项市场调查大量出现

20 世纪 90 年代，国内的调查机构有四种：民营的占职业机构的80%，政府机关主办的机构占 14%，学术研究和新闻单位创办的占 5%，

---

[1] 祝帅：《近二十年中国广告研究方法讨论的再思考——兼论广告研究的定量与定性之争》，《广告大观》（理论版）2011 年第 2 期。

[2] 祝帅：《近二十年中国广告研究方法讨论的再思考——兼论广告研究的定量与定性之争》，《广告大观》（理论版）2011 年第 2 期。

合资机构占 1%。这表明在国内的调查业中，学术研究机构的调查机构比例很低，并且规模和执行能力难以与其他调查公司相比，但是由于其对于研究方法的掌握具有优势，且更为客观，成为不少企业进行调查实务的选择对象。

中国传媒大学广告学专业从 1992 年开始就与业界合作进行市场调查项目，如早期开展的饼干市场调查（1992）、中国汽车市场综合调查（1994）、全国十大城市大学生消费趋势调查（1996）等。这些调查研究项目采用实证研究方法。1995 年 5 月，日本消费者研究株式会社与北京广播学院广告系合作成立了市场信息研究所，在北京、上海和广州进行大规模的调查，并出版了《1995 年 IMI 消费行为与生活形态年鉴》，此后每年出版一本，成为中国消费者统计调查的重要数据年鉴，比较有影响力。这样的年度调查项目，是国内学术界面向调查领域的一大贡献。

随着实证研究方法的重要性的提高，广告学专业教育中方法论意识开始强化，"社会研究方法"和"社会统计学"课程（在一些院校为了突出广告学学科的独立性起见，或称之为"广告研究方法"和"广告统计学"）逐渐成为广告学专业学生的必修课程。[①]

五 广告教育成为学术研究的关注点

随着中国广告教育的发展，遇到的各类问题，如师资不足、课程建设仓促、学生培养效果不佳等问题，引发了中国广告学者对于广告教育的思考。

1996 年，国家工商总局委托、中国广告协会学术委员会主持、北京商学院（今北京工商大学）、北京广播学院（今中国传媒大学）等院校参与了"中国广告人才需求与广告教育状况"大型调查。1997 年，《广告新生代——中国广告人才需求与培养》调查报告与论文集出版，成为此时期中国广告协会学术委员会最为重要的学术成果之一。这是国内第一次以广告人才为研究对象的学术研究，采用了非常正规的研究方法，该结果对于国

---

① 祝帅：《近二十年中国广告研究方法讨论的再思考——兼论广告研究的定量与定性之争》，《广告大观》（理论版）2011 年第 2 期。

内的广告专业教育具有非常重要的参考价值。[①] 2001 年，基于调查基础上撰写的《学习：信息时代广告人的生存法则——对当代青年广告人学习状况的描述与分析》（"当代中国青年广告人现状研究课题组"；丁俊杰、黄升民、凌平、吴琪，《广告导报》2001 年 2 月）发表。2000 年陈培爱发表了《中国广告教育二十年的发展和基本经验初探》（《江西财经大学学报》2000 年第 3 期）一文，是第一篇对于广告教育历史进行回顾的研究成果。

1999 年，中国广告教育研究会（全称为中国高等教育学会新闻与传播学专业委员会广告学研究分会）成立，由厦门大学、中国传媒大学、武汉大学、中国人民大学、深圳大学五所高校共同发起。第一届中国广告教育年会在厦门大学召开，重点探讨广告学专业的学科属性、培养模式和课程体系。2001 年 11 月，在深圳大学召开了以"新世纪的挑战与中国广告人才的培养模式"为主题的第二届中国广告教育研讨会。从此，中国广告教育年会定期召开。

六　学术发展推动体系

中国广告学术发展的支持体系日渐丰富，主要由专业学术刊物、专业学术出版、广告研讨交流、国家级别课题等要素构成，在这个阶段开始有了较大的发展。

（一）学术成果发表平台扩展

回顾 20 世纪 80 年代，广告学人发表论文的主要阵地，还不是各种广告期刊。90 年代以后，学术期刊和专业期刊也纷纷涌现，如 1994 年创办的《现代广告》、1996 年创刊的《广告大观》、1997 年创办的《艺术与设计》等，这些期刊都为广告人的成果得到集中展示搭建了专业的平台。[②]由于学术风格的差异，以及传统的学术体系的固化，广告学术得到的认可依然有限，学术论文发表机会有限。但是，为了推动专业学术研究的发展，行业杂志开始增设理论版面。

---

① 祝帅：《近二十年中国广告研究方法讨论的再思考——兼论广告研究的定量与定性之争》，《广告大观》（理论版）2011 年第 2 期。

② 陈刚、祝帅：《在批判中建构与发展——中国当代广告学术发展四十年回顾与反思（1979－2018）》，《广告大观》（理论版）2018 年第 4 期。

此外，高校学报是发表广告学术论文的主要阵地。这说明开展广告学理论研究的主体是各类高校的教师和教研人员，他们利用这一阵地，对广告学研究进行了有益的探索，为广告学理论建设和学科建设做出了较大贡献；另外，在社会科学类刊物中，并未见如《中国社会科学》等权威刊物发表广告学类研究论文。① 这个时期，广告学术研究成果的发表层次依然有着明显的局限。

（二）学术交流与学术研讨出现国际化趋势

这个时期广告学术交流和学术研讨开始走向国际化，这一方面与中国持续的改革开放相关，另一方面是中国的广告学术界开始有了明确的主体意识，对于交流互动积极推动。

1. 电通·中国广告教育合作项目

1996 年，电通·中国广告教育合作项目的启动，这个项目包括讲座和研修两个方面。1996 年 9 月，日本电通公司在中国国家教育委员会的协助下，与中国的北京大学、中国人民大学、北京广播学院、中央工艺美术学院、复旦大学、上海大学六所大学合作，启动五年的"中日广告交流项目"。这既是电通广告公司跨国回馈行业、回馈中国教育界的重要做法，也是电通广告公司扩大国际影响的方式。

2. 学术研讨会走向国际化

20 世纪 90 年代广告学术研讨逐渐走向国际化，但是这类会议总体有限，并且相关的研讨依然关注广告实务研究。

1996 年举办了"中新（中国新加坡）广告研讨会"。由于同年中国代表团第一次参加戛纳国际广告节铩羽而归，令中国广告人对中国文化元素的表达的国际化认可产生怀疑，甚至提出"都是因为中国文化元素才产生了文化障碍，没有获奖"等观念，而"中新广告研讨会"上关于"中国广告中的民族文化与接受心理"论战，澄清了民族文化与受众接受心理之间的重要关联。② 2001 年黄升民、丁俊杰主编的《营销·传播·广告新论：华文广告世纪论坛论文集》，收录了两岸广告界精英论述中国广告进程发

---

① 姚曦、李名亮：《中国大陆广告学论文研究现状定量分析》，《新闻与传播评论》2010 年第 3 期，第200～208 页。
② 祝帅：《中国广告学术史论》，北京大学出版社，2013，第 97 页。

展研究、媒介经营与产业化研究、广告文化与创作研究等理论问题的学术论文近三十篇。

3. 中广协学术委员会年会

中国广告协会学术委员会成立之后，定期组织学术研讨，积累了一批学术研讨记录。

在历年的全国广告学术研讨会结束之后，都会对会议论文进行整理出版，主要有《广告真实性论文集：1995 年全国广告学术研讨会论文集》（中国广播电视出版社，1995）、《迈向新世纪的中国广告业：1999年全国广告学术研讨会论文集萃》（工商出版社，2000）、《中国广告行业竞争力研究：2001 年全国广告学术研讨会论文集萃》（西南财经大学出版社，2002）等。每次的会议主题都是针对当时行业最为迫切的一些问题。

（三）广告主题的国家研究课题出现

这个时期，开始出现广告为主题的国家研究项目。国家项目作为国家认可的研究系列，是广告学术研究融入学术体系的必然道路，但是由于广告学科地位一直不高，实务研究偏多，且起步较晚，这一时期能够获得的国家研究项目的数量非常有限。

- 1994 年，陈培爱的"我国电视广告社会效益及其改进对策研究"，国家社科一般项目
- 1996 年，颜景毅的"广告传播及其文化效应"，国家社科青年项目
- 1996 年，高金章的"广告污染及其成因与对策研究"，国家社科青年项目
- 1997 年，赵恩芳的"中国广告科学与广告语言"，国家社科一般项目
- 1997 年，张金海的"广告规范化研究"，国家社科一般项目
- 1998 年，张金花的"广告道德研究"，国家社科一般项目

从题目来看，对策性研究、文化研究是主要的方向。

七　小结

这个时期，是中国广告学术快速发展的一个时期，这个阶段中国广告学术所彰显出的专业性和责任感，开始让业界非常尊重；也开始与业界有了鲜明的分野，基础性问题、理论性问题和行业问题，是中国广告学界彰显优势的所在。但是，中国广告学术界依然没有得到社科学术界、新闻传播学科体系的合理对待。兼顾学术体系规范和业界需求的二合一学术产品，开始出现，那就是媒介产业化理论。

值得注意的是，在这个阶段，中国的广告学术已经有了相当的独立性和自主性，虽然与业界有着紧密联系，但已经是一种对等的资源交换，是一种平等的对话关系，也是一个互惠互利的结果，中国广告学术依据自己对于业界的熟悉，增强了自己的学术成果的社会转化率，以及所培养人才的专业适应性，从而带来了不错的就业率，在一定程度上获得了传统的学科体系的认可；当然，在这个过程中，中国广告学术建构了自己独有的体系，并且尝试更好地融入学术体系中，而不丧失自己的特色和创造。

第三节　2002～2010：学术体系走向成熟

21世纪中国广告学术进入成熟期，在这个时期的研究数量已经相当可观，研究主题非常细化，研究深度有所加强，不少学者都有了非常稳定的研究领域，研究的延续性很明显。

具体来看，广告实务研究依然占据重头，在广告产业实务研究方面，由于中国广告行业进入成熟期，行业体制、产业的定位、产业体系构建、产业发展方向等成为学界的关注重点。此外，年度总结行业也成为观照业态的方式。对于广告流程实务中的若干要素，学界以主题研究深入，如广告主与广告公司、媒介、消费者、公益广告等，若干学者逐渐成长为若干领域的专家，持续推出研究成果，学界内部的细致分工，是其成熟的重要标志。广告流程实务研究和产业实务研究，是未来广告实务理论的根基所在。

在广告实务理论方面，与之前类似，除了引入海外理论之外，国内学者也为了推介而积极阐释；媒介产业化的延续，进入数字媒介范畴。这个阶段，广告史的研究同样开始细分，主题开始丰富，广告史研究受到越来越多的重视。广告文化研究的数量开始增多，选题开始多样化。

值得注意的是，这个时期中国广告学术的自主性更为明显，专业性更强，影响力更大，自己的学术体系趋于成熟，虽然在实务理论方面的突破性不够多，理论体系也较为简单、粗糙。这个时期能够思考广告学术体系构建的研究比较少，丁俊杰的《创造中国广告学术研究的话语体系》[《广告大观》（理论版）2007 年第 1 期]和杨海军、程广周的《中国广告学术研究的三大主流语境》（《新闻界》2010 年第 8 期）具有一定的代表性。当然，中国广告学术合理认可的问题，依然没有解决。

一 广告实务研究

广告实务研究依然是中国广告学术获得行业影响力的主要部分。与之前相比较，研究更为细致而深入。

（一）广告产业实务研究

这个时期广告产业的重新定位、产业转型和发展出路，受到最多的关注。

1. 产业定位和产业转型

这个时期的研究也有了宏观和中观之分，宏观研究更关注产业整体方向，中观部分则关注行业发展中的要素问题。

宏观研究从产业顶层设计入手，在时代背景、经济体系中，探寻广告产业的根本性调整。代表性的论文，有陈刚的《中国广告产业重新定位的四个维度》[《广告大观》（综合版）2006 年第 12 期]，丁俊杰、黄河的《观察与思考：中国广告观——中国广告产业定位与发展趋势之探讨》（《现代传播》2007 年第 8 期），程士安的《国际视野下的中国广告业发展之路》[《广告大观》（综合版）2007 年第 6 期]，郑欢、金定海的《上海广告业发展趋势解析》（《中国广告》2008 年第 6 期），黄升民的《中国产业发展与品牌趋势：大国转型中的广告产业转向》[《广告大观》（理论版）2010 年第 8 期]，等等。

还有一些研究切中数字化和国际化进程中的中国广告产业的中观问

题，涉及广告产业的评估体系、创意生产机制等，如张金海、廖秉宜的《中国广告产业评估体系的合理化建构》（《中国广告》2006 年第 4 期），姚曦的《广告创意性产业及其创新生产机制》[《武汉大学学报》（人文科学版）2009 年第 9 期]，等等。

2. 广告行业年度发展报告

由于行业瞬息万变，对于行业的研究开始逐年跟进，从而给予业界更为迅速的反馈，这一时期的年度广告产业分析研究开始出现，并且数量颇多。如黄升民在这一个阶段撰写了一系列的年度分析文章，如《2002 年挑战与应战》（《广告大观》2002 年第 1 期），《重压之下　广告无恙——2009 年中国广告产业发展分析》，《盘点 2005》（《2009 年第七届亚洲传媒论坛·第二届亚洲城市论坛论文集》，2009 年 8 月）；其他的年度研究，如丁俊杰的《2008 年，中国广告业的动力与动向》[《山西大学学报》（哲学社会科学版）2008 年第 5 期]，《2003－2004 广告主广告投放模式全报告》（北京广播学院广告学院企业研究所“广告主研究”课题组：黄升民、丁俊杰、杜国清、邵华东）。这些研究在同期成为业界年度总结和反思的重头文章。

（二）广告流程业务中的主题研究

这一时期的广告流程实务，集中在产业定位与产业转型，广告主、媒介、消费者、公益广告等研究主题上。不同学者的研究领域有着非常明显的划分。

1. 广告主和广告公司

关于广告主专题的代表性研究有，杜国清的《全国性广告主二三线市场投放策略》（《广告人》2009 年第 10 期）、邵华东等的《中国企业数字新媒体广告传播平台研究》（《国际新闻界》2010 年第 11 期）；关于广告公司主题的代表性研究有，姚曦的《创新行为与广告公司人力资本管理》[《中国地质大学学报》（社会科学版）2009 年 9 月]；还有国际广告公司主题的代表性研究，如王菲的《日本广告业界的自建形态对中国广告业发展的启示》[《广告研究》（理论版）2006 年 1 月]，陈刚的《跨国与本土：“伪问题”的现实意义——兼谈本土广告公司的发展机会》[《广告大观》（综合版）2007 年第 3 期]，廖秉宜、付丹的《跨国广告集团的全球扩张模式的选择及影响因素》[《广告大观》（理论版）2009 年第 6 期]，等等。

这个时期代表性的研究著作有黄升民等著的《2007 - 2008 年：中国广告主营销推广趋势报告》（社会科学文献出版社，2008）、罗子明的《广告主研究》（机械工业出版社，2009）等。

2. 媒介研究

这个时期数字媒介的影响力已经有所显现，虽然还没有彻底攻陷传统大众媒介的堡垒，学术界已经敏锐地感知到这一趋势，开始思考数字技术可能带来的广告形态、广告运作、广告经营和产业方向。

一部分研究关注新的广告形态和运作模式，如薛敏芝的《数字世界的病毒传播》（《中国广告》2006 年第 2 期），张金海、廖秉宜的《网络与数字传播时代广告告知功能的回归》[《广告大观》（综合版）2006 年第 7 期]，姚曦、熊俊的《个性、精准、互动、整合——数字电视对传统广告运作模式的挑战》[《广告大观》（综合版）2008 年第 2 期]，张翔、杜骏飞的《网络营销模式的不足与展望——以"卓越亚马逊"为例》[《广告大观》（综合版）2009 年第 11 期] 等。

黄升民发表了一系列研究论文探讨数字媒介运营与发展，如黄升民的《看数字电视如何影响广告经营》[《广告大观》（综合版）2008 年第 2 期]、黄升民等的《数字传媒时代家庭与个人信息接触行为考察》（《全球化传播前沿对话——全球传播与发展国际学术论坛文集》，2010），等等。

黄升民出版了一系列关于数字媒介的研究著作，如黄升民等著的《数字电视产业经营与商业模式》（中国物价出版社，2002）、《数字化时代的中国广电媒体》（中国轻工业出版社，2003）、《中国数字新媒体发展报告》、《中国电视媒体产业经营新动向》（中国传媒大学出版社，2005）。武汉大学张金海出版的《中国媒体发展研究报告·2007 卷》（武汉大学出版社，2007）系列研究报告，也是年度媒介发展研究的重要成果。

这一时期，关于区域媒体发展研究的研究成果有，《首都传媒经济研究报告·2005》（同心出版社，2005）等年度系列首都传媒基地研究报告。这是广告学者依托地缘优势，与区域经济互动的典型代表。宋红梅的《中国区域媒体发展研究》（中国传媒大学出版社，2006）则阐释了中国地方媒体依托区域经济和其信息优势"区域化"的发展趋势。

业界中的学术研究主要是一些研究性机构进行的基础数据的整理和研

究，如央视－索福瑞出版的《中国电视收视年鉴·2003》（北京广播学院出版社，2003）系列。该系列一直持续到 2010 年。

3. 消费市场研究

随着消费者地位的提高，消费者的研究逐渐细分，当然这个时期数字媒体的发展，也推动了消费群体的巨大变化，此外，随着中国经济的崛起，本土消费力量也日渐受到更多重视。中国消费者特有的消费形态、消费意识，成为研究热点。

这一时期代表性的学术论文有，黄京华的《城市消费者细分市场》（《市场观察》2003 年第 12 期），黄升民等的《碎片化：品牌传播与大众传媒新趋势》（《现代传播》2005 年第 12 期），黄升民、陈素白的《社会意识的表皮与深层——中国受众广告态度意识考察》（《现代传播》2006 年第 4 期），黄升民等的《消费重聚：多元分化过程的另一个侧面》（《现代传播》2007 年第 10 期）。

农村消费市场也在蓝海理论的推动下，得到许多关注。陈刚等发表了一系列的成果，如《农村电视受众爱看什么——2009 中国农村居民媒体接触与消费行为研究》（《传媒》2009 年第 12 期）、《中国农村居民消费结构及其影响因素》[《广告大观》（理论版）2010 年第 4 期]，其他研究有胡晓云、程定军等的《中国农产品区域公用品牌的价值评估研究》（《中国广告》2010 年第 3 期）。

这一时期的代表性消费者研究著作有，黄京华出版的《多种形态的中国城市消费者》（中国轻工业出版社，2003）和程士安的《消费者洞察：走进当代大学生》（中国轻工业出版社，2003），黄升民等出版的《多种形态的中国城市家庭消费研究》（中国轻工出版社，2006）等。此外，黄升民等出版了《中国农村居民消费形态与媒介接触行为研究》（中国广播电视出版社，2010），陈刚等出版了《中国乡村调查：农村居民媒体接触与消费行为研究》（高等教育出版社，2015）。

4. 公益广告

公益广告研究伴随着国家宏观层面的重视，成为一个热点。

这一时期，一部分研究关注到了公益广告的构成要素和运营模式，倪宁等的《公益广告中的中国元素回顾与展望》（《现代传播》2010 年第 7 期）、李振寰的《新世纪以来我国公益广告传播者思考》[《广告大观》

（理论版）2010 年第 2 期］。还有一些研究关注到了公益广告的运行机制和发展问题，如陈刚等的《变革运行机制——重塑中国公益广告发展架构》［《广告大观》（理论版）2007 年第 4 期］，黄升民的《"中国公益广告"问题之辨析》［《广告大观》（综合版）2007 年第 5 期］，李清、程宇宁的《中外公益广告的运作模式比较研究》［《广告大观》（理论版）2010 年第 1 期］等。

这一时期关于流程业务中的主题研究的代表性著作有，黄升民主编的《2005 年：中国广告主营销推广趋势报告》（社会科学文献出版社，2005）和《中国县域市场研究白皮书》（中国广播电视出版社，2010），陈培爱的《创意产业与中国广告业》（厦门大学出版社，2008），罗子明的《广告主研究》（机械工业出版社，2009）。

二　广告实务理论研究

这个时期，广告理论的引入，一类是海外译著持续的引入，另一类是学者对于外来理论的本土化阐释。

（一）国外实务理论持续引入

这个时期有一批海外经典广告研究著作引进，如伯格与卡茨合著的《广告原理：选择、挑战与变革》（世界知识出版社，2006），内容涉及从广告产业的整体结构、历史发展到专业运作等各个方面，反映世界广告界的最新理论和实践探索，唐·舒尔茨的《全球整合营销传播》（中国财政经济出版社，2004）是对整合行销传播的企划流程的梳理，汤姆·邓肯的《广告与整合营销传播原理：第 2 版》（机械工业出版社，2006）系统地运用整合营销传播的思想阐述了作者的营销观点。[①]

（二）外来理论本土化研究

对于外来的广告实务理论，中国广告学者结合中国特色，进行了阐释，推进了理论的理解。这个时期代表性的学术论文有，陈刚的《整合营

---

　① 李丹：《西方广告学译著的引进及启示——基于 1985 – 2015 年〈全国总书目〉和中国国家图书馆"广告学"类目的统计》，山西大学硕士学位论文，2016。

销传播在中国》（《中国广告》2004 年第 10 期），丁俊杰的《媒介整合营销》（《市场观察》2003 年第 5 期），初广志等的《整合营销传播（IMC）在中国大陆公关业的认知和应用——对中国 TOP 公关公司的研究》（《山东社会科学》2009 年第 10 期）和《整合营销传播的本土化研究——中国企业营销传播管理者的视角》（《现代传播》2010 年第 12 期）等。

由于当时的广告理论众多，张金海的《20 世纪广告传播理论研究》（武汉大学出版社，2002），对相关的广告实务理论的发展进行了一次完整的梳理。

（三）媒介产业化理论的延续

媒介产业理论开始延续到数字媒介研究领域，黄升民持续关注数字媒介对于媒介产业、广告产业的深刻颠覆，代表性的研究成果如《中国电视媒介的数字化生存》（《现代传播》1999 年第 12 期），《网络与组织的双轨整合——解读中国电视媒介的经营走向》（《现代传播》2002 年第 2 期），《虚拟还是现实？——再描广电媒介市场的竞争版图》（《现代传播》2001 年第 1～2 期），黄升民的《新媒体激变——广告"2.0 时代"的新媒体真相》（《中国广告》2008 年第 7 期）等。

三　广告史研究更为细分

这个时期的广告历史研究开始走热，也是中国广告学术更为独立的一个表征，在关注实务问题之余，开始更为明确自己的学者位置，站在历史的线索上进行思考，当然，广告史研究也是一个比较多元的研究视角，在学科训导和中西方学术交流层面，以及广告产业需求方面，都能够兼顾。

（一）广告史研究

这个时期的广告史的研究已经有了各种分专题、分阶段的研究。这一时期广告史研究的代表性的学术论文有黄升民、王春美的《回顾与解读：CCTV 广告招标十三年》（《广告大观》2007 年第 1 期），丁俊杰等的《中国广告观念三十年变迁与国际化》（《国际新闻界》2009 年第 5 期），刘英华的《从政治宣示板到时代体温计：中国电视公益广告纪实风格流变》（《中国电视（记录）》2010 年第 9 期），祝帅的《中国平面设计十年回顾

（2000 - 2009）》（《创意与设计》2010 年第 2 期），杨雪睿的《改革开放三十年城市居民消费演变实证研究》［《广告大观》（理论版）2009 年第 8 期］。

这个时期广告通史和断代史的研究方面代表性专著有，国际广告杂志社和中国传媒大学主编的《中国广告猛进史 1979 - 2003》（华夏出版社，2004），黄升民、丁俊杰、刘英华出版的《中国广告图史》（广州日报出版社，2006），陈刚主编的《当代中国广告史》（北京大学出版社，2010）等。还有一些类别细分的广告断代史，如地区广告史的代表性成果有，丁俊杰、杨福和主编的《见证：中国广告三十年》（中国传媒大学出版社，2009），北京广告协会主编的《当代北京广告史》（中国市场出版社，2008）；也出现了企业史，如倪宁、王菲的《日本企业在华 20 年》（中国轻工业出版社，2004）。

2009 年，黄升民、丁俊杰、刘英华策划的《中国广告三十年》纪录片启动，继续采取纪录片的方式记录广告影像，站在新的历史节点，对于中国广告业进行多角度、多层次的回顾。

（二）学术史研究

这个时期，广告学术史开始出现，并且逐渐成为一个关注点，这一方面是基于广告学者的自觉性，试图通过广告学术路径的反思，来反思中国广告学术的问题和特质；另一方面，近年来，学术史研究也是史学界的一个热点方向，这也是中国广告史学研究逐渐与宏观学术体系接轨的一个尝试。

这一时期代表性的学术论文有，姚曦等的《中国大陆广告学论文研究现状定量分析》（《广告大观》2005 年第 9 期）、黄升民的《"媒介产业化"十年考》（《现代传播》2007 年第 4 期）、姚曦的《学科建设与学术理想——张金海广告教育与学术思想研究》［《广告大观》（综合版）2008 年第 12 期］、王菲等的《中国广告媒介研究的学术语境变迁——基于 1981 - 2008 年五本代表性期刊相关文章的实证分析》（《国际新闻界》2009 年第 5 期）、祝帅的《现实与理论的对话创新——陈刚广告学术研究评述》［《广告大观》（理论版）2008 年第 12 期］、刘英华的《知行道理 辩章学术：中国当代广告教育与学术研究三十年回眸》（《现代传播》2009 年第 8

期）、丁俊杰等的《新闻传播期刊中广告学术研究成果再研究》（《现代传播》2009 年第 12 期）、祝帅的《2016 年度中国广告学人与广告学研究》[《广告大观》（理论版）2017 年第 1 期] 等。

值得一提的是，祝帅发表了一系列的学术史研究论文，如《"广告史"研究在中国——基于史学史视角的一种反思》[《广告大观》（理论版）2010 年第 4 期]、《"广告学"的知识建构及其生产》[《广告大观》（理论版）2010 年第 6 期]、《20 世纪上半叶中国广告研究纵论》[《广告大观》（理论版）2010 年第 10 期]、《新中国前 30 年广告研究的格局及其基本面向——1949—1979 年间中国的广告学术论著的历史与分析》[《广告大观》（理论版）2009 年第 8 期] 等。

四 广告文化研究

广告文化研究，一方面是国外的译著的引入，另一方面是借助相关理论所进行的研究，本土化的特色尚不突出。

（一） 国外研究引入

这一时期引入的广告文化和批评方面的译著有一些经典之作，如由华夏出版社出版的陈安全翻译、复旦大学信息与传播研究中心资助出版的舒德森名著《广告，艰难的说服》，以及洪兵翻译的约瑟夫·塔洛的《分割美国广告与新媒介世界》，前者阐述了资本主义世界里广告消费的信息环境、历史文化根源等；后者针对美国广告业，对当代广告业与传媒产业互动关系进行全景描述，从大众市场的广告到细分市场的广告，从单一的广告到整合的营销手段的阐述。[①] 2005 年杰克逊·李尔斯的《丰裕的寓言》（上海人民出版社，2005）出版，该书按时间顺序分成三个部分，旨在通过回顾美国两百年广告的发展历程来解读广告所扮演的文化角色和它的影响力，对于广告的特质有着非常丰富、独到的论述。

（二） 关注广告文化研究体系的建构

这个时期，广告学者对于广告文化研究体系的建构开始进行思考，表

---

① 李丹：《西方广告学译著的引进及启示——基于 1985—2015 年〈全国总书目〉和中国国家图书馆"广告学"类目的统计》，山西大学硕士学位论文，2016。

现出非常明确的主体意识。代表性的研究成果有，丁俊杰的《论广告批评的基本内涵和体系构建》[《山西大学学报》（哲学社会科学版）2009年第7期]，王菲等的《广告与文化之间的作用模型——一个基于实证研究的视角》（《国际新闻界》2008年第4期），陈刚、祝帅发表的《当代中国广告批评的三个问题》[《山西大学学报》（哲学社会科学版）2009年第9期]等。

（三）广告文化研究

这个时期，关于广告文化方面的研究日渐增多，且视角非常多元，研究深度也有了很大提升。代表性的研究论文有，陈翔的《消费社会背景下的广告文化批判》（《新闻与传播研究》2002年第6期）、鞠惠冰的《合理的悖论：后殖民语境与广告的全球化/本土化策略》（《中国广告》2002年第10期）、黄磊的《广告文化附加值的符号学解读》（《当代传播》2004年第1期）、彭逸林等的《消费 模仿符号 象征——聚焦广告文化》[《中南民族大学学报》（人文社会科学版）2005年第12期]、贺雪飞的《文化符号及其象征意义——论广告文化附加值的表新形式》（《现代传播》2006年第10期）、洪志英的《大众传媒与社会性别——从女性主义批评视角看广告文化与男性霸权》（《四川文理学院学报》2007年第6期）、陈月明的《麦克卢汉的广告文化批判》（《新闻大学》2008年第12期）、金定海等的《中国城市符号与城市品牌符号的传播现状思考》[《广告大观》（综合版）2009年第9期]、张金海等的《论跨文化传播的广告文化冲突——兼论文化霸权和文化殖民》（《国外社会科学》2010年第3期）、张殿元的《对广告文化批评若干问题的思考》（《新闻大学》2010年第12期）。

这个时期具有代表性的研究著作有，张殿元的《广告视觉文化批评》（复旦大学出版社，2007）、马中红的《被广告的女性：女性形象传播的权力话语研究》（新华出版社，2009）、李桔元的《广告语篇中的意识形态研究——批评话语分析》（上海交通大学出版社，2009）等。

五 广告专业教育研究

随着广告高等教育的持续发展，外部产业环境和媒介环境的变化，以及高等教育竞争日渐国际化的趋势，广告学专业何去何从，也是一个被不断审视的问题。系统化地进行学科建设，规范学术研究，结合广告教育的自身特征，与广告行业乃至外部环境形成良性的资源交换和知识交换，是这个时期的主要观点。

一部分研究集中在广告学专业的学科建设和广告研究的出路上，如金定海的《"作坊"与"大学"——小议大传播时代的广告教育》（《中国广告》2003年第10期），陈刚《谈中国广告教育——大学广告教育如何发展》（《广告大观》2004年第6期），张金海等的《广告学学科建设与学术规范化》[《广告大观》（理论版）2005年第10期]，张金海、姚曦、黎明《广告学学科建设与学术规范》[《广告大观》（理论版）2005年第10期]，黄升民的《转型、聚合与创新：广告教育和广告研究的任务》[《广告研究》（理论版）2006年第5期]，也都注意到了新的产业发展趋势下广告教育可能面临的新使命。

也有研究集中在地区广告教育的比较上，如丁俊杰的《中国台湾广告教育与大陆的差距》[《大市场》（《广告导报》）2005年第4期]；还有一些研究集中在更为具体的操作模式上，如刘英华的《以提高学生研究性学习能力为目标的"有效教育"尝试与实践——以广告学专业史论基础课为例》（《现代传播》2010年第7期）、陈先红的《论中国广告教育的TRC模式》[《广告大观》（理论版）2006年第3期]。

这一时期代表性的研究著作有，张树庭的《广告教育定位与品牌塑造》（中国传媒大学出版社，2005），查灿长的《国外高校广告教育研究》（上海三联书店，2010）。

六　学术支持体系发展

（一）学术研讨会数量颇多

这一个阶段广告学术研讨会相当多，一方面是学术界、行业协会自己的学术论坛，广告行业内部的众多子行业、企业、广告公司、媒体机构，也举办了很多的研讨会，这时候的广告行业非常注重与广告学术界的交流与互动。另一方面是对于广告学术界价值的认可，当然在一定程度上，也是随着中国广告学术界知名人士的增多，借助这些"名气"为自己的子行业、企业增加关注度。随着竞争的加剧，专业形象、企业文化也成为行业竞争的一个维度。

许正林根据《现代广告》《中国广告》《国际广告》《广告大观》等所刊载的 2010 年召开的学术会议，进行研究，统计共有 16 个。从举办地来看，仍集中于北京、上海，可见会议的组织方都倾向于将人们集中于交通便利、广告业相对发达的地区，以便业界和学界互动交流，这符合传统意义上"集会"的地域特点。学术会议的组织一般由行业协会发起，高等院校和媒体积极承办，会议的主题都倾向于选择近几年社会和业界学界共同关注的热点问题，如新媒体、植入营销、品牌传播、新影视、中国制造等。值得注意的是，地方性行业组织的力量正在逐步崛起，如绵阳市广告协会举办的第二届科技城品牌高峰论坛，借助于地方性广告公司的力量召开全国性的学术会议，参会规模达 300 人之多（见表 3 - 3）。①

表 3 - 3　2010 年全国性广告学术会议②

名称	时间	地点	举办者	主题
中国广告教育学术论坛暨第二届中国传媒趋势论坛	1 月 7～8 日	北京	中国传媒大学	传媒、革新、求变；广告、品牌、创新；教育、人才、实践
第二届新传媒盛典	1 月 20 日	北京	中国商务广告协会、央视 CIR、国际广告杂志社、中华广告网	新形势下的新媒体发展
童年的品牌记忆——品牌植入新营销模式分享会	1 月 27 日	北京	中国品牌策划研究中心、《广告导报》杂志社	知名品牌的体验及植入营销的发展前景和趋势
第八届中国广告与品牌大会	3 月 26 日	上海	《中国广告》杂志社、中国广告协会、中央电视台	后危机时代的品牌传播
第三届长三角地区互联网经济发展高峰论坛	4 月 30 日	上海	《互联网周刊》、中国社科院信息化研究中心	互联网发展、网络视频发展、新世博、新营销等议题

① 许正林等：《2010 年中国广告学术研究综述》，《广告大观》2011 年第 3 期。
② 许正林等：《2010 年中国广告学术研究综述》，《广告大观》2011 年第 3 期。

续表

名称	时间	地点	举办者	主题
中国创意传播国际论坛	5 月 13～14 日	北京	中国传媒大学、中国商务广告协会、《21 世纪广告》双周刊	创意改变传播
第五届广告人才培养研讨会	5 月 27～28 日	上海	中国教育部、日本电通公司、国家留学基金委员会、复旦大学	与电通讲师模拟比稿
第五届中国品牌传播趋势论坛	6 月 22～23 日	北京	中国广告主协会、北京大学新闻与传播学院、《广告大观》杂志社	品牌造就城市
第二届中国品牌与传播大会	6 月 27 日	北京	中国广告主协会、中国新闻文化促进会、北京大学新闻与传播学院、清华大学新闻与传播学院、复旦大学新闻学院、武汉大学新闻与传播学院	品牌在传播中壮大
第二届科技城（中国）品牌高峰论坛	7 月 19 日	绵阳	绵阳市广告协会	壹零年代品牌传播
2010 年广告前沿问题国际学术研讨会暨中国高等教育学术委员会广告教育专业委员会首届学术年会	7 月 21～22 日	南京	中国高等教育学会广告教育专业委员会、南京大学新闻传播学院、南京财经大学营销与物流管理学院	广告教育与跨文化研究、品牌理论与消费行为、广告媒体与广告创意、数字时代的广告创意等
2010·广告与文化创意产业濠江论坛	7 月 25～27 日	澳门	中国传媒大学、澳门广告商会、中国商务广告协会	文化创意产业与中国广告业的机遇、广告市场中新媒体的发展、城市加速度与城市形象传播
中国国际营销传播大会	8 月 25～27 日	北京	中国商务广告协会、中国广告主协会	打造媒介、营销传播服务及广告主的三方平台，探讨最佳传播方式和理念，服务广告主

续表

名称	时间	地点	举办者	主题
2010《中国制造》形象传播暨企业品牌建设国际论坛	9月9~10日	北京	中国商务广告协会、中国机电产品进出口商会、中国纺织品进出口商会、中国轻工工艺品进出口商会	总结交流"中国制造"形象传播的相关成果，吸取国内外有益的经验，深入研究企业自主品牌建设之道
2010年中国影视广告论坛	9月29日	上海	中国广告协会、《中国广告》杂志社	新影视——影像的多极化时代
第十七届中国国际广告节暨高峰论坛	10月22~24日	南昌	中国广告协会、南昌市人民政府	国际广告创意发展趋势、中国汽车品牌建设与传播、中国传媒趋势、中国互动网络广告等

（二）学术论文发表平台

这个时期的广告学术论文的发表平台依然没有太大变化。

广告界公认的四大专业期刊——《现代广告》（含增刊《现代广告·学刊》）、《国际广告》、《中国广告》、《广告大观》（含其理论版《广告研究》）仍然是各位广告学人发表研究论文的主要阵地，此外，不同分支领域的广告学研究者还会选择文艺学、艺术设计、市场营销等领域的专业期刊发表文章。国内各高校评职称、计算科研成果等工作时普遍认可并作为依据标准的核心期刊就是由南京大学编辑的《中文社会科学引文索引》（CSSCI），这份引文索引中所列举出的核心期刊目录中有关新闻学与传播学专业的期刊有 15 份，但是却没有一份广告学专业期刊。[①] 为了提高发表层次，广告学人只能选择大学学报或者新闻传播类刊物发表学术文章。[②]

2010 年，北京大学新闻与传播学院广告学系创办的一本纯学术的广告

---

① 崔银河：《广告学高等教育发展现状与专业设置调查报告》，《中国广告》2007 年第 6 期。

② 祝帅：《2006 年度中国广告学人与广告学研究》，《广告大观》（理论版）2007 年第 1 期，第 98~104 页。

期刊《广告研究》，这标志着中国广告学术界强化自己的学理性的一个探索。

（三）国家课题项目

21世纪初，国家级社科研究项目中，关于广告的选题开始增多（见表3-4）。

表3-4　21世纪初广告学术国家级社科研究项目

年份	项目名称	负责人
2003	《广告效果调查评估的理论与方法研究》	王振龙
2005	《中国古代广告史研究》	杨海军
2006	《和谐与冲突——中国广告发展趋势与监管对策研究》	杨同庆
2006	《广告传播学研究》	陈培爱
2006	《广告传播的社会责任和伦理规范研究》	陈正辉
2007	《我国广告传播研究的现状及趋势》	丁俊杰
2009	《中日公益广告运行机制比较研究》	邬盛根
2010	《中国近代广告史研究（1840～1949）》	陈培爱
2010	《台湾政治广告研究》	黄合水

这在一定程度上显示了中国广告学术研究逐渐向主流靠拢，并且在一定程度上得到了主流学术体系的认可，但是，主要是广告历史研究、广告传播研究、广告监管研究、广告效果研究，这些选题与宏观学术体系具备契合的可能，实务研究选题并没有入选。这表明，中国广告学术界的巨大投入且被广告行业看重的研究方向，在此处无法得到认可。

七　小结

这个时期，是中国广告学术力量全面崛起的一个阶段。经过前两个阶段的积累和调试，面对来自西方广告学术示范、学科体系训导和回应产业需求的三方面的影响，展示了一个较为肯定的回答。这是中国广告学术对于力量影响综合作用下的一个选择，符合历史发展状况，且依然符合其作为高等教育的一个部分，去服务经济建设的历史使命。因此，即使现有对其的学术评判依然不够合理，但是这种基于历史必然形成的发展路径，值得给予尊重和认可。对于"学"与"术"的争议，中国广告学术用实践回应，那就是在"术"中也可以形成自己的结构和深度，现实意义和实际贡献很大；并且可以在扎实的实务的研究的基础上，形成符合中国国情的实务理论，服务于中国的经济发展。

当然对于中国广告学术研究来说，学术视野有限、学术根基薄弱等问题依然存在，这在其后续的发展中会更为明显。

第四节　2011～2019：学术体系启动数字化转型

进入 21 世纪的第二个十年，中国广告学术开始面临前所未有的困惑。应该说之前的三股训导力量依然存在，但是其中两股力量自身也都出现了非常不同的变化，尤其是业界这股力量。

第一，在这个阶段，随着智能手机的发达和无线网络的发展，网络人群的进一步增加，以及网络社会结构和体系的日渐完整和成熟，数字营销已经突破了传统的广告运作体系和涵盖范围，技术化、互动化、数据化等特征出现，所面对的消费群体也开始碎片化、社群化、亚文化化，甚至有了共创消费潮流的趋势，信息传播的方式和路径变化巨大，自媒体、社群、病毒传播等方式轮番登场，信息平台更是多样，微博、微信、VLOG等不断变换。总之，数字媒介激发广告营销行业出现剧烈震动，产业流程已经开始再造，数字营销公司、新兴创意公司、大数据公司等角色纷纷兴起，传统广告公司、媒介组织开始没落，全行业的重构时刻已然到来。

这种变化对于广告学术界而言，是巨大的挑战，甚至已经表现出非常明显的无力感，因为之前对接的产业体系已经崩塌，新产业体系内涵庞杂，若发展，需要与之重新构建关联关系，但新产业体系的复杂性是需要传播学、计算机学、人工智能学、社会学文化学、社会学等多学科的基础，才能对接，广告学术自身的积累太过局限，何去何从，是个很大的难题。

第二，学科体系内部的裂变，应该说，今天的传播学学科也同样面临着新媒体的挑战，媒体产业的巨变引发传播体系和内涵的巨变，以此为根基的学科体系，也要进行多角度的扩展和重建，广告学术所能够参照的学理基础、学术规范，也都正在发生或者酝酿着难以估量的变化。

第三，服务经济建设，是根植于中国高等教育的血脉中，尤其是应用类学科，时至今日，大国崛起，信息产业崛起，国家产业升级对于信息产业的高度期待，以及大国发展中营销传播的需求，如大国形象和民族品牌建设等，都需要学术界关注，这也是决定中国广告学术和中国广告高等教育未来的关键问题。

如果说改革开放之初的广告学术发展，恰恰就是因为精准嵌入了中国广告行业、中国社会发展的前进节奏，从而打造出了一个生机勃勃的广告学术体系，那么今时今日，中国广告学术，需要重新启动对于立足点的寻找和设定，虽然目前，中国广告学术开始围绕数字营销、数字媒介产业进行了探索，但是尚不足够。此外，中国广告学术地位等问题，依然没有得到解决，这说明了现有宏观学术体系的保守，和中国广告学术需要继续努力，如果中国广告学术能够把握新的历史趋势，为自己创造优势，在未来的宏观学术体系中应该获得合理位置。

一　广告实务研究

这个时期的广告实务研究，继续上一个阶段的脉络，继续在中观和宏观层面切入广告产业的研究，各类专题研究也依然百花齐放。

（一）广告产业实务

1. 产业结构、产业制度和产业要素

这个时期对于产业发展的量化研究开始出现，如张金海等的《中国广告产业与文化产业增长相关性的实证分析》（《中国媒体发展研究报告》，2013）、张金海等的《广告与消费相关性的量化分析：来自中国的实证报告》（《中国媒体发展研究报告》，2013），张方红等的《中国广告行业基数进步贡献率测算研究》［《广告大观》（理论版）2015年第8期］等。

对于广告行业的定位、发展要素、动力体系、发展趋势的研究也开始增加，如陈刚等的《结构、制度、要素——对中国广告产业的发展的解析》［《广告大观》（理论版）2011年第8期］，张金海等的《中国广告业发展现实情境的制度检视》［《广告大观》（理论版）2011年第8期］，丁俊杰等的《市场化背景下中国社会发展与广告产业定位思考》［《广告大观》（理论版）2011年第8期］，丁俊杰的《产业聚集理论视阈下的广告

产业园区发展思考》［《山西大学学报》（哲学社会科学版）2012 年第 5
期］，陈刚的《中国广告业资本化进程思考》（《声屏世界·广告人》2012
年第 5 期），许正林等的《中国广告产业中小型化特征及其发展制约问题》
［《广告大观》（理论版）2013 年第 2 期］，金定海等的《移动互动中的价
值驱动——中国广告产业的数字化转型与发展》［《山西大学学报》（哲学
社会科学版）2013 年第 7 期］，倪宁等的《新媒体环境下中国广告产业结
构调整分析》［《广告大观》（理论版）2014 年第 4 期］，姚曦等的《Logis-
tic 模型曲线的中国广告产业发展阶段判断及预测》［《华侨大学学报》（哲
学社会科学版）2017 年第 2 期］。

2. 广告监管、广告制度等

广告行业的管理和制度化推动，是广告行业持续发展的关键点，代表
性的研究，如丁俊杰的《战略层面的广告考量与发展视阈的广告监管》
（《首届工商行政管理创新发展高层研讨会论文集》，2012 年 9 月），倪宁
的《互联网时代的广告法制建设——基于 2014 版广告法草案的研究》
（《国际新闻界》2014 年第 9 期），姚曦等的《我国广告信用评价体系的建
立方式与内容框架探讨》［《广告大观》（理论版）2011 年第 2 期］。

代表性的研究著作有王昕的《广告生态系统变迁中的中国广告管理研
究》（中国传媒大学出版社，2015）。

3. 行业年度研究

这个时期，行业年度研究依然是一个持续的研究重点。

代表性的学术论文有，祝帅等的《中国平面设计产业发展趋势研究
（2013 - 2014）》［《广告大观》（理论版）2015 年第 2 期］，黄升民、邵华
东的《2010 - 2011 年中国媒体广告市场发展现状与态势》（《新闻与写作》
2011 年第 1 期），黄升民等的《2011 - 2012 年报纸媒体广告市场现状及趋
势》（《新闻与写作》2012 年第 3 期），黄升民等的《2012 - 2013 年中国媒
体广告市场现状与趋势》（《新闻与写作》2013 年第 2 期）。

这个时期代表性的研究著作有，陈培爱的《国家经济发展战略与中国
广告产业创新的发展研究》（厦门大学出版社，2011），刘传红的《广告产
业组织优化研究》（湖北人民出版社，2012），廖秉宜的《广告产业经济学
理论与实践研究》（学习出版社，2012），杨同庆的《文化创意产业与广告
产业发展》（学苑出版社，2012），杨效宏的《广告诚信体系建构与监管路

径创新》《四川人民出版社，2014》，颜景毅的《国家广告产业园集约化发展研究》（社会科学文献出版社，2016），国家广告研究院出品的《2011－2015 年中国产业发展报告》（中国工商出版社，2017），杨洪丰的《广告产业规制研究》（中国社会出版社，2017），周立春的《中国广告产业集群创新的影响机制》（社会科学文献出版社，2018），等等。

（二）流程实务的主题研究持续进行

1. 媒介行业研究

传媒行业的研究依然是一个热点，在数字化的范畴中，媒介的内容更为广泛，媒介产业的结构和特质也开始得到更多关注。

这个时期代表性的学术论文有，黄升民的《游走于市场需求和国家意志间的三网融合内在逻辑》[《现代传播》（《中国传媒大学学报》）2011 年第 7 期]，周艳的《解析互联网媒体的内容运营和广告营销新模式》[《现代传播》（《中国传媒大学学报》）2017 年第 2 期]，黄升民等的《楼宇电视新媒体产业发展对策研究》[《现代传播》（《中国传媒大学学报》）2017 年第 3 期]，金定海的《论互联网企业的定义和再定义问题》（《现代传播》2016 年第 5 期），谷虹的《视频点播市场三大产业的博弈》（《重庆社会科学》2016 年第 6 期），黄升民等的《技术、数据、智能潮驱动下的媒介进化》（《新闻与写作》2018 年第 7 期）。

这个时期媒介领域研究的代表性学术著作有，黄升民的《数字传播技术与传播产业发展研究》（经济科学出版社，2012），黄升民等著的《内容银行：数字内容产业的核心》（清华大学出版社，2013），欧文、张金海的《中国十五大传媒集团产业发展报告：1996－2010》（人民出版社，2014）。

2. 广告公司研究

对于广告公司的关注视角也更为多元，其中数字营销组织开始受到关注。

代表性的学术论文有，廖秉宜的《中国程序化购买广告产业的发展研究》（《新闻界》2015 年第 12 期），陈刚的《数字服务化企业的特点与模式研究》（《新闻与传播评论》2018 年第 4 期），陈刚等的《数字化时代广告公司形态研究》[《湖北大学学报》（哲学社会科学版）2016 年第 3 期]，黄升民、王昕的《大国化进程中广告代理业的纠结与转型》[《现代传播》（《中国传媒大学学报》）2011 年第 1 期]。

3. 品牌研究

伴随中国经济水平的提升，中国品牌"走出去"成为一个重要的话题，不仅是营销行业的一个重点，也是中国产业升级的重要基础。

这个时期代表性的学术论文，有的从国家品牌形象的角度予以关注，如赵新利的《国家叙事与中国形象的故事化传播策略》[《西安交通大学学报》（社会科学版）2014 年第 1 期]，张敏等的《中国制造在海外社交媒体上的形象研究——基于 Twitter 上的数据》[《现代传播》（《中国传媒大学学报》）2016 年第 5 期]，廖秉宜等的《中国企业海外声誉与国家形象建构研究》（《对外传播》2017 年第 9 期）。也有对国内市场品牌传播特征进行总结，如胡晓云的《"品牌新农村"的评价及其决定要素》[《浙江大学学报》（人文社会科学版）2013 年第 5 期]，杜国清等的《新型城镇化战略下县城品牌传播 3A 模型探析》[《现代传播》（《中国传媒大学学报》）2015 年第 7 期]，黄升民、张驰的《改革开放四十年中国企业品牌的成长动力考察》（《现代传播》2018 年第 9 期），赵新利、张驰的《中国特色品牌 40 年发展路径探析》（《未来传播》2019 年第 2 期）。

更多的是针对中国品牌的提升和持续发展，如罗子明的《北京地区百货商场品牌形象因子分析》[《北京工商大学学报》（社会科学版）2012 年第 9 期]，丁俊杰的《新时代的中国品牌建构》（《声屏世界·广告人》2016 年第 8 期），金定海等的《国际品牌的中国化策略》（《中国广告》2017 年第 5 期），姚曦等的《中国品牌传播研究的学科知识可视化分析》[《现代传播》（《中国传媒大学学报》）2018 年第 5 期]，李华君等的《"讲好中国故事"的语言策略：建构主义与后结构主义的中间道路》[《现代传播》（《中国传媒大学学报》）2018 年第 6 期]，姚曦等的《一带一路视野下中国品牌认同形成的影响机制探析——基于文化认同的视角》[《广告大观》（理论版）2018 年第 10 期]。

这个时期品牌研究的代表性的学术著作，如张树庭的《品牌蓝皮书：2010—2011》（市场经济出版社，2011），胡晓云的《品牌价值评估研究：理论模型及其开发应用》（浙江大学出版社，2013），罗子明、胡渺的《北京地区百货商场品牌形象研究》（企业管理出版社，2014），冈崎茂生、赵新利的《中国品牌全球化》（中国传媒大学出版社，2015），黄合水主编的《中国市场品牌健康监测报告（2015）》（厦门大学出版社，2017），丁俊杰的《品牌基因工程研究红皮书：家电及消费电子序列 2017》（中国传媒大学出版社，2018）等。

4. 消费研究

随着消费市场的碎片化与重聚的趋势，对于消费者的消费行为和消费心理，也有了更为细分的研究，如段晶晶的《城市消费者涉入行为的质性研究初探（上）——以母婴行业为例》[《现代传播》（《中国传媒大学学报》）2011 年第 8 期]，吴琪、丁俊杰的《奢侈与炫耀：基于炫耀性消费的奢侈品传播机制研究》[《现代传播》（《中国传媒大学学报》）2013 年第 6 期]，王菲的《我国城市老年人消费行为的实证研究》（《人口与发展》2015 年第 5 期），金定海的《消费重序与营销重构》（《声屏世界·广告人》2017 年第 12 期），杨雪睿等的《"90 后"独生子女网络社交实证研究》（《现代传播》2018 年第 1 期）。

还有针对消费者的媒介消费行为进行更为细分化的研究，如陈刚的《乡村媒介环境与电视收视特点探析》（《电视研究》2013 年第 2 期），康瑾等的《消费者对互联网行为定向广告的感知价值研究》（《国际新闻界》2015 年第 12 期），黄京华等的《"90 后"大学生的网络认知定势对其微博应用的影响》（《现代传播》2012 年第 4 期），陈刚等的《中国乡村调查：农村居民媒体接触与消费行为研究》（高等教育出版社，2015），陈素白的《锚定效应在网络口碑领域的考察：以豆瓣电影在线评分为例》（《国际新闻界》2016 年第 3 期）。

这一时期代表性的学术著作有，黄京华、杨雪睿、陈辰的《网络时代的居家购物》（中国广播电视出版社，2011），陈素白的《转型期中国城市居民广告意识变迁》（厦门大学出版社，2011），黄升民、陈素白、康瑾的《中国城市居民广告观研究》（中国传媒大学出版社，2014）。

此外，博报堂生活综研（上海）与中国传媒大学广告学院的"生活者洞察"合作研究项目始于 2012 年，连续出版了《创漩》（2013）、《信蜂》（2014）、《出格消费》（2015）、《衍能》（2016）、《余乐》（2017）、《数自力》（2018），对于中国生活者的物质和心理需求捕捉更加精准。这一系列的研究是针对时下中国年轻群体的信息行为、消费行为、创业、文化消费、科技生活等，捕捉其特征与内在原因。

5. 广告主研究

这个时代代表性的研究著作是，黄升民等著的《广告主蓝皮书：中国广告主营销传播趋势报告2010》（社会科学文献出版社，2011），邵华东、陈怡的《广告主数字媒体营销传播》（中国传媒大学出版社，2016）。

二　广告实务理论研究

（一）数字营销理论的引入

这个时期的相关译著，一类是经典之作，如菲利普·科特勒的《市场营销原理》（机械工业出版社，2012），迈克尔·所罗门的《消费者行为学》第11版（中国人民大学出版社，2014），W. 罗纳德·莱恩、卡伦·怀特希尔·金、汤姆·赖克特的《克莱普纳广告学》（中国人民大学出版社，2019，这是1925年的广告学的第18版，是一本经典的广告学著作）。

另一类就是新兴营销趋势的研究成果，如菲利普·科特勒的《营销革命3.0》（机械工业出版社，2011）和《营销革命4.0》（机械工业出版社，2018），其中后一本阐释了从营销革命1.0到营销革命4.0的变化过程，即经历了产品导向、客户品牌导向、价值观导向、共创导向的变化趋势；E·舒尔茨的《重塑消费者——品牌关系》（机械工业出版社，2015）集中探讨了新传播背景下的品牌与消费之间最为重要的关系的建设；强烈关注社会化媒体对消费者行为特征的研究，克里·史密斯和丹·哈努福的《体验式营销》（人民邮电出版社，2017）阐释了体验营销的主要方式和价值。

（二）数字营销理论的阐释与构建

随着数字媒介的兴起，营销理论和营销操作出现了很大的变化，这个时期，国外虽然出现了一些经典研究，但是由于数字营销范围太大、太复杂，所以还没有非常成熟、完备的研究体系和研究理论，也就还存留着相当大的研究空间，加之中国新媒体发展迅猛，消费者也出现了全球同步的"重新聚合"，营销形态非常丰富，这样就给了中国广告学者非常大的理论探索空间，应该说，传统营销体系崩塌之后，给予了国内外学者一个同步出发的机会。

当时的代表性学术论文有，黄升民、刘珊的《三网融合下的"全媒体营销"构建》[《现代传播》（《中国传媒大学学报》）2011年第2期]，张华、金定海的《网络传播中的广告效果交互模式》[《上海师范大学学报》（哲学社会科学版）2012年第3期]，张金海等的《基于网络交互式平台的广告资讯化趋势分析》[《武汉理工大学学报》（社会科学版）2012年第12期]，倪宁的《大数据时代的精准广告及其传播策略——基于场域理论的视角》[《现代传播》（《中国传媒大学学报》）2014年第2期]，杜国清的《消费者增权下的广告主社会化媒体运作策略分析与展望》[《现代传播》（《中国传媒大学学报》）2014年第1期]，蔡立媛、张金海的《负熵：大数据时代TPWKR企业营销五阶段模型的建构——以"购买的五阶段模型"为分析对象》[《现代传播》（《中国传媒大学学报》）2016年第5期]，康瑾的《原生广告理论实践及理论研究的演进》[《现代传播》（《中国传媒大学学报》）2018年第8期]，刘珊、黄升民的《人工智能：营销传播"数算力"时代的到来》（《现代传播》2019年第1期）。

这个时期，研究新营销趋势的代表性著作有，陈刚等的《创意传播管理》（机械工业出版社，2012），黄升民等著的《广告主蓝皮书：中国广告主营销传播趋势报告No.7》（社会科学文献出版社，2013），丁俊杰、贾丽军的《中国营销实效趋势报告》（中国市场出版社，2013），金定海、徐进的《原生营销：再造生活场景》（中国传媒大学出版社，2016）。

三　广告史学研究

这个时期的历史研究更为深入，更为细致，这是之前的历史研究的积累，也是新一代广告学人的力量爆发。此外，对于历史研究的方法，也开始有了不少创新探索。

（一）学术史

这个时期的广告学术史，蓬勃发展。

1. 宏观研究

广告学术历史的研究，有整体性的宏观层面的回顾，如张金海等的《未曾超越的超越：中国广告研究的整体回顾——基于期刊论文的实证分析》[《现代传播》（《中国传媒大学学报》）2012年第11期]，祝帅的《当代中国广告史研究的学术谱系》（《学术研究》2016年第7期），祝帅的《20 世纪广告文化研究基本理论范式解析》[《广告大观》（理论版）2017 年第 2 期]，陈刚的《在批判中建构与发展——中国当代广告学术发展四十年回顾与反思（1979 - 2018)》[《广告大观》（理论版）2018 年第 4 期]。

广告学术史的专著在这个时期也出现，如祝帅的《中国广告学术史论》（北京大学出版社，2013），武齐的《中国广告学术史》（知识产权出版社，2014），对于不同历史阶段的广告学术史进行了非常细致的整理以及学理上的论证。也出现了从广告角度解读历史人物的研究，如 2015 年，杨益斌的《鲁迅广告：别样的呐喊》（湖南大学出版社，2015）。值得一提的研究著作是钱理群主编的《中国现代文学史——以文学广告为中心（1915 - 1927)》（北京大学出版社，2013）等，作为现代文学的研究大家，选择从文学广告的角度切入现代文学史，表明广告的历史研究价值在提升。

2. 专项研究

也出现了不少对于专项主题的历史回顾，如丁俊杰、初广志的《中国广告传播研究轨迹》（中国传媒大学出版社，2015），黄升民的《颠覆与重构：中国媒介产业化二十年》（《新闻与传播评论》2018 年第 4 期），周艳的《内容银行：从学术概念、框架到产业实践——内容银行研究综述》[《现代传播》（《中国传媒大学学报》）2016 年第 3 期]。

出现了通过文献计量学的方式进行广告学术知识生产的深层研究，这是非常值得关注的一种研究方法探索。如曾琼、张金海的《中国广告学知识生产的演进与逻辑转向——基于期刊论文应用研究与基础研究的考量及文献计量学的分析》（《新闻大学》2015 年第 1 期）。

随着广告史研究在国际上成为热点，海外广告史的学术史研究也随之出现，如祝帅的《海外中国广告史研究的研究与分布》[《广告大观》（理论版）2017 年第 6 期]，赵新利的《日本广告史研究的类型与启示》[《广告大观》（理论版）2018 年第 2 期]。此外，年度的学术评述也成为年度学术回顾的重要方式，如许正林的《2010 年西方广告研究综述》（《中国广告》2011 年第 2 期）等。还有一些对于广告学知识本身的反思，如祝帅的《反思广告研究中的"经济学帝国主义"》（《北大新闻与传播评论》2015 年第 12 期），以及对于研究方法的总结，如林升梁等的《国内外内容

分析法在广告研究领域中的应用综述》[《广告大观》（理论版）2012 年第
4 期]，祝帅的《20 世纪广告文化研究基本理论范式解析》[《广告大观》
（理论版）2017 年第 2 期] 和祝帅的《麦迪逊大道和耶路撒冷有何相
干——李尔斯关于美国广告文化起源的新教伦理阐释》（《国际新闻界》
2015 年第 11 期）对广告文化研究的学术历史进行了梳理。

（二）广告行业历史

这一时期关于行业历史的研究，已经超越了单纯的历史解读，而是从
广告的社会功能、社会影响力等方面进行切入，如广告与国家、品牌与国
家、行业内部关系，进行探讨。

1. 地区广告史研究

这个时期地区广告史研究逐渐走热，代表性的研究著作有，孙瑜的
《澳门老广告（1920 – 1970 年代）：视觉分析》（中国广播电视出版社，
2013），徐莉莉的《广告呈现与传播中的近代澳门社会》（上海交通大学出
版社，2016），许正林的《上海广告史》（上海古籍出版社，2018），林升
梁的《广告折射台湾社会价值观的变迁》（社会科学文献出版社，2015）。

2. 特定广告类型研究

还有对于特定广告类型的历史性梳理，如吴学夫、黄升民的《大国图
腾：承载六十年国家理想的公共图像》[《现代传播》（《中国传媒大学学
报》）2011 年第 8 期]，刘英华的《从近三十年来户外广告解析广告的政
治语境与话语权力》[《现代传播》（《中国传媒大学学报》）2011 年第 9
期]，刘英华的《改革开放以来中国公益广告发展回眸》（《中国广播电视
学刊》2013 年第 8 期），黄升民等的《改革开放以来国家品牌观念的历史
演进与宏观考察》[《现代传播》（《中国传媒大学学报》）2018 年第 3
期]。还有通过广告人的研究来透视广告历史，如杨海军的《民国时期上
海"月份牌广告"画家群研究》[《广告大观》（理论版）2017 年第 6
期]。

这个时期的史料文献，也开始朝着数字营销方向调整，丁俊杰、李西
沙、黄升民、刘立宾主编的《IAI 广告作品与数字营销年鉴 2017》（中国
传媒大学出版社，2017），沿着之前的 IAI 年鉴的轨迹继续前行。

这个时期史学研究的代表性著作有，刘英华的《镜像与流变：社会文

化史视域下的当代中国广告与消费生活：1979～2009》（中国广播电视出版社，2011），陈素白的《镜像与流变：转型期中国城市居民消费变迁（1978 至今）》（厦门大学出版社，2016），丁俊杰、陈刚的《广告的超越：中国 4A 十年蓝皮书》（中信出版社，2016）。

3. 其他主题

其他主题的广告史研究也不断增加，如宋红梅的《中国互联网产业 20 年发展轨迹研究》（《中国广播电视学刊》2014 年第 9 期）等，廖秉宜的《当代广告审查制度：回顾与反思》（《中国社会科学报》2015 年第 8 期），黄升民、张驰的《改革开放四十年中国企业品牌的成长动力考察》[《现代传播》（《中国传媒大学学报》）2018 年第 9 期]，丁俊杰、刘珊的《中国传媒产业经营的 40 年流变》（《新闻与写作》2018 年第 12 期）。此外，丁俊杰通过生产力与生产关系的一组关系，对中国广告业的发展演变进行了一种探索性解读：《广告业生产力与生产关系的变革史》（《中国广告》2017 年第 10 期）。

四　广告文化研究

这个时期是广告文化研究的大发展时期，数量、主题、深度都有了很大的提升，一类是广告作品研究，这个时期最为典型的是通过广告作品的历史来进行研究，另一类是依然通过相关文化理论来进行批判式解读。

这个时期广告作品史兼具主题化历史研究和文本研究的双重特点，代表性的研究有，谢莹莹、初广志的《电视竞选广告的诉求形态及表现形式研究——美国电视竞选广告（1952－2008）文本分析》[《广告大观》（理论版）2011 年第 10 期]，金定海等的《十年（2001－2010）以来中国广告创意研究》[《广告大观》（理论版）2011 年第 10 期]，邬盛根等的《1971－2010 日本公益广告主题变迁及比例研究》[《广告大观》（理论版）2012 年第 6 期]，陈培爱的《我国早期电影广告的原型及管理探析》（《新闻与传播研究》2012 年第 12 期），林升梁的《〈人民日报〉、〈北京日报〉、〈新民晚报〉和〈广州日报〉广告深层内容变迁比较研究》[《广告大观》（理论版）2013 年第 4 期]，杨海军等的《论中国当代广告话语变迁的历史轨迹》[《山西大学学报》（哲学社会科学版）2016 年第 3 期]，赵新利的《广告的黎明：改革开放以来，〈人民中国〉广告研究（1978－1992）》

［《广告大观》（理论版）2018 年第 10 期］。

这个时期通过文化理论进行的研究有，孙雅妮的《消费社会下现代广告的话语模式》（《太原大学学报》2002 年第 2 期），王军元的《中国现代广告的批评》（《中国广告》2006 年第 9 期），王殿元的《广告审美消费的批判性分析》（《新闻大学》2008 年第 4 期），杨晓强的《从符号的双轴关系看广告传播中意义的增值》（《当代传播》2008 年第 3 期），齐蔚霞的《论现代广告的原型叙事》［《陕西师范大学学报》（哲学社会科学版）2013 年第 6 期］，鞠惠冰等的《反品牌运动与"文化反堵"》［《广告大观》（理论版）2013 年第 12 期］，倪宁等的《月份牌的广告表现特征及其所表征和塑造的现代性身份认同》［《广告大观》（理论版）2013 年第 4 期］，高丽华的《广告仪式：从集体表象到神话宪章》（《当代传播》2013 年第 9 期），刘佳佳、丁俊杰的《广告话语对中国元素概念的建构与反思：一种历史演进的视角》（《浙江传媒学院学报》2017 年第 12 期），宋红梅等的《自我构建与社交娱乐中的消费意见领袖——电商网红的文化解读》（《当代传播》2018 年第 1 期），李华君等的《讲好中国故事的语言策略：建构主义与后结构主义的中间道路》（《现代传播》2018 年第 6 期）。

这一时期代表性的研究著作有金定海的《中国广告经典分析》（高等教育出版社，2012），王凤翔的《广告主对大众媒体的影响与控制：基于广告话语权视角》（社会科学文献出版社，2012），鞠惠冰的《广告文化学》（北京师范大学出版社，2013），江春的《中国平面广告的批评隐喻研究》（对外经济贸易大学出版社，2014），孙会的《电视广告叙事与批评》（中国传媒大学出版社，2014），高丽华的《广告仪式传播》（中国传媒大学出版社，2015），厉国刚的《中国当代广告"健康"话语变迁研究》（社会科学文献出版社，2018），等等。

五　教育研究

行业巨变，同样会引发中国广告教育的巨变，加之历史问题并没有解决，需要重新审视和思考的内容更为繁多而且沉重。

关于数字时代的广告教育的定位与转型的研究有：陈培爱的《数字化时代中国广告教育改革的思考》［《广告大观》（理论版）2011 年第 8 期］，初广志等的《中国的新媒体营销教育：挑战与对策——基于广告学专业教

师的调查》[《现代传播》(《中国传媒大学学报》) 2013 年第 3 期],姚曦
等的《互联网、大数据、营销传播结构主义视角下的我国高校广告教育体
系的结构与重构》(《新闻与传播评论》2016 年第 2 期),陈刚的《走向数
字营销实战的广告教育创新》(《青年记者》2016 年第 9 期),陈刚的《关
于广告教育数字化转型的思考》(《新闻与写作》2017 年第 10 期),等等。

对于广告学专业教育本质的思考有:黄升民的《关于广告学专业三个
关键问题的思考》(《广告人》2011 年第 8 期),廖秉宜的《中国广告高等
教育三十年的反思与变革》(《新闻界》2014 年第 1 期),刘祥、丁俊杰的
《从"而立"到"不惑":中国广告教育发展的历史考察》(《中国广告》
2018 年第 10 期),康瑾等的《中国高等学校广告专业理论教育研究》
(《中国大学教学》2018 年第 12 期)。

这一时期代表性的广告教育的研究专著有,高萍、丁俊杰的《广告教
学与实践模块建构研究》(中国传媒大学出版社,2017)等。

六　科研项目

这一个时期广告主题的国家项目开始增加,在 1994 年至 2017 年的全
国哲学社会科学规划办公室官网的国家社科基金项目数据库的立项项目
中,广告相关的立项项目的主题大致有广告伦理与监管、广告效果、广告
史、广告产业、新媒体广告等。其中,广告伦理与监管、广告效果和广告
史三个主题占比最大,分别为 28.8%、22% 和 18.6%,三项合计占立项总
量的 69.4%。广告产业、新媒体广告、广告表现、广告战略等方面的项
目,均占比不超过 10%。需要说明的是,由于标准的不同,有些立项项目
可以同时划分到多个主题中去,如有的项目关注了新媒体广告的监管,即
可划分到"广告伦理与监管",也可划分到"新媒体广告"中。①

当时与广告相关的科研课题成为国家重点项目的有:

- 2014,陈刚,广告产业中国模式的理论建构研究
- 2013,陈培爱,中国广告教育三十年研究(1983~2013)
- 2012,甘霖,"实施国家广告战略"研究

---

① 赵新利、宫效喆:《从国家社科基金立项项目看广告学术研究热点》,《广告大观》(理论
版)2018 年第 6 期。

这个时期的，国家级广告选题的一般项目有：

- 2017，阳东辉，网络广告法律规制研究
- 2017，望海军，不同时间距离广告对消费者广告态度的影响机制研究
- 2017，周子渊，广告图像研究
- 2017，吴来安，文化强国背景下国家形象广告对中国传统文化的传承
- 2017，刘西平，新《广告法》与网络广告长效治理机制研究
- 2017，周茂君，中国新媒体广告规制研究
- 2016，阮丽华，中国互联网广告研究
- 2016，唐英，新《广告法》语境下中国互联网广告监管制度研究
- 2016，祝帅，中国当代广告口述史（1979～2010）
- 2016，廖秉宜，中国互联网广告监管制度研究
- 2015，张殿元，上海新生代农民工广告接触的相对剥夺感影响研究
- 2015，张金海，大数据与中国广告产业发展研究
- 2015，顾景毅，大数据与中国广告产业集约化发展研究
- 2015，王凤翔，中国网络广告发展史（1997～2016）
- 2015，黄也平，广告"积极传播"与新世纪中国社会消费转型研究
- 2015，彭林翔，中国现代文化广告史论
- 2014，王晶，全球争议广告研究
- 2014，杨海军，中国当代广告舆论传播与话语变迁研究
- 2012，查灿长，新媒体广告规制研究

七 小结

新媒体的发展、消费市场的变化，以及传统广告营销体系和传统广告行业的式微，对于这个时期的中国广告学术而言，是重大的挑战，也给予了难得的机会，那就是在共同建设数字营销理论的过程中，中国数字经济

的快速发展，使得中国广告学者具有能够实现数字营销理论研究创新的现实基础和历史机遇。但是这对学术能力和学术根基，也意味着非常大的挑战。

　　这个时期的广告学术研究，依然沿着之前的轨迹前行，这可能就是其无力感的一个原因，如何爆发出突破性的超越和提升，是需要现实的碰撞，也需要智慧的思考。

第四章　合作中的实践类教学

广告学专业作为一个应用类学科，在培养体系中，为了增强学生的实践能力，以及未来就业时的对接能力，非常重视实践类教学活动，打造实践类教学，积极组织学生参与自己组织的或者合作中的实践类活动，以及各类专业比赛，成为各高等院校的广告学专业培养学生实践动手能力的主要方式。历经四十年，这已经成为中国广告专业教育的重要组成部分，甚至成为很多院校的教育文化。大多数的实践类教学是在高校、业界、行业组织等多方力量的协作下开展的，这是一个非常明显的行业联合培养未来的行业工作者的典型做法，是中国广告教育的重要组成部分，这也是一个凸显中国广告教育特色的重要视角，即各方行业力量都有着明确的责任感，通力合作，集聚资源，共同参与，共同推动广告教育的进步。

这是由于广告行业是一个强调人才操作能力的行业，尤其 20 世纪 80 年代、90 年代的广告行业，飞速发展，意味着对于人才的需求非常迫切，在中国广告高等教育出现之后，期待能够培养出可以迅速上手的广告人才，此外，由于广告行业是非常典型的文化类产业，需要依靠人才来进行创造性的劳动，这意味着人才是最为重要的资源和生产力，整个行业对于人才的培养也是一种必然选择。如果没有足够数量和足够水平的优秀人才，对于起步艰难的中国广告行业而言，没有快速发展的可能。

广告学实践类教育是秉承广告行业的特质而来，在广告兴起的 19 世纪末期，广告被认为是文学作品，很多广告作品也都比较夸张随意，到了 20 世纪初期，广告行业内部的理性因素开始出现，慢慢占据非常重要的位置，推动广告朝着科学化的方向发展。科学化、专业化的运作，此后一直占据着行业的主流，这也对广告人才的培养方向提出科学化、专业化的要求。由于其科学性和专业性，也就对人才的实践操作有着很高的要求，毕竟广告策划、市场调查、消费者研究、创意设计等，都是需要执行操作，才能导出结果，且这些工作都必须是团队作业，有非常细致的流程划分和流程管理，因而也就需要参与者具备良好的团队精神和合作意识。

国内广告高等教育机构的实践类课程主要包括，一是高校的教学体系内的实践类课程，既有教师主持的实践动手类课程，也有和业界力量合作的课程，如让学生直接面对一线工作者，接受专业培训和指导；二是学生的业界实习，在课程体系内也会专门有所安排，随着中国广告行业的成熟，专业实习的培训体系也日渐成熟，尤其4A公司，新媒体时代也开始借助新媒体的平台来进行实习生培养计划；三是各类面向学生的专业比赛，主要是由行业协会、专业杂志和高校、广告主、媒介平台等，共同推动，被众多广告学专业学生重视，此外，近年来，国际化的青年专业比赛开始增多，为中国的广告学专业的学子提供了更为广阔的平台和更为优良的机会。

这些实践类教学与活动，是广告学专业中的讲授类课程的重要补充，使得学生可以及早积累专业经验，和业界建立联系，与业界内的专业人员碰撞，与广告客户的需求对接，较早地获得业界的反馈，为以后的职业发展奠定基础。而且在这样的交流中，也能够激发学生的学习热情，使其能够意识到自己的不足和改进方向，能够以更为务实的精神状态进入专业学习中，使得专业学习的目的性和积极性更强。在一定程度上，也为解决就业，提供了非常重要的支撑。

第一节　1983～1991：广告专业实践教育初探

中国的广告学专业高等教育在起步初期，教学体系非常不成熟，但却要面对行业的直接需求，并且在发展初期，依赖业界对于所培养人才的评价，来奠定自己的社会影响力，因此，如何能够快速培养出符合业界需求的广告人才，对于当时的广告学高等教育者而言，是一个非常迫切的问题，且这个时期的课程体系由于专业刚刚起步，人才匮乏，积累较少，能够直接借鉴的教学内容和资源也非常有限，开展实践类课程，带领学生走入业界也成为一个必然的选择。这个时期的广告业界，由于率先接触了Marketing等实务操作系统理念，并且由于业务需求，与国外的广告公司接触多，甚至很早就到国外广告公司进行专业培训，也就较当时的广告教育者有着更为领先的行业操作经验和实务理论，加之这个时期广告行业也刚起步，广告公司数量不多，广告操作也鲜有人亲历。

一　进入一线广告公司实习

1986 年，陈培爱带领十几个厦门大学的第一批广告专业学生到北京去实习，以期了解国内广告公司的现状，增强学生对于广告专业运作的体验，并试图了解广告公司的人才需求，并尝试关注中国的广告业的未来转型之路。他们找到了当时北京最好的一家广告公司——北京广告公司。能够带领一批学生长途跋涉地跨地区进入这样的广告公司实习，可见当时厦门大学广告系试图创建国内优质广告学专业高等教育的决心，不惜投入巨大的经济成本和人力成本。这次实习活动，堪称中国广告高等教育中的最早的教学实践活动。

北京广告公司是改革开放后北京地区率先恢复广告经营的广告公司，脱胎于外贸体系，承接了非常多的国外广告公司在北京地区的投放，通过与国际广告公司的交流，吸纳了非常领先的国外营销理念，并且在作业中，也不断积累自己的专业理念，因此是当时一家专业理念和专业实践都走在时代前列的广告公司。在这次实习期间，师生们与公司各个业务部门进行了充分的了解，对该公司的运作理念有所了解。1984 年，北京广告公司总经理姜弘提出"以广告创意为中心，能提供全面服务"的理念，此后北京广告公司在当时执行了一系列成功策划，如"O. B."妇女卫生栓、万宝电器。《富达胶卷导入市场广告企划案》是当北京广告公司贯彻该经营理念之后，所推出的最成功、最完整的全案策划，该产品在市场上也大获成功。该公司是当时国内第一家系统提出经营理念的广告公司。如此领先的运作理念和经验，对于当时的广告专业学生而言，是非常重要的知识补充和专业提升。

时任总经理的姜弘先生，对到访的厦门大学师生团讲道："我们要怎么根据企业扩大市场这个营销目标设计营销活动呢？比如拿到 200 万、500 万元的预算，这个钱不是随便花的，一定要根据市场的整体情况，要科学地来进行安排策划。但是，在整个策划流程中，广告创意设计只是其中的一个表现方式而已。"当时学生们对这一点触动很大，广告本身不完全就是简单的设计问题，创业策划的引导非常重要，这对教学起到很大的引领作用。

陈培爱教授表示："当时我们到国内的一些广告实践当中，迈开双脚，搞社会调研，了解中国广告业发展的现实情况、未来的趋势，了解企业的需求，了解我们广告创业公司在扩展过程当中，我们应当做点什么事情，找准学生的发展基本点，对我们教学整个专业梳理以及培养方案的制定有很大的帮助。"①

黄合水教授在 1990 年进入厦门大学任教后，就曾和代课老师带领学生到广州的四家广告公司参与实习。② 广告学建立初期师生进行的脱离书本知识的实践实习活动，即是以借鉴学习为主，与现在的实践教学不一样，但是已经可见广告实践教学在广告这个应用型学科发展中扮演的重要角色，在当时已经对师生的理论知识与实践知识体系的建构起了不小作用。

黄合水教授发现，"那时厦门大学广告专业的课程设计还是比较重视绘画、设计等艺术方面课程，因为人们感受到的广告就是作品——平面广告、广播广告、电视广告，还没有充分地认识到广告是一种活动，也就是说，当时的广告概念更多是'advertisement'，而非'advertising'。但是很快就意识到，学生因为上大学前没有艺术基础，无论怎样努力，其视觉表达能力很难超越艺术学院的学生。厦门大学广告毕业生在广告界受到重视的，也并非其艺术表达能力，而是通过其他课程获得的文案创意表达和广告活动策划能力。于是，厦门大学广告人才培养迅速从广告艺术人才培养转到广告策划上来，增加了一些旨在提高广告策划能力的相关课程，如广告调研、广告心理、市场营销等。更重要的是，学生也意识到这些方面能力的提高才是最具竞争力的，因此他们自发地创办学生广告社团，自觉地进行第二课堂训练，以补充第一课堂的不足"。③

二　参与广告调查项目锻炼学生作业能力

调查研究是实证类研究方法实施的重要体现，是广告专业化运作的核

---

① 根据陈培爱教授访谈资料整理所得。

② 根据黄合水教授访谈资料整理所得。

③ 思涵：《厦门大学黄合水：广告业实证研究的先行者和引领者——访厦门大学新闻传播学院常务副院长黄合水教授》，《今传媒》2016 年第 10 期。

心，也是中国广告学专业高等教育在相当长的时间内的教育重点。

在这个时期，一些涉外的学术调查项目，在与国内学者合作的过程中，也将一些实证研究的方法和经验传授过来。对于中国消费研究和时政类方法的应用有着重要的示范作用。在这样的项目中，不少学生也都参与其中，也得到了相应的锻炼。

1988年，经过复杂的专业论证和主管部门批准后，北京广播学院成功申办了国内第二个广告学专业。1988年6～8月，以山本武利教授为课题负责人的中日共同研究小组（日本方面参加调查的有一桥大学教授山本武利、埼玉大学教授西真平、关西学院大学教授津玉泽聪广和当时在日本一桥大学留学的黄升民，中国方面参加的有中国人民大学教授沙莲香、中国人民大学讲师王建刚、中国人民大学讲师刘志明、北京广播学院副教授朱光烈、复旦大学教授林帆、复旦大学讲师左贞、复旦大学讲师胡盛华、暨南大学教授陈朗、暨南大学副教授陈宝琼），分别在北京、上海、广州三个城市进行了城市居民消费意识、广告意识调查，对受众的广告接触进行了直接了解。对于参与这次调研项目的师生而言，这都是一次重要的学习机会。

1989年11～12月，日本一桥大学山本研究室与北京广播学院（现中国传媒大学）广告教研室组成共同研究组向北京市100家企业进行了题为"中国企业的市场活动和企业管理者的广告意识"问卷调查。调查对象为在国家工商管理局登记的企业的管理人员，回收调查问卷的企业共计92家。从企业的市场活动、企业的广告活动实态、企业管理者的广告意识三个侧面考察改革期间的企业广告活动。这是我国第一次针对广告主进行的调查。①

在这两次调查中，北京广播学院新闻系广告系专业的师生都有参与，由于该项目有着境外调查专家的指导，因此，也就成为北京广播学院广告系师生一次重要的学习机会，从研究方法，到执行程序、操作经验，都得到了一次较为正规的培训。

1991年归国任教的黄升民主持"关于计算机产业的报纸广告调查"，

---

① 黄升民、杨雪睿：《改革开放30年中国受众广告接触状况研究》，http://www.china.com.cn/news/txt/2009-08/05/content_18281751.htm。

这是国内较早的媒介调查，该项目也是由全系师生共同进行，从日本留学归来的黄升民教授经过非常严谨扎实的实证研究训练，对当时的广告系专业的学生而言，这样的实践，是非常生动而鲜活的调查研究课，能够通过有针对性的问题和需求，进行问卷设计、市场调查，在研究过程中接触真实的消费者，利用专业的研究方法进行消费观测，与此同时，也对如何服务客户，与客户进行沟通，积累了一定的经验。在当时国内的广告专业教育中，非常缺乏实证类的研究经验，类似的主题明确的研究项目也非常少见，因此该项目实践中，当时的师生一起在一边学习一边操作的过程中，同时得到了研究方法和实践经验的积累。当然，当时的实践条件非常不好，没有电脑，只能通过手写来做问卷、录入数据，分析数据。

应该说，在这样的实践操作中，让学生避免了纸上谈兵的局限，迅速进入实践操作的环节，在实践的作业中，加深了对于课堂知识和书本知识的理解，并且激发了他们对于专业的热情和兴趣，并且在这样的项目操作中，也了解了项目运行的流程，锻炼了商业运作的承受能力，积累了商业项目的操作经验，也获得了一定的经济补助，对于当时的广告学专业学生的培养而言，是非常有意义的。

对接行业的广告调查项目也是非常有价值的教学实验，对于传统的教学方式是一种非常重要的突破，对后来教学体系的建构和专业教学观念的树立，都有着非常大的影响。并且随着这两所高校所培养的学生，不断地获得社会的认可，这样的教学方式，也得到了进一步的认可，从而进一步被中国广告专业高等教育体系所认可。

值得一提的是，对于当时的广告行业而言，缺乏严谨而专业的广告调查服务，不少市场调查开始委托给高校来执行。

三　小结

在广告教育起步的初期，逐渐确立了围绕实务流程来培养人才的思路，那么，广告实务所需要的实践能力，也就是培养的重要内容。在海外营销潮流、海外广告专家、国内广告实务界等多种因素的触动下，中国广告高等教育逐渐确定了科学、实证、商业与艺术教育相结合的发展思路，并且以此为目标，不断探索适宜的广告教学方案，并且非常大胆地走出校园，向业界吸纳教育资源，尝试各种合作方式，为后来的中国广告高等教育的发展做出了非常重要的尝试。

由此也可以看出，广告高等教育在最初就是非常鲜明的务实导向，符合当时国家经济发展对于应用类学科的需求，对于当时的广告界需求，也是非常直接而准确的反馈，从而也就迅速得到了良好的认可和支持，使得中国广告高等教育在很早就获得了与业界良性互动的发展机制，应该说，这样的探索对于中国的应用类学科而言，是非常重要的。

虽然这个时期能够获取的教育资源还非常有限，并不能够建构起非常完善的实践教学体系，但是，这样的探索，在当时中国的高等教育界已经属于非常勇敢的尝试，摆脱了传统的高等教育的"象牙塔"的风格，让高等教育服务于经济建设，服务于社会发展，服务于业界，并且从业界吸纳资源和动力，提升教育水准，确定教育思路，与业界协同教育专业人才。

第二节　1992～1998：专业实践直面广告行业

1992 年之后，中国经济进入快车道，中国广告行业也随之加速，而且 1993 年 11 月，国家在"第三产业发展规划基本思路"中首次将广告业定义为"知识密集、技术密集、人才密集型高技术产业"。这进一步明确了广告行业中人才的重要性，在某种程度上也为行业发展提出了重视人才培养的战略思想。

这个时期的广告行业的竞争已经升级，随着广告效能的影响力，大量的广告公司出现，大量的人才也投入了这个领域，国内广告公司已经日渐壮大，越来越多的合资广告公司开始出现，行业的整体运作水平快速提高，这对于人才素质的要求也逐渐提高。

这个时期的广告学专业高等教育在已经明确的发展思路的指引下，确定了教学方案，而在这个时期的广告市场中，由于不少广告公司的作业水平有限，不少企业会将一些广告策划案、消费者调查等广告业务委托给高等院校的广告专业的师生，为广告学专业高等教育带来了积累资源、开始实践教学活动的机会。

一　学生参与广泛的市场调查

这个时期的广告专业实践活动，有着非常鲜明的特征。由于这个时期市场调查公司和广告策划能力较强的公司数量有限，加之高等院校由于教学研究需求，调查研究的方法更为扎实严谨，且更缺少功利色彩，更容易客观公正地执行调查研究，进行广告运作，因此这个时期，不少企业更愿意选择与高等院校合作。这个时期由于广告学专业的高等教育已经具有非常清晰的人才培养方向，并且非常明确地认识到了实践类教学对于人才的培养更为有效且直接，完全不可被课堂类教学替代，除了专业素质的培养，由于这一类实践类教学需要承担非常直接的责任压力，在很大程度上也锻炼了学生的心理素质。

20 世纪 90 年代初期，是行业快速发展和学科建设起步的阶段，90年代中期，广告学专业的实践活动一改以往短期的简单的业务操作，系统地、全面地介入企业经营领域。数量多、质量较高的广告调查和广告策划实际训练进入北京广播学院广告学专业学生的课程安排中，师生在课堂内外完成大量的市场调查、广告的创意和策划，学生不仅能真正切入实践应用流程，而且可以得到一定的报酬，激发了学生的学习热情。[①]

这个时期以北京广播学院广告系为代表的广告学专业高等教育，凭借专业实力，依托北京地区活跃的市场经济氛围，大量的广告客户需求和媒介发展需求，承担了一系列的市场调查项目。这些研究项目，培养了一批实证研究能力扎实、操作经验丰富的广告专业人才，为这个时期的广告界输送了一大批的重要人才，在很大程度上也带动了这个时期广告业界对于实证研究的重视，以及提升了广告行业的实证研究的水平。

北京广播学院广告系这个时期，具有代表性的市场调查研究项目，如：

- 1992 年完成上海家化化妆品市场调查、饼干市场调查。
- 1992 年，北京广播学院与中央电视台广告部合作进行全国公益广告征集和评奖。

---

① 根据黄升民教授访谈整理。

● 1992 年 8 月，受中央人民广播电台的委托，北京广播学院"调查统计研究所"和"广告信息研究中心"带领学生组织和实施了"中央人民广播电台全国听众抽样调查"。①

● 1994 年北京广播学院学生还参加到中国汽车市场综合调查、三宁空调广告案、全国药类市场调查。

● 1994 年 10 月，受国家工商行政管理局广告监督管理司委托，由中国人民大学、现代广告研究中心、北京新大陆公司、南通大众广告公司设计并组织的"我与广告——公众广告意识调查"在《中国广播报》刊发问卷以后，历经 3 个月，至 1995 年 1 月 16 日圆满完成。

● 1995 年成立 IMI 市场信息研究所，开始在北京、上海、广州三个城市实行年度的大规模消费者调查，从最早的 3 个城市，逐渐扩充到后来的 21 个城市，形成了较为丰富翔实的《IMI 消费行为与生活形态年鉴》数据库。这一年完成了韩国三星中国五城市 TV－OK 电视演唱机的市场调查、北京地区牙膏消费市场调查。

● 1996 年完成全国十大城市大学生消费趋势调查、雅倩银川市场综合分析。

● 1997 年北京、青岛火腿肠市场焦点小组访谈会调查、销售商场访问调查，并且还进行了全国高校广告教育状况和广告公司用人状况的调查，师生除了参与商业调查，也逐渐关注国内广告教育与行业情况。

这一系列的调查研究，包括消费者研究、媒介研究、特定行业市场调查、受众调查等，选题非常丰富，对于学生而言，是非常难得的实训经历，除了作为非常重要的教学内容之外，不少调查研究也成为学术研究的素材来源。实际上，这就是中国传媒大学广告学院特色鲜明的"项目实训"教学，并且一直延续到今天，形成了本科培养阶段就开始进入各研究项目小组的传统，让学生很早就树立解决问题的能力至上的导向。

---

① 柯惠新、徐振江、肖明：《1992 年中央人民广播电台全国听众抽样调查》，《综合报告：数理统计与管理》1993 年第 3 期，本次调查包括全国 20 个地区听众的抽样调查（综合问卷调查，样本 3061 人），调查对象为中央人民广播电台在全国的覆盖区域内 12 岁及以上的听众。

二 学生参与广告策划案制定执行

广告策划案也是一些院校承接的主要项目内容。广告策划是这个时期广告专业教学方案的重心，除了有广告策划之外，其他课程比如广告调查、广告文案、创意设计等，也都是广告策划执行的重要组成部分，虽然不少教师也会在课堂内部进行广告作业模拟，以提升教学效果，但是终归有隔靴搔痒之嫌。比较而言，在真正面向客户的广告策划项目中，教师带领学生全程参与，是更为真实的操练，除了会促进学生对于所学的深入理解，更能调动学生的积极性。

这个时期，北京广播学院广告系与业界合作完成的一系列广告策划案有：

- 1992 年，师生共同参与策划 505 神功元气袋广告全案。
- 1992 年，"潘婷派发活动"。
- 1993 年，海王集团进行企业形象策划和海王金樽广告策划、丝普润晨露洁口液产品广告设计和总体规划、山东雪燕集团广告策划全案、雪燕 T 恤广告片、三达 T 恤在北京地区的广告活动策划、万宝电器市场调查及媒介计划、三九企业集团《北京神农计划》纪录片、保北参芍片电视广告片创意及策划等。
- 1994 年完成 30 万份花王诗芬洗发露派发活动，在北京引起较大反响。
- 1995 年完成山东鲁南制药"银黄口服液"广告创意及策划、HB 啤酒广告创意及策划、扳倒井酒广告创意及策划、巨人脑黄金广告创意及策划、绿丹兰广告企划全案等。
- 在 1995 年，媒介专项研究开始，《中国体育报》企业诊断和战略发展策划，《北京日报》《法制日报》《科技日报》等报业经营发展战略个案研究开始。
- 1996 年进行广播媒介经营发展战略个案研究，对"广州电台发展战略研究"进行调查和访谈，完成"华天集团发展战略研究"。
- 1996 年进行山东阿胶、威特四联、万通商城三个企业的电视广告创意、制作；完成海尔广告效果评估和媒介计划鉴定、华天集团

CI 形象策划。

- 1997 年完成长安戏院 CI 形象策划、开始进行儿童服装品牌"绅士狗"企业战略规划。

- 1997 年进行清华紫光集团 CI 系统化研究，京瑞大厦企业文化、MI 系统化外部访谈研究。

- 1998 年完成歌华媒体发展战略研究，专业媒介购买公司研究，未来广告公司发展战略研究，品牌营销与中国电视媒介研究等。

其中潘婷洗发水样品派发是一个轰动的促销活动。1992 年夏季，黄升民和丁俊杰老师亲自踩着脚踏车，带领广告专业 30 多个学生进行宝洁潘婷洗发水 60 万份样品派发活动。这场活动的展开，逐步引起社会关注，《人民日报》记者通过采访发现，这不是一个简单的师生创收活动，当年的大学，物质资源高度匮乏，他们完成了 60 万份样品派发之后，把所得的钱拿来买电脑等，于是，《人民日报》上刊登了《潘婷换电脑》的专稿。黄升民教授事后回忆，所谓广告学专业发展的精神，在"潘婷派发活动"当中有了完美体现。这就是白手起家，独立思想，不看别人脸色，不靠别人扶持，做自己想做的事情。[①]

1994 年，北京广播学院广告系师生与花王公司选择在消费者最常使用洗发水的夏季举办免费样品促销，把东城、西城、崇文、宣武、海淀、朝阳等收入较高区域作为派发区域，与诗芬的中高档形象配套，拟覆盖派发区域五分之一的家庭。北京广播学院学生作为派发员，将每一份试用装亲自送到消费者手中，并统一配备地图、胸卡、介绍信、广告帽、手提袋等，代表花王企业形象。[②] 本次派发提高了诗芬知名度，同时，学生们作为花王公司的企业形象的一部分参与广告策划，在体验广告促销的流程中提高了专业能力和沟通能力。

这样的实践类教学活动，是传统的教学体系中难以自生的部分，必须依托高等教育机构和企业、广告公司、媒介机构联合合作，共同合作，才得以创造。而且这样的实践类教学，对于学生而言，不仅仅是知识上的填充，能够亲眼看到书本上的知识转化为实际的广告效果，并且会在实际

---

① 陈素白：《史实之间——黄升民教授学术思想梳理》，《广告大观》（理论版）2008 年第 4 期。
② 王勇：《诗芬入户大派发》，《医学美学美容》2001 年第 9 期，第 64～65 页。

中，遭遇书本中所不会涉及的各种障碍，比如沟通问题、进度控制等，会让学生尽早积累应对经验和技巧，也改变了学生对于专业概念、专业执行的扁平化的认知，当然，这些经历对于学生的成长非常重要，是磨砺其身心的重要内容。

三　将实践纳入学位论文答辩体系

这个时期的深圳大学，也在不断地探索如何进一步提高学生的职业对接能力，时任系主任的吴予敏教授进行了大胆的改革，"从 1997 年开始，取消本科毕业论文，而是要求学生做一个毕业设计，具体需要学生在校期间组成项目小组，然后这个项目小组要直接面向第一线的市场经济，面向企业，然后他们要去企业里进行商业谈判，要能够争取到真实的广告的业务项目。广告业务项目又要体现出我们广告专业的特色，一般它是以综合策划创意为主。这样一来的话，就向同学们提出比较高的要求。学生要组成项目组，可以考验他们的团队合作能力；他们要深入企业，就是考验他们的社会实践能力和社会交往能力；他们的综合的策划创意，考验他们的业务素质；最终的临门一脚，学生能不能在全校公开的演讲答辩中把作品拿出来，而且答辩时候的话是一定要委托甲方单位到场评审"，[①] 具体来讲，最后的答辩环节，是由深圳大学的教师团队，还加上媒体和国际 4A 的一流的广告公司的老总，共同组成一个评审委员会，对学生的毕业项目进行评审指导。这些环节都对广告学专业的学生提出了系统化、标准化的要求，指导学生在毕业设计的完成过程中提高多方面的能力。

该改革第一次就做得非常成功。"所以有很多企业老总看过后说，原来优秀的广告专业的同学可以从院校培养出来，现在国内培养出来的一些学新闻、艺术的或者是中文的学生，他们和广告专业的业务要求之间好像还有一点距离，而广告专业就比较贴近企业的业务实际，而且马上就能运用这些人才。所以我们第一批做毕业设计的同学，都可以非常顺利地进入国际一流的、深圳市还有广东省的大型媒体"，而且学生进去可以发展成骨干人员，能够迅速担任创意总监的工作，一个就职深圳广电集团广告部的毕业生，第二年就拿到了全国的广播电视广播广告的金奖，这是深圳整

---

① 来自对吴予敏教授的访谈。

个的广播电视集团从来没有拿过的全国的金奖。

该操作从 1997 年持续至今，已经成为深圳大学的一道重要的风景线，引起颇多的关注，比如 2003 年"SARS"期间的毕业答辩，一个小组操作的是德国的大众汽车在广东地区的推广案，项目小组的同学使用英文答辩，第一次在校内进行网络直播。通过这样的方式，学生对接了很多深圳的重要项目，如深圳地铁、华侨城、腾讯等，还有若干的公益项目，比如说壹基金，深圳腾讯的慈善基金会。该操作模式在校内影响非常大，新闻专业也在之后采取了这种毕业答辩方式。

四 打造实践教学平台

随着教学实践的成熟，一些实验室随后诞生，厦门大学新闻传播系于 1991 年建立了广告公关事务所，1993 年建立了厦门大学传播研究所，加强了科学研究力量的同时，开辟了教学与社会实践相结合的新渠道。北京广播学院在 1992 年 2 月成立广告信息研究中心，它以科研为基础，应用为目的，面向市场，为社会各界提供市场调查、促销活动、广告策划、广告创意等方面的咨询和服务。1995 年成立的 IMI 市场信息研究所，1996 年成立 IAI 国际广告研究所和图文创意研究室，是重要的实践教学平台。

黄升民教授指出，当时高校必须解决实践课程改革中遇到的三个问题：一是实践是什么？必须要对所谓实践性作出符合广告学专业特性的定义和解释，不能单纯地说实践就是去践行，那是很低层次的实践。二是业界做什么？参观了解业界在干什么，我们要开展"学徒式"的实践教学。教育和行业并进，然后共同进步。更重要的，三是高校要做什么？要生产出业界没有的知识，超前于行业发展。像数据库、媒介评估，我们按照学术流程严格规范地做，并有知识的营造和产出，这既是学术，也是更高层次的实践。①

实践类教学对于教师的触动也非常大，随着行业的发展，高等院校广告专业的研究者，也开始回归本位，开始关注作为一个研究者的独特性所在，比如开始尝试进行更多的基础性研究。②

---

① 根据黄升民教授采访资料整理。
② 根据黄升民教授访谈资料整理。

五 国际广告公司参与实践教学

中国广告教育的发展与日本电通公司的支持，也有着密切的联系。1992~1998年是中国广告行业和广告教育快速发展的阶段，但是广告学仍是一个很年轻的学科，这时借鉴其他国家和地区优秀的教育经验十分必要。日本作为全球第二广告大国，拥有全球最大的独立广告公司日本电通集团，日本的广告团体和高校非常注重实践基础的理论总结和实践层面能力的培养。[1]

1996年到2001年，是"中日广告教育交流"项目的第一期，其间电通向6所中国广告院校（北京广播学院、北京大学、中国人民大学、中央工艺美院、复旦大学、上海大学）提供广告设备、派遣专家讲座，并接受留校师生到该公司进修，"电通广告讲座"开始。

1996年10月28日，电通广告讲座于中央工艺美术学院装潢设计系首讲，具有95年历史的电通公司积累了丰厚的实践经验，选派了公司中活跃在业务第一线并担任实际业务的骨干担任讲座的讲师，[2]讲座历时10天，讲授营业、市场营销、创意、促销、媒体、广告影像作品中的视觉传达设计的内容，着重介绍实践广告业务的操作方法。通过系统地解析一些事例，讲授专业理论，将理论形象化讲授，还将设计实践引入课堂教学。[3]在这些讲座中，来自日本电通的教师除了讲授从业经验，以及在专业作业基础上进行的理论总结，也会带领学生进行一些操作类的实践活动，激发了学生的兴趣。日本电通的讲师非常注重启发式、研讨式教学。

六 学生社团活动

厦门大学广告学社是新闻传播系三大学生社团之一，自1995年10月1日成立以来，在系领导、老师的指导下，进行各类实践、实习。

广告学社的内部交流学习活动包括：每周一次经典电视广告赏析；不定期的专题讨论和讲座；组织社员了解和参与各项广告赛事；每年编辑出

---

① 许衍凤、杜恒波：《日本广告教育对我国广告教育的启示》，《艺术生活——福州大学厦门工艺美术学院学报》2007年第4期，第53~54页。

② 袁筱蓉：《我所了解的日本电通》，《艺术探索》2003年第2期，第97~99页。

③ 周蓉：《"电通广告讲座"启示录》，《装饰》1997年第3期，第58~59页。

版社刊《先锋广告》等。

学社浓厚的学术氛围和丰富的实践机会使社员主动培养自己策划、公关、制作等能力，力争在校内外都成为独当一面的人才。

浙江大学广告学专业的学生在 1998 年成立了广告研究会，创办《未来广告人》作为校内实践园地，并在每学期定期举办"广告人论坛"，邀请校内知名专家、学者来讲学。[①]

七　总结

1992 年，邓小平"南方谈话"后，广告行业的蓬勃发展暴露了对广告人才数量和质量需要的巨大缺口，这一时期高校捕捉到了行业需求，广告专业如同雨后春笋般在全国设立起来，广告实践教学也随之在学生教学安排中试水。此时萌芽的广告实践活动反映出高校与行业具有更为直接和密切的联系，并且广告实践教学在学科发展中占有非同寻常的比重。

客观来讲，高校通过教学实践活动直面行业，让学生尽早接触产业，提高实践动手能力，并在实践中对于课堂所学进一步消化和吸收。但是应用类教学在国内经验有限，虽然当时的广告学专业教育在课程设置上已经偏向实践，但仅停留在广告调查和广告策划是远远不够的，实践操作深度和广度还需进步。这个时期，广告学科在实践探索中找准实践教学的重点，依托行业，也要独立于行业，教育并不只单单为行业需求服务，也开始逐渐高瞻远瞩，把学术性与实践性融合起来。

徐百益老先生在 1993 年就明确提出广告教育投入的问题，"美国用于广告教育的经费，在 1964 年是 130 亿美元，1990 年增加到 1300 亿美元"，[②] 但是，广告教育的投入在我国一直都是一个非常尴尬的问题，北京广播学院广告系在创办之时，就拿到了 20 万元的投入，厦门大学在发展之初都是依靠海外基金会的扶持，除此以外，对于当时的广告学专业的高等教育机构而言，自力更生是唯一的途径，教师培训、购买教学资料和教学设备、组织教学活动等需求，相当一部分也是通过带领学生进行教学实践类活动而赚取资金，将之投入教学建设中，因此，实践类教

---

① 潘向光、丁凯：《中国大陆院校广告专业的历史走向》，《现代传播》2000 年第 1 期。
② 徐百益：《提高我国广告水平的关键是教育》，《上海大学学报》（综合版）1993 年第 5 期。

学活动不仅培养了学生动手实践的能力，锻炼了他们自强不息的精神，对于广大广告学专业的教师而言，也在这样的实践活动中，形成了独立生存、自主创新的精神，并且逐渐贯穿到中国广告学高等教育之后的发展中。

这个时期的专业实践活动也出现了不少问题，如进入广告公司实习，高等教育机构基本上还没有建立管理体系，导致实习效果难以把握。再如"不少院校没有为学生统一课外实习提供服务的对口单位，只是把学生'放羊式'的赶到社会上，随便找一个广告公司就去实习，至于是否能得到锻炼，实习效果如何，却没有相应的考核方法，这样使本来就比较少的实践机会得不到充分的利用，造成浪费"。[①]

第三节　1999～2010：教学实践规范化发展

1999 年之后，这对于国内广告教育而言，即意味着机遇，同样意味着更大的挑战。在中国每年 400 余万人的大学毕业生中，极少有人具备从事跨国公司所要求行业的必备技能。根据对 83 位在发展中国家招聘本土大学毕业生的人力资源专业人士的访谈来看，平均只有不到 10% 的中国求职者适合在外国企业担当所要求的就职。[②] 与此同时，新媒体的兴起不仅给广告教育带来了更大的空间，也对既有的传统媒体背景下的教育体系提出了质疑。

实践类教学在这个阶段有了非常大的发展，这一方面是源于行业对于人才的迫切的需求，也是中国广告行业的自觉性日益成熟，内部凝聚力开始增强，行业内部的交流、资源聚集、合作开始增强，其中一个体现就是广告专业的实践类教学方面的合作，其数量、层次、规模在这个阶段都出现了非常大的变化，这是既往的行业共建教育思想的延续，也是新时期行业协同发展观念的拓展。

作为广告专业教学实践的主导者，国内广告学专业的高等教育管理机

---

① 郑言：《一个广告专业毕业生的自白——对中国广告教育现状的思考》，《广告大观》2001 年第 1 期。

② 《中国隐现的人才短缺》，《麦肯锡季刊》。

构，对于学生的专业实践类活动开始进行更为规范的管理，从而使得其效果更为突出。

一 多样的实践课程与理论课程结合

这个阶段，各个高校开展了形式多样的实践类课程，丰富了课程体系的同时，也提升了课程的充实度和教学效果，使得专业教学的理论部分与实践部分能够更好地结合在一起，其中也会有高校将一些企业项目引进课堂中，增强课内实践内容的真实性。

（一）校内老师与校外专家合作教学

1. 校外专家走入高校

北大的广告教育颠覆了传统的教育模式，采用通才与专业教育结合、固定教师与业界专家共同执教的方法，使学生们既打好了坚实的理论基础，又避免了与实际工作脱节。[①] 北京大学广告学系在教学中与业界始终保持非常密切的联系，积极从广告业界挖掘教学资源和实战经验，形成了校内老师讲专业基础课、固定的业界专家讲广告实务课程的教学模式。曾任盛世长城国际广告公司实力媒体公关总监的刘国基先生，从 2003 年 12 月开始为北大广告系讲授《营销传播学》，同时在清华大学讲授《广告管理学》。《营销传播学》之前是由未来广告公司的副总何海明先生担任。每周三个学时，18 周的课程，刘国基先生曾经每周为了上课搭飞机往来，当时他采用的是中国人民大学出版社影印的英文教科书，与美国大学的教科书同步（同时他在其他三所学校担任这门课程），在讲解之外，他将重心放在了答疑和案例教学，并且每学期抽出 4 次课堂时间，带领学生进行 4A 广告代理公司访问（主要是 Saatch & Saatch 和 Ogilvy & Mather 等公司），数据调查公司（主要是 CSM 和 A. C. Nielson），以及电视台（主要是 CCTV 和 BTV），同时也会让学生进行市场调查，写课堂报告和制作 PPT 文件进行提交。刘国基认为，"相对于学院内的传统讲学方式有所冲击。应该就在于我们把'江湖'带进大学校园"[②]。让学生耳闻目睹行业工作流程，使

---

① 刘国基：《北大的广告教育》，《广告人》2005 年第 9 期，第 114～118 页。
② 刘国基：《谁怕北大教广告?》，《广告人》2005 年第 9 期。

得学生对于广告人的工作状态能够有一个更为直观的了解。

浙江大学广告学系的课程体系中形成了"三个结合",即专任教授和非专任教师结合,专业教授和非专业教师相关交叉的学科,校内和校外结合联动,① 这个时期,相当一部分的高校采用这样的"结合"来弥补一下教学队伍的不足。浙江大学广告学系会在教师讲授的课程中,加入业界人士的讲座,通常会挑选和邀请企业中负责业务的人员,因面向的学生群体不同,内容和特点会有区分。本科生通常一门课里面有两至三次,主要是为了引他们入门,内容更多的是在行业第一线的情报,还有就是讲解学生实习工作内容,每年都进行纽约广告节的宣讲和作品展示,让学生拓展眼界。硕士课程中的讲座,会深度与业务内容结合。比如胡晓云老师开设的《高级广告传播》课程,通常邀请媒介总监、创意总监级别的专业人士来开讲座,她也会参与其中,如分析他们的实战案例。

2. 项目模拟教学

株洲工学院传播系非常重视教学实践活动,树立了"项目模拟"实践思路,成立了"株洲洋名广告传播策划中心"。该中心具有对外经营权,专门用于"项目模拟"实践教学。规定广告学专业学生在校期间在策划中心参加广告策划活动不少于 4 次,并提交广告策划方案,交由指导老师评定成绩,记入学分。还创立了广告学专业教师到策划中心挂职的制度,即每位教师每学期必须到策划中心主持不少于 2 项的广告策划活动,逐步积累专业教学所必需的广告策划实践经验,从实践中提高自己的教学科研水平。广告学专业"项目模拟"实践教学的探索从 1999 年开始应用实施,至 2004 年已有四个年级的学生受益。90% 以上的学生通过"项目模拟"的实践教学具备了独立开展广告策划活动的能力。1999 级学生杨思帆等主持的"唐人神肉制品品牌广告传播策划书"受到著名企业唐人神集团的高度重视,他们被邀请参加该公司的广告品牌传播战略研讨会。钟伟征同学被湖南梦洁家纺有限公司聘请为主管广西等四省区的广告营销经理。②

3. 论坛、讲座开拓学生视野

从 2004 年开始,北京大学广告系就在校内举办"4A 广告公司论坛"

---

① 来自对胡晓云教授的访谈。
② 王志:《广告学专业实践教学新思路》,《中国广告》2004 年第 3 期。

和"本土广告公司论坛"，通过这些互动性的主题活动，让广告业界最前沿的信息和观念能够最快地渗入大学校园中，同时也让业界人士对大学的广告教育有更多的了解和接触，使得业界与学界在人才培养层次上实现进一步的沟通和交流。

（二）小学期、大实践纳入课程体系

此时的广告学专业的实习开始步入了正轨，在不少学校已经将其纳入了课程体系，并且通过一系列的措施保证实施效果。之所以如此，得益于整个高教系统内部的"三学期制"的改革。

钱伟长在任上海大学校长期间推行了独特的教学管理制度——"三学期制"。他把传统的一学年两学期改为三学期。他推行这项改革源自其所执掌的上海工业大学（上海大学的前身之一），从1985年开始上海工业大学增设第三学期。具体安排为，每学年开设三个理论教学学期，每一个理论教学学期都安排10周的理论教学和1.5周的考试。相连两学期之间安排0.5周间隔假，用于教学休整。春节假安排在第二学期的理论教学与考试周之间，具体日期随着春节日期的变动而变动。实践教学学期与暑假可以通用，在实践教学学期集中安排社会实践和课程设计等内容。① 其后，这个做法逐渐在高校推广开来。

厦门大学于1985～1986年度的第二个学期开始第一次实施三学期制，将每学年划为"两长一短"三学期，并进行了一系列课程改革，当时的厦门大学三学期制实施后取得了可喜的成绩。厦门大学进行学期制改革后，使得学生的选课更加自由，学生可以根据自己的兴趣爱好从自己的角度考虑选择何种课程进行学习，选课自由大大增加了学生的学习兴趣。由于学生积极性的提高，第三学期的开设也使得学生能有更多的机会走向社会参加实践，锻炼了学生的实际动手能力。② 现在，厦门大学广告系则采用"大实践"的方案。即在三年级的暑假和四年级第一学期，让学生去企业或者广告公司实习，在实习中做比较完整的市场调研广告策划的方案。社会大实践回来以后，让学生在真刀真枪的实践中，

---

① 吴程里：《这里是一片热土——上海工业大学综合改革文集》，百家出版社，1994。
② 柯星星：《高校三学期制研究》，江西财经大学硕士学位论文，2014。

了解所知所学的局限，在学生的实践汇报中，教师也知道了教学调整方向，受益颇多。

以中国传媒大学广告学院为例，在大一和大二的下学期末设置小学期，其做法后来在全校推广。其间专业教师与业内专家共同授课，包括指导学生完成提案，并带领学生参观体验广告公司的业务流程，将职业培训提上日程。从 2009 年开始，中国传媒大学开始采用这种新型的模式，将秋季、春季学期的教学时间各缩短两周，在春季学期结束后，增加了为期四周的第三学期，也就是通常所称的"小学期"，在"小学期"学习期间，可以集中安排实践类课程和时间，也可以让学生进行专业技能的集中培训，对于高年级的同学是安排实习和采访的重要时机。[①]

二　游学营

游学，是通过将学生引入实践领域参观、学习、交流，以面对面交流的方式，激发学生的兴趣和热情。

（一）广告公司游学

2013 年，北京大学广告学系的学生开始了五天丰富多彩的假期实习，"从北京来到上海，先后参观考察了安吉斯、上海东方传媒集团有限公司（SMG）、叶茂中策划、梅高（中国）公司和地幔集团（Digital Matrix Group）。在安吉斯，学生们通过安吉斯讲师的演讲了解了广告公司、广告代理商、媒体代理商的区别和定位，初步了解了 ICP 这样一个以消费者为中心进行策划的流程，同时还了解了他们背后强大的市场调研数据库 CCS"。[②]"在 SMG，学生参观了广告经营中心。在这里，工作人员向学子们展示了广告是如何让消费者看到的过程，此外，学生们还看到了电视节目以及电视剧进行整合营销，最终实现广告的最大效益的过程。学生们了解了在一个电视节目中，赞助、冠名等软广与硬广如何有机结合。在叶茂中策划公司，公司员工为学生介绍了他们的一些经典案例，学生们了解了真功夫快餐是如何用 6 年时间从东莞几家小店达到全国直营店 464 家，成

---

① 司若：《"小学期"教学：传媒人才培养的新探索》，《青年记者》2009 年第 7 期。

② 《热血状态突然被激活——记北京大学广告系学生的暑期上海实习》，《广告大观》（理论版）2013 年第 10 期。

为全国中式连锁快餐第一品牌的过程。"① "在梅高（中国），学生们了解了梅高的'马桶精神'。学生与梅高（中国）的企业创始人一起座谈，对品牌与走向国际化等问题有了新的理解。在地幔集团（Digital Matrix Group），学生接受了多屏融合的相关演讲，了解了移动消费者的属性和行为特征。他们了解到大数据的出现使得广告的投放碎片化以及在线广告、联合广告这些传统媒体上没有的广告形式是如何应运而生的。"②

（二）华文学生广告游学营

1999 年，广告学专业以及相关专业在大学蓬勃发展，大学校园里的广告专业和业界甚至国外广告界的联系日益紧密。广告学专业学生的社会实践活动日益丰富。

2003 年 3 月中旬，《国际广告》杂志社和上海师范大学广告系、时报金犊奖联合举办的"首届华文学生广告游学营"在上海结业。

1. 广告游学营的具体内容

此次游学营旨在为在校大学生们提供与业界的接触、交流机会，使学生们对广告行业有直观、真实的认识。具体在"学"的方面，由两岸业界专业教师任教，学生分组作业比稿；"游"的方面则包括考察、游览上海市容及主要景点，部分台湾营员还在香港机场进行了户外广告考察。"在上海智威汤逊广告公司，由客户、策略、创意部门的负责人组成教学小组，讲解广告运作流程。很多学广告传播的学生都是第一次到国际广告公司。"③

2. 学生与业界的碰撞

在游学营中，学生与业界也有了非常直接的交流，也就能够直接获得来自业界的评价和反馈，从而对于后续的学习以及不同院校的专业教育都有了直接的促进。

据游学营指导老师翟治平介绍，由于背景不同，两岸学生在表达能

---

① 《热血状态突然被激活——记北京大学广告系学生的暑期上海实习》，《广告大观》（理论版）2013 年第 10 期。
② 《热血状态突然被激活——记北京大学广告系学生的暑期上海实习》，《广告大观》（理论版）2013 年第 10 期。
③ 平川：《首届华文广告游学营结业》，《国际广告》2003 年第 4 期，第 120～121 页。

力、动手能力、文案写作、专业和需求等方面存在差异。"在专业上大陆的学生比较注重策略，而且像画速写基本功非常好；台湾的学生比较讲究视觉和表现，在电脑操作上很强。我常常对他们讲，电脑经过几年会做得很好，但文笔需要扎实的功夫，不是短期内能学到的，所以大家都要努力，互相取长补短。大陆学生在学习的同时，更希望能抓住就业机会，台湾学生注重知识的充实。"①

对于学生而言，这样的交流机会也使得他们对于未来的专业学习和工作形成更为清晰的概念。山西大学美术学院设计专业四年级学生李胜，自学学习广告专业课，想努力进入这个行业，但是也感受到就业的压力。"现在学广告的特别多，想进入4A公司的也多。以前在学校，与外界接触少，我这次有机会与自身的前辈接触，是个难得的机会。"②

三　各类大学生广告大赛"野蛮生长"

（一）高校牵头各类学生广告大赛

1999年9月由厦门大学新闻传播系承办的"首届中国广告协会学院奖"，令人强烈地感受到青年学生广告创新意识有明显的提高。将学生培养成为具有广博知识的"通才"，即成为基础厚实、知识面宽广、智能优异的人才，逐步成为广告教育界的共识。陈培爱教授指出，广告行业是一项充满竞争性的行业，要代表不同的竞争角色去拼搏奋斗。因此要把学生的能力培养放在主导地位，使培养的学生由知识型变为能力型。广告教育要突出开拓创新精神，教给学生获取知识的能力与方法。③

中国传媒大学广告学院是促成广告比赛创办、鼓励学生参与比赛的一支积极力量。2000年11月，由北京广播学院发起的"首届北京大学生广告节"在北京举办，并设立"捷先杯"新广新人奖。2001年与中国台湾《中国时报》合作推进中国广告"金犊奖"。2005年，中国传媒大学与中

---

① 平川：《首届华文广告游学营结业》，《国际广告》2003年第4期，第120～121页。
② 平川：《首届华文广告游学营结业》，《国际广告》2003年第4期，第120～121页。
③ 陈培爱：《中国广告教育二十年的发展与基本经验初探》，《江西财经大学学报》2000年第2期，第69～70页。

国教育学会共同承办全国大学生广告艺术大赛，截至 2018 年已经成功举办了十届，先后与 100 余家企业进行命题合作，吸引全国 1300 多所高校参与其中，形成了稳定成熟、具有相当规模的大学生教学实践平台。此外，在 2005 年，承办中国广告协会"中国广告学院奖"，在 2005～2007 年承办 ONE SHOW 中国青年创意营活动。

2007 年，在中国商务广告协会指导下，中国传媒大学广告学院举办了"中国策"中国大学生营销策划大赛，旨在为全国对营销策划实践有兴趣的大学生提供一个展示才华的平台，使参赛者通过参赛提高专业水平，取得佳绩向社会及业界展示自己。首届"中国策"以"体育营销"为主题，面向全国近百所大学中喜爱广告策划的同学征集参赛作品，参赛人数近千人。

丰富多样的大学生广告大赛集结了大批热爱广告的学子将理论知识融会贯通，投入头脑风暴当中，在全国更大范围内进行较量和竞技，对广告教育来说，将广告大赛引进课堂，"以赛促教"的方式也丰富了整个教学体系，增强了实践性。

（二）国际赛事在中国青年学子间铺陈

1. ONE SHOW 中华青年创新竞赛创办

步入 21 世纪，WTO 加速了国际广告赛事中国化的进程。2000 年开始，在中国合作伙伴的帮助下，作为全球广告界最享声望的奖项 ONE SHOW 的创立和主办者，ONE CLUB 先后在厦门、上海和北京与中国广告界共同举办过年度广告论坛、峰会。这些活动的成功举办激发了 ONE CLUB 对中国广告业以及广告教育业的极大热情。2004 年，为更好地激发中国的创意潜能，ONE CLUB 在北京正式设立独资机构——ONE CLUB CHINA，与国内媒体、广告公司和业内专家一起，促进中国广告业的创意水准的提升和发展广告教育。

ONE SHOW CHINA 与中国传媒大学合作，推出了由 ONE SHOW 全球评委团和国内资深创意人联合评审，专为中国广告设计青年人才设置一年一度的"ONE SHOW 中国青年创意竞赛和创新营活动"，迄今已是大中华区参与人数最多、最有影响力的面向年轻创意人的创意奖项之一。入围选手将有机会参加 ONE SHOW 中国青年创意营，接受国际评委领衔的创意营培训，最终的优胜者可获得参加纽约举办的盛大创新周的机会，与世界顶级广告大师亲密接触。能够赢得 ONE SHOW 中华青年创新竞赛奖项，成为艺术、创意、广告、设计等相关专业的中国大学生在校期间的最高专业荣誉之一，因而得到青年创意人、高校的积极参与和充分认可。

2. 时报广告"金犊奖"来源已久

除了 ONE SHOW，2001 年，中国台湾《中国时报》举办的时报广告金像奖、时报亚太奖及时报广告"金犊奖"等，随着台湾和内地的广泛交流引起内地广告人和广告学子的关注和参与。时报广告"金犊奖"的名称取自"初生之犊不畏虎"之意，是面向全球华人大学生创办的"青年创意奥斯卡奖"，1992 年在中国台湾设立，1997 年登陆中国大陆，是全球华人地区规模最大、历史最悠久的学生广告活动。

时报广告"金犊奖"每年邀请十余家企业合办赛事，邀请 40 余家媒体报道，还有包括北京大学、清华大学、中国传媒大学、浙江大学、武汉大学、广州美院、鲁迅美术学院、天津工业大学、南昌大学、上海大学、厦门大学、山东大学、山西大学、河北大学等在内的 1024 所高校院系将近 60 万师生参与金犊奖的角逐。有数据统计，20 多年来金犊奖培育超过 1000 万名学生进入相关领域。

金犊奖以企业品牌策略单形式提供学生参赛，组委会每年会把竞赛策略单和教学光盘寄给高校，并接受学校申请，进入两岸约 50 所高校进行校园创意日巡回宣讲。2018 年的参赛作品超过 5 万件，参赛选手超过百万人。因评审与执行都沿用时报广告奖的水准，作业严谨，专业权威，含金量很高，是广告学子锻炼实践能力、证明专业实力的难得机会，因此每年都有来自世界各地的学生参与其中，交流比试，实力见长。

3. 戛纳幼狮中国区选拔赛培养人才

戛纳国际创意节在 1995 年就开始举办 Young Lions Competitions（幼狮竞赛，当时叫作青年创意竞赛），此奖项是戛纳国际创意节正赛之外，针对 30 岁及以下的青年创意人而设立的独立竞赛单元。幼狮竞赛的流程是首先要求所有参赛者两两一队组成团队，然后给每个团队一个主题，在 24 小时内设计一张海报或者组织一次营销活动，在设计完成后，第二天的早上 8 点至晚上 8 点还必须创造出广告，如此高密度的竞争的确符合了"Young

Lions"对于行业新锐高标准的要求。①

夏纳国际创意节的夏纳幼狮（Young Lions Competition）中国区选拔赛自2008年起由《现代广告》承办，鼓励中国优秀的青年创意人在全球舞台上角逐，于每年4月开始征集选手，在十年间输送了100多名青年创意人前往夏纳幼狮这一国际舞台。我国的广告学子在以往的激烈竞争中获得了"三金一银一铜"的好成绩。

夏纳幼狮的很多选手反馈表示，对于他们来说，参与选拔赛的经历坚定了自己在广告行业走下去的信心。2018年夏纳幼狮中国区选拔赛学生组入选夏纳RHA学院的选手赵雨寒来自中国传媒大学，她在大一就被这项比赛所吸引，大学期间一直蓄势待发，终于在2019年走向了这个舞台。"算是完成了自己一直以来的一个夙愿吧，"赵雨寒说，"因为我们专业方向很多，不是所有人都是做创意，但我从大一开始就决定要走创意这条路，包括现在实习也是在创意部"。她直言，大学期间，比起一些理论课，她更注重需要实操的课程。②

四 广告公司重视学生实践训练

一些规模较大的广告公司每年都有相应的实习生招聘计划，比如在国际广告公司中，奥美广告公司从2009年开始面向校园进行实习生的招聘，名为"新兵计划"，还有一年即将毕业的硕士生和本科生，都可以参加，招聘测试的流程非常严格而且机会珍贵，竞争非常激烈。

厦门大学在2007年跟奥美签署实习培养协议，每年提供给厦大广告系八个实习生到奥美实习的机会。北京、上海、广州加上福建总共四个办公地点，每个地点安排两个实习生名额，由奥美出经费。"最早是任奥美亚太总裁，后来任奥美全球董事长兼首席执行官的杨名皓（Miles Young），他亲自到我们学校来考察交流，很重视实习生培养。他说如果我们的学生表现突出，他们可以其中选两三个，到中国台湾、新加坡甚至到美国总部参观学习。在实习生第一年实习结束以后，奥美向学校反馈我们的学生存

---

① https://socialbeta.com/t/the-history-of-cannes-lions-international-festival-of-creativity.html.

② 《破·立——2018夏纳幼狮中国区选拔赛落幕》，《现代广告》，http://www.maad.com.cn/index.php?anu=news/detail&id=6980，最后访问日期：2019年4月9日。

在什么缺点，哪些方面存在不足，我们这边可以做一些改进之类的建议。我觉得他们的意见很中肯，于是我们就又做了一些调整"。①

为了给中国广告业培养合格人才，加强与中国广告学界的联系与合作，同时为了吸引更多优秀的毕业生加入北京电通广告有限公司，北京电通媒介统括中心和电通传媒于2010年10月发起实习生制度。先后与中国传媒大学、清华大学、北京大学、中国人民大学、暨南大学、山东大学的广告学院或者新闻学院建立了紧密的联系。先后接收了中国传媒大学、清华大学、北京大学、中国人民大学、南昌大学等高校相关专业即将毕业的大学生和研究生来北京电通实习。实习生分布在北京电通的媒介统括中心、电通传媒、Global Business Practice、策略开发本部、CC统括室等部门。与此同时，北京电通也经常邀请东京电通的专家就业界热点话题在多所高校做讲座，与高校相关领域的师生互动。

五　总结

实践类教学在这一时期由于得到了众多广告学专业教育的重视，开始从各校的单打独斗，辐射成全国性甚至国际性多地区的合作行为，包含高校国际交流学习项目、学生竞赛、行业专家合作教学等内容。

此时广告实践最主要的特点就是大学生广告竞赛的飞速开展。高校开始注重鼓励和指导学生积极参加全国性的专业竞赛活动。通过每年组织学生参加全国大学生广告艺术大赛、中国大学生广告艺术节学院奖、时报广告"金犊奖"、ONE SHOW中国青年创意竞赛等全国性的专业竞赛活动，加强了专业教师和学生的实践能力，并与广告传播业界保持经常沟通的状态。

北京工商大学广告系主任罗子明教授说道："我系原来的定位主要是企业的广告经营上面，所以对于广告行业的各种学生比赛，开始并没有积极参加。但是在2003年之后，当时的几个广告大赛，主动联系我们，邀请学生参赛，同时我们也自己觉得在教学方面需要上一个新的台阶，所以就开始鼓励学生参与，老师指导也特别投入，学生热情学习，也取得了很多不错的成绩，当时效果很好。"②

---

① 根据黄合水教授访谈资料整理。
② 根据罗子明教授访谈资料整理。

在此阶段之前，广告学专业开展实践教学的角色只有两个，一是高校，二是行业企业。进入 21 世纪，参与实践教学环节的角色多了起来，作为联结高校与行业的纽带——丰富多样的大学生广告比赛，还有后文将要介绍的校企实践平台，都汇集了更多资源，主动沟通教育界与业界，使得开展实践教学更加便利和容易，学生颇为受益。

第四节　2011~　：数字实践教学着重创新

这个时期，数字媒体的形态带来了营销产业体系的颠覆，以人工智能、区块链、云平台、大数据等为核心的数字技术融合越来越成为当代数字营销的一个主导性力量，与此同时，必然带来对于新型人才的需求，传统大众媒介时代的创新，仅仅是创意表现层面的，在新媒体时代，营销传播需要基于数据、技术、文化等层面进行，消费形态在碎片化之后重新聚合，更为看重自己的权利和价值共创，因此这个时期的数字营销人才，需要更具有创新精神和创新才能。这对于传统的广告学专业的教学，意味着一场巨大的变革。

一　实践类教学

（一）合作数字营销课程

1. 北大的大数据营销传播实战教学

据北京大学广告系主任陈刚教授回忆，从 2007 年开始，他就逐渐明确不为广告公司培养人才，也不为传统媒体培养，只为互联网行业培养人才的人才培养规划，最终落实的结果是开设以互联网企业为核心的实战课程。

2015 年，北京大学新闻与传播学院广告学系开展数字化改革，调整传统的广告教育教学，在全国范围内首次开设大数据实战课程，将合作企业的大数据广告平台和智能化创意工具直接引入课堂，让学生们针对广告主提出的需求进行真实的营销传播投放，提高实践教学水平，通过实战操练数字营销传播技能，不是纸上谈兵，而是从试错到优化的过程中学习和检验理论与专业知识。

北京大学广告系的实战课程在 2015 年引入腾讯广点通系统，2016 年引入了京东京准通引流监测系统，对学生实战的销售效果进行监测；2017 年又引入筷子科技程序化创意平台支持同学们的创意生产和今日头条系统，让学生接触到最前沿的营销技术工具。"2017 年 6 月 6 日下午，140 余名同学齐聚北京大学新闻与传播学院报告厅，共同迎来了本学期'大数据营销传播实战教学'的课程考试。由陈刚教授担任考官，北大研究生院副院长姜国华教授、教务部副部长刘建波教授、创新创业机构筹备组副组长杨爱民监考，京东副总裁颜伟鹏、今日头条副总裁刘思齐、优衣库大中华区首席市场官吴品慧、蒙牛数字化营销中心总经理郭锐、衡水老白干副总经理王汉国、筷子科技董事长李韶辉、滴滴出行新媒体负责人蒋万鹏、平成广告董事长吴晓波、海润国际文化传播公司董事长潘洋、知萌 CEO 肖明超、互动通控股总裁邓广梼等来自学界、业界的评委嘉宾们共同组成了本次考试的考官团队。"[①]

参与该次考试的来自参加 2017 年广告专业本科三年级开设的"创意传播管理"和新闻与传播专业硕士一年级开设的"广告案例研究"两门课程学习的同学。"自 4 月 25 日到 5 月 23 日为期一个月的时间里，同学们利用今日头条平台为每组提供的 15000 元广告资源，针对广告主提出的需求进行真实的营销传播投放。"[②]

2. 暨大的"广告兵法"训练营

2007 年，暨南大学广告系开始与省广集团开展"广告兵法"训练营，聘请省广的相关领导和业务精英为学生开设系列讲座课程，实战指导。该课程一直延续至今。2019 年 2 月 28 日，暨南大学"广告兵法"训练营开营。此次训练营敦聘广州舜飞信息科技有限公司 CEO 张君晖先生、副总裁梁丽丽女士为客座教授及专业研究生校外实习实践导师。这届"广告兵法"训练营的特色在于开创性，试图与广州舜飞信息科技有限公司在程序化广告系统应用及算法建模的基础上建设学校企业知识传播平台，为广告

---

① 《教改创新，拥抱"双创"：北京大学广告学系大数据营销传播实战教学纪实》，http：//school. freekaoyan. com/bj/pku/dongtai/2017/12 – 01/1512139529741653. shtml。

② 《教改创新，拥抱"双创"：北京大学广告学系大数据营销传播实战教学纪实》，http：//school. freekaoyan. com/bj/pku/dongtai/2017/12 – 01/1512139529741653. shtml。

学子提供程序化广告知识的课外辅导，并向智能广告研究迈进。该届训练营拟提供三大工作坊，分别为："暨大—舜飞"程序化广告工作坊、"暨大—华略"短视频数字营销工作坊、"暨大—博报堂"生活者洞察工作坊。

3. 以创新短课和系列前沿讲座实现融合型教学体系

近年来，深圳大学广告系先后和全球著名广告公司电通北京公司联合开展《品牌创构战略》创新短课、与国内排名前列的数字营销公司华扬联众联合开设《搜索引擎营销》创新短课、与精硕科技（AdMaster）等联合开设《计算广告》创新短课。以《搜索引擎营销》为例，短课主要内容为搜索引擎营销、搜索引擎广告与传统展示广告的区别、SEM 的工作流程、搜索引擎广告的 KPI、搜索引擎广告的初级优化方法、追踪统计以及 SEM 工具介绍，等等，极大地弥补了广告专业学生在企业品牌创建和搜索引擎营销等数字营销前沿专业性知识的不足，填补了目前教学内容的空白，并使得学生通过课程训练掌握了数字营销前沿技能。

4. 深圳大学开设系列广告前沿讲座

此外，深圳大学广告系与电通株式会社于 2014 年、2016 年和 2017 年先后组织实施了系列广告前沿讲座，内容涉及品牌构筑、创意思维训练等，深受广大师生的好评。讲师由电通公司东京总部和北京电通的业界精英担任，他们对数字营销的最新观念和解决方案进行介绍和阐述，为学生们提供业界最新的经验。[①]

拓宽专业视野、作为实践教学的内容之一的专业讲座早已在各个专业普及，并且有了许多新的主题表现形式，开设的范围也不局限于部分区域和部分高校，以华中科技大学为例，尽管相比于北京、上海、广州、深圳等城市，武汉市的广告业界资源并不够丰富，但在 2018 年上半年华中科技大学广告学系也聘请行业专家为学生们带来多场业内专业讲座，作为教学内容的动态补充，为学生面对面向企业和专家发问、发散思维交流创意点子提供平台。[②]

此外，电通总部于 2014 年在深圳大学传播学院开展中国大学生国际产学研协同创新项目，设立"深大—电通广告创意孵化营"，由电通一线的

---

① 黄玉波：《融合与实战：数字营销背景下广告学专业人才培养模式的反思与改革》，《广告大观》（理论版）2018 年第 12 期，第 11～17 页。

② 根据李华君副教授采访资料整理。

创意策划团队到深圳大学指导项目并开设讲座，提高了深圳大学广告专业的教育质量和人才培养特色。①

5. 调研实践走向海外

近些年，境外实习，已经是不少高校的一个改革方向，其主要目的也是为了拓展学生的国际视野，培养符合中国发展所需要的国际化人才。如由中宣部、教育部及国家留学基金委员会支持开展的"国际新闻传播硕士海外实习项目"就面向中国人民大学、清华大学和中国传媒大学国际新闻传播专业的硕士研究生，通过"单位推荐、专家评审、择优录取"的选拔办法，最终通过面试的获选者将前往《人民日报》、新华社、《中国日报》、中国国际广播电台、中央电视台、中新社六家中央级媒体的驻外分支机构实习3~6个月。②

暨南大学作为"百年侨校"，在海外华人交流、华文媒体研究方面拥有丰富的资源。为了更好地践行广告实践的国际化，2016年，广告学系组织学生去韩国做了两个调研，一个是韩国公益广告调研，一个是韩国的数字营销调研，这是学生可以将理论课程"海外公益广告"实际检验的一次宝贵机会。③ 参与调研的学生切身了解了国外公益广告实务和研究的最新动态，在巩固广告学基本理论知识的基础上，将相应的广告学知识运用到公益广告研究和公益广告实践活动中去，从而提高了公益广告策划和调研能力、一定的公益广告相关课题的研究能力和团队写作能力。

6. 推动学生自主学习

为调动广告专业学生学习的积极性，深圳大学广告专业学生创建了"广告一番"公众号，利用学校提供的开放实验室的条件开展自主学习。从内容来说，广告一番发布比赛信息与资源，作品分享，毕业设计的跟踪播报，广告前沿理论和实务分享，等等，有益于学生的自主学习。参与运营公众号的学生也收益良多，如微信内容的图文编辑、采稿、图片处理能力等都得到了进一步提升，为进入社会打下了良好基础。

---

① 黄玉波：《融合与实战：数字营销背景下广告学专业人才培养模式的反思与改革》，《广告大观》（理论版）2018年第12期，第11~17页。
② 董光鹏、宋欣政：《境外实习：高校新闻教育的国际化实践》，http://media.people.com.cn/n1/2016/1010/c407565-28766403.html。
③ 根据杨先顺教授访谈资料整理。

华中科技大学广告系在大三下学期安排学生进入广告公司、公关公司实习，由学院的实习工作领导小组统筹负责学生们的实习工作，为学生们提供工作单位的推荐和分配。但是现在随着时代的发展，学生的自主性增强，另外获取实习信息的渠道也更多元化了，学生自己也可以找到比较好的实习机会，不必局限于学院提供的实习单位，选择传统媒体、广告公司、公关公司和互联网公司都能够由自己的特长和兴趣决定，学生的实习自主性更强。并且还有一些同学在实习过程中，表现出色，直接就与工作单位签署就业协议，① 学生的就业问题得到了有效的解决。

厦门大学广告系在学生实习上的安排是"放开"的状态。黄合水教授表示大部分高校学生从三年级的暑期以后，基本上就属于实习和找工作的状态了。为了锻炼学生的独立能力，学校不强制给他们安排实习单位。这与新闻系还不一样，因为新闻系的学生比方说要想到人民日报社、新华社实习，学校和老师还必须起一个联系的作用，要不然学生操作起来有一定难度。然而对广告学生应该是放开，在相对自由的环境中让他们自主选择。②

学生专业实习是学生走向工作岗位的过渡，推动学生自主实习，将培养计划的硬指标赋予学生更多根据兴趣、业界动态等因素来选择的活力，并且教师和学院辅之专业指导建议。这些都对学生充分发挥主观能动性、认识社会、熟悉工作岗位具有重要的铺垫作用。

二　专业的学生广告比赛与时俱进

这个时期，各个高校对于学生广告比赛更为重视，投入更大。

如深圳大学广告学系以课堂内外实践平台探索融合型实践体系。课堂内外实践结合以一、二年级学生为主体，主要是采取学生兴趣学习工作坊的形式，以学生自愿参加为前提，激励学生积极参与挑战杯、国内外各类专业竞赛，包括全国大学生广告艺术大赛、学院奖广告创意竞赛、ONE SHOW、金犊奖竞赛等，提供学生之间的互动交流平台，为学生提供课程之外的学习实践和兴趣培养的平台。

暨南大学广告学系力推国际化。"这两年，我们学生的参赛从原来的传

---

① 根据李华君副教授的采访资料整理。
② 根据黄合水教授的采访资料整理。

统的大广赛、学院奖，金犊奖等这些国内或者中华区的奖项，现在走向一些国际的舞台。如今我们的学生除了在 ONE SHOW 国际青年创意大赛频频拿奖之外，釜山国际广告节中也获得名次，并且在冲刺戛纳幼狮。就是说在原来的应用实践动手基础上，还要有国际化的视野，这块是我们人才培养的目标。"①

（一）学生类广告节追求创新

上海国际大学生广告节（简称"大广节"）是 2002 年由上海市教委、上海市工商行政管理局、上海市对外文化交流协会指导，上海大学、上海市广告协会、品牌中国集团主办，携手国内外百余所知名高校共同参与设立，此大学生广告节创意平台立足上海，面向整个大中华地区高校及部分世界地区高校大学生，结合行业发展需求，把创新创业意识融入人才培养，让具有创新精神、创业意识和创造能力的人才在这场高水平、高规格的赛事展露出来，截至 2018 年，已经举办了十七届。其核心价值即培养全能型、实干型、创新型的广告人才。第十五届"上海国际大学生广告节"更名为"上海国际大学生广告艺术节"，强调艺术创造，力求进一步发挥大学生文化创意平台的作用。②

随着行业的呼唤，大广节重视创新和创业的特点越发明显。以第十四届大广节为例，上汽通用汽车雪佛兰、中国银行上海市分行、上海五角场集团、临港文化、九鹰科技、DQ 冰雪皇后等众多品牌根据自身的需求提出参赛命题，通过大广节面向海内外各大高校在读大学生征集原创作品。大广节组委会为了帮助大学生充分理解大赛命题，把创意精准落地，在作品征集期间分线上、线下两条渠道，分命题分院校，展开对大学生们的针对性辅导。在线上，大广节推出了"大咖讲堂"。在线下，大广节在各大高校展开了创意巡讲及创意巡展，举行了首届创意产业与创新传播高峰论坛和校园自媒体圆桌分会。③

（二）ONE SHOW 中华青年创意奖的革新

ONE SHOW 中华青年创意奖也出现非常大的变革。首先，竞赛日程设

---

① 根据杨先顺教授访谈资料整理。
② 《第十四届上海国际大学生广告节在沪闭幕》，中国新闻网，http://www.chinanews.com/df/2015/12-25/7688638.shtml，最后访问日期：2019 年 4 月 13 日。
③ 《第十四届上海国际大学生广告节圆满闭幕》，北青网。

置发生调整，从 2017 年开始，ONE SHOW 中华青年创意奖分为上、下两季进行征稿，这样的分季征稿将对应高校上半年和下半年的两个学期，两赛季的入围者均可参加 11 月举办的 ONE SHOW 中华青年创新营。充分的时间准备以及数量均衡的命题配置，为高校学生增加了更多的锻炼机会，提高了创意挑战的质量。其次，ONE SHOW 中华青年创意奖的命题强调创意核心。大赛主题一直围绕创意字眼，企业品牌利用策划角度、策划诉求、展现形式等创新，充分体现出广告行业的灵活性和命题给大学生带来的挑战性。

并且，从 2013 年起，创意青年面试日活动成为 ONE SHOW 大中华区每年创意周期间的固定节目，每年都会有大量顶级创意公司、媒体公司、互联网公司、独立创意热店、品牌方派出面试官参与该项活动，进行企业实习生和青年员工的招募。2015 年 ONE SHOW 创意青年面试日顺应创意行业的发展，为青年创意人才提供了更为立体的面试日体验。在往届创意广告代理公司的基础上，新增邀请了更多的互联网公司、媒体及客户，为青年人提供更加多样性的职业方向选择，也为这些急需青年人才的创意创新公司提供了新鲜血液。

（三）YOUNG STARS（青年之星）成为后起之秀

被誉为"东方戛纳"的韩国釜山国际广告节（AD STARS）是于 2008 年创办的国际性广告节，由釜山国际广告节组委会主办，受到了韩国文化体育观光部、釜山市政府、韩国广告主协会等组织的大力支持。釜山国际广告节组委会一直秉承促进韩国乃至全球广告产业发展为目的，挖掘、培训新一代年轻广告人为主旨，是专业广告人、非专业创意爱好者积极参与的盛宴，像釜山电影节一样发展成为国际瞩目的赛事，为全球广告业界交流与发展提供了一个很好的平台。

当时，全球范围超过两万人参加的国际广告节仅有 4 个，除了釜山国际广告节，其他三家是：法国的戛纳国际广告节（Cannes Lions），美国的金铅笔（ONE SHOW），英国的黄铅笔（D&AD）。相较于戛纳、艾菲等历史悠久的广告奖，釜山国际广告节确实较为年轻，但其近年来发展势头也可谓蒸蒸日上（见图 4-1、图 4-2）。

除了优秀广告作品展示，该广告节还组织了丰富多样的论坛和活动，

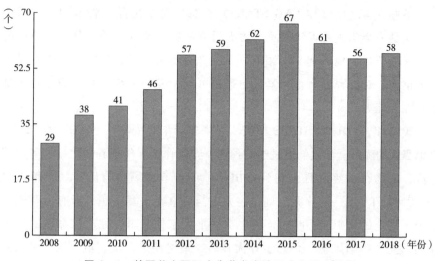

图 4-1 韩国釜山国际广告节参赛选手来自国家数量

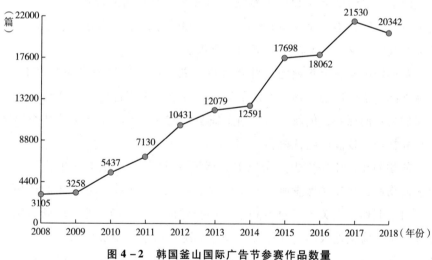

图 4-2 韩国釜山国际广告节参赛作品数量

主要的活动类型有：创意论坛、数字营销论坛、获奖作品展、获奖作品播放、世界公益广告展、艾菲韩国获奖作品展、YOUNG STARS（全球大学生广告大赛）、NEW STARS（全球职场新人广告大赛）、开幕式 & 开幕晚宴、Networking Party、颁奖典礼 & Farewell Party。①

---

① 《2017 第十届釜山国际广告节 精彩回顾》，《中国广告》，http：//www.ad－cn.net/read/7577.html，最后访问日期：2017 年 9 月 22 日。

举办青年之星（YOUNG STARS）是韩国釜山国际广告节的一场重头戏。这是为全球优秀青年创意广告人设立的独立奖项，是国际广告节中鲜有的现场开题、现场制作、限时完成、现场评审的 LIVE 模式，创意显得尤为重要。对参赛者而言，紧张的赛制可以激发和训练选手们的创意思维以及综合能力。

2016 年，YOUNG STARS CHINA（华釜青年之星奖）是 YOUNG STARS 中国赛区的阵营。学生们通过学院预选、专家评审、华釜青年之星奖等层层选拔，最终在每年 8 月下旬到釜山国际广告节现场参与比赛。青年之星（YOUNG STARS）的比赛规则是主办方当场宣布比赛主题，所有参赛团队必须于规定的几十个小时内，集中在一个大工作室里，完成该命题的广告作品。在"头脑风暴"创意生存大赛后，最终评选出金、银、铜、水晶四大奖项。该比赛的亮点之一在于采用了更符合时代潮流的 AD 2.0 崭新模式，即由一般消费大众和广告专家一起来参与对作品的评审，① 广告专家是来自日、韩、美、澳等国的资深广告人和学界泰斗，能够给选手们带来精准客观的指导，又保持了大赛的专业水准。

获得铜牌及以上奖项的获胜者有机会获得国际广告公司的实习机会。全球国际大学生广告大赛，不仅是创意的竞争，因广告行业及营销一线的专家们公正的评判，创新实力得到了证明，也是学生们建立全球社交网络和提高技巧、技能的绝佳机会。

胡朝阳在《中国广告》杂志上介绍了现场情况："很多学生为没有报上名而伤心，在现场做志愿者或者是在比赛场地外观看。2011 年的现场比赛题目是制作一则关于'世界和平'的公益广告，现场出题，现场制作出作品，由上海交通大学媒体设计与设计学院 4 名学生组成的参赛团队，一举夺得了 YOUNG STARS 金奖，这是我国首次在该项比赛中获得金奖，实现了零的突破。"②

值得一提的是，为了调动教师和学生的参赛积极性，不少高校开始采取有效的激励策略。如北方民族大学设有创新创业教育中心，专门管理各

---

① 胡朝阳：《韩国釜山国际广告节获奖作品巡礼》（下），《中国广告》2012 年第 8 期，第 107～110 页。

② 胡朝阳：《韩国釜山国际广告节获奖作品巡礼》（下），《中国广告》2012 年第 8 期，第 107～110 页。

类学科竞赛和各种创新活动，其职能包括进行学科竞赛筛选，制定学科竞赛的组织管理规定，制定配套的经费支持政策和激励机制。对获奖学生给予经济奖励和综合素质学分认定，并在评优活动中予以加分等。① 2018 年，北京工商大学广告学系在每门课程中都给一整个班级的学生 1000 元学习经费，学生可以用作参观公司、支付做作业的所有成本。学生完成所有的作业，不需要自己出一分钱。学院提供设备，提供场地，提供经费，解决学生在学习实践中的阻力，学生就更愿意去实践，在经济独立的前提下，把好的创意付诸实践。在学院的经济支持下，学生的综合能力以及实践动手能力有了明显提升。②

依托学科竞赛，构建广告学实训教学模式，需要建立健全相关的制度和相应的管理与奖励细则，这是实训教学模式可持续发展的有力保障。

（四）网络营销大赛为教学提供实践支持

丁俊杰教授在其《新时代的广告产业新格局》中指出，"广告这个概念当中让我们关注的是新媒体的技术、新媒体的渠道、新媒体的终端、新媒体的互动，这四个层面是我们当下广告业要注重的。"③ 作为新媒体广告传播的方式之一的网络营销随着新媒体发展的普及和深入，相关学生比赛在技术支持和市场召唤下酝酿产生。

网络营销能力秀是网络营销实操平台，也是中国互联网协会"互联网应用实训促就业工程"项目之一。平台联合了众多网络营销服务商、电子商务网站、大中型企业，为正在学习网络营销课程的相关专业在校大学生提供实践和实习机会。学生可以灵活安排时间，进一步延伸网络营销理论与实践相结合的教学内容，利用平台展示自己，通过完成不同的实践任务，如信息源构建、博客及社交网络、知识/图片/视频分享、网络直播、内容写作、微信公众号文章发布及分享传播、网络在线调研等，来锻炼自己的网络营销应用能力。所以说，网络营销能力秀是网络营销课程实践新模式，从效益理念出发，搭建了学生、高校和企业三方同赢的平台，即为

① 张学霞、钱文霞、拓守君、张韧洁：《大数据时代广告学教学实践探索——以北方民族大学广告学专业教学改革为例》，《教育评论》2015 年第 11 期，第 153～156 页。

② 根据罗子明教授采访资料所得。

③ 丁俊杰：《新时代的广告产业新格局》，《广告人》2016 年第 6 期，第 120～121 页。

学生提供了一个实践平台，为高校提供了一个研究与指导的平台，为企业打造了一个网络营销平台。

南京城市职业学校的教师，整合了 2017 年春季网络营销能力秀活动具体实践方案，课程设计了 8 个实践项目，确保每次理论均有配套实践。每次实践任务都是围绕教学目标来设定的教学子项目，每个子项目有具体的任务概况、操作流程、注意事项等。各个项目间相互联系，环环相扣。整个过程充分激发了学生的创新创意意识和能力，提高了学生的学习兴趣和成就感，增强了学生的实战操作能力。①

三　校企合作、开展创新人才培养

"提高质量是高等教育发展的核心任务，是建设高等教育强国的基本要求。要提高人才培养质量。牢固确立人才培养在高校工作中的中心地位，加强实验室、校内外实习基地等基本建设，强化实践教学环节，创立高校与科研院所、行业、企业联合培养人才的新机制。"② 这是教育部对高校人才培养提出的要求。

（一）"电通·创新人才培训营" 惠及更多师生

自 1996 年以来，我国教育部就与日本电通公司在广告、传播、设计教育领域开展了一系列合作项目，跨国企业产学合作弥补了我们教育条件的不足，日本电通作为世界第一大广告公司拥有丰富的资源和宝贵的营销策划经验，对中日两国广告教育界、传播教育界和设计教育界的创新人才培养起到显著的推动作用。2005 年以来举办的"电通·中国广告人才培养基金项目"，惠及了更多的大学师生。为表彰电通公司对中国广告教育事业的贡献，教育部连续 3 年向电通颁发了最佳合作伙伴奖。

2015 年 7 月，湖南师范大学新闻与传播学院承办第一届教育部与日本电通公司的合作项目"电通·创新人才培训营"，株式会社电通总务局社会贡献部部长池田京子女士表示，"长期以来，电通在日本国内外积极开展体现企业的社会责任的各种公益活动，而与中国教育部的这一合作项

---

① 胡丽君、肖永红、刘义玲：《基于网络营销能力秀平台的高职网络营销课程实践教学改革研究》，《南京广播电视大学学报》2017 年第 4 期。
② 《国家中长期教育改革和发展规划纲要（2010－2020 年）》。

目，是最具代表性，成效最大，意义最深，参与人数最多的一项活动"。

"电通·创新人才培训营"主要安排是学生在完成由日方创新团队主持的全封闭创新设计训练之后，由各支队伍根据终极命题进行独立构思、限时比稿，最终由来自株式会社电通的专业导师评选出最佳创意团队。"电通·创新人才培训营"自 2015 年首次举办以来，已成功举办四届，在推进创新型人才培养和创业教育方面发挥了积极作用。[①]

2018 年 7 月，"第四届教育部——电通创新人才培训营"在苏州独墅湖科教园区启动，采取"封闭式强化训练"和"限时创新设计提案"的形式，从全球传播实践与商业开发的角度，以"批量创意"为主题阐述设计和广告业界最新的创意潮流和商业解决方案。全国各地包括中国传媒大学、厦门大学、复旦大学、中国美术学院、上海外国语大学、深圳大学、西北大学、华中科技大学在内的 19 所高校团队参加了此次创新训练营。来自株式会社电通的 XDS 团队的老师全程进行授课和指导，电通 XDS 团队负责人森口哲平老师在创意分享中阐述了"科技 + 内容"的创意哲学，他强调，商机的大小取决于行为模式改变的意义。随后松浦夏树、樋口裕二、坂本雄祐三位讲师分别讲授了"分解""结合""逆转""任性王国"等独创的创新创意方法，用"PIE""HEX""Tyrant"这几个生动有趣的互动游戏传授了利用身边事物进行创新的工具和方法，并依此提出独特的商业计划，[②] 激发了学生的创意思维。

（二）校企实践基地搭建成规模

2001 年 4 月相关人士在美国的"广告教育高峰论坛"上提到，美国很多学校的广告学系与广告公司签订了固定接纳实习生的合同。这是一种校企联合培养的实践形式。在我国，随着广告学专业近些年的发展，相关的校企合作实习基地等模式逐渐深入专业课教学，很多高校已经建立了校企合作的广告实践平台，高校有企业合作的实践平台教育模式是高校与企业

---

① 湖南师范大学新闻与传播学院：《我院广告专业学子在第四届电通·创新人才训练营斩获全场唯一大奖》，http：//xwxy.hunnu.edu.cn/shownews.asp？id＝1987。

② 《我院学子在"第四届教育部——电通创新人才训练营"中荣获全场创新奖》，华中科技大学新闻与信息传播学院网站，http：//sjic.hust.edu.cn/info/1039/5433.htm，最后访问日期：2019 年 4 月 12 日。

之间充分利用各自的教育与实践资源，以职业岗位为导向进行职业素养的培训，缩短了学生毕业后适应工作岗位的时间。

建设实习基地成为内地广告实践教学的一大特色。据崔银河统计，接受调查的 208 所设有广告学专业的院校全部有自己的实习基地，其中 69% 以上的院校有两家以上广告公司作为学生的专业实习基地。这些实习基地的利用率和学生受惠面还有待提高。[①]

在 2016 年，北京新意互动广告有限公司与首都经济贸易大学文化与传播学院共同建立了校外实习基地，2017 年 12 月 20 日，又与中国传媒大学广告学院举行了校企合作签约仪式。促进校企合作，旨在充分发挥校企双方的资源优势，联合学术界共同培养更多高素质、高潜能的优秀人才，同时也为学生的课程多样性、实习、就业提供更丰富的角度与空间，探索培养复合型、应用型、创新型人才的新模式。

四　广告公司纷纷建立实习生计划

北京电通广告有限公司承袭东京电通对中国广告教育事业的热爱与贡献，从 2013 年开始已经连续 5 年开展实习生培训项目。长期以来，北京电通积极参与广告人才培养，与各大院校保持着非常良好的合作关系。常年深入学校分享行业内容（如 2018 年北京电通上海分公司 CCO、CDC China 执行总监津布乐一树为复旦大学的学生们带去"King of Contents Era"的精彩课程）、接待高校来访（如 2018 年接待北京服装学院时尚传播学院选修了广告专业课的学生来访），并连续多年开展实习生项目（如 2017 年"闪电侠—暑期实习生训练营"），致力于为广告教育事业贡献力量，让更多优秀的高校毕业生由此了解电通，加入电通，学习更多行业知识，为电通带来新的活力。

电通安吉斯集团建设的实习生招募项目"暑期实习生训练营"，旗下的北京电通、电通东派、电通公关携手举办暑期实习生电通招募专场，旨在走进校园，鼓励对广告行业充满热情的大学生参与更多的广告传媒实习项目，从中接受历练和挑战，学习更多专业知识与技能，激发他们的内在潜能，培养他们的实践能力，在更为广阔的国际广告传媒平台上拓宽视

---

① 崔银河：《广告学高等教育发展现状与专业设置调查报告》，《中国广告》2007 年第 6 期，第 16～17 页。

野，成为数字时代的优秀广告人。

可以说，广告公司开展的暑期实习培训活动是一项双赢的举措，既可以为企业吸引优秀的广告人才，也能够为中国广告人才的培养贡献力量。

五　总结

我国当前的广告教育已经进入了理性发展、科学整合时期。丁俊杰教授曾说："我希望广告专业培养的学生是通才全才，具有广泛的知识积淀和较强的创意实践能力，而非只知其一不知其二的专才，因此要认真把握好综合素质与个性发展之间的关系。专业人才成长的基础需要'博大精深'，犹如参天大树扎入泥土中那盘错的根系，吸收广泛的养料，高标准地要求学生建立宽广治学基础，有利于将来各方面的探索以及创新思维的飞跃。"

广告实践安排帮助改善学生的就业困境。由于 2008 年之后大环境的调整，高校毕业生面临的就业压力越来越大。钟以谦教授给我们提供了这样一组数据：从 2008 年开始，我们的毕业生就业率陡降，举个例子，2007 年平均 1 名毕业生有 5 个岗位空缺可供挑选，而在 2008 年只能达到1：1.2、1：1.5 左右，就业率从 2008 年之后急速下滑，这是一个巨大的变化。[①] 大学生就业难主要集中在两个矛盾：一是就业岗位的增长速度落后于毕业生人数增长速度之间的矛盾；二是高校的教育滞后于社会实际要求之间的矛盾。要想让广告专业毕业生更有市场竞争力，实践动手能力强已不是核心竞争力，而创新则是知识经济时代行业社会和人才不断进步的源泉。

因此，在新的广告产业布局下，高校、企业共同协作，安排开展的实践活动在教学和训练中培养学生的动手能力、思辨水平，在实践中激发和锻炼学生的创新能力，正是为了培养出环境适应能力强、人际交往能力强、基础扎实、专业面宽，具有创新意识、创造能力和创业精神的高素质复合型人才，以匹配信息时代的人才需求。

---

① 根据钟以谦教授访谈资料整理。

第五章 行业组织与学术社团推动教育发展

广告行业协会，即在广告行业内主要由广告主、广告经营单位和广告媒体等单位或个人自愿结成的非营利性社团,[①] 最早的广告行业协会出现在美国，美国广告联合会（American Advertising Federation，AAF）、美国广告代理商协会（American Association of Advertising Agencies，4A）和全国广告主协会（Association of National Advertisers，ANA）三大行业组织在美国广告发展进程中发挥了重要的作用。在我国，中国广告协会、中国商务广告协会、中国广告主协会并称三大行业协会，对中国广告行业进行协调管理、自律以及权益保护，在教育相关方面担任着人才标准制定、人才状况研究，促进行业核心人才标准制定以及专业理论研究的责任，对于学术活动则是组织学术研讨和学术论坛等。

中国广告专业高等教育，作为一个从零起步的应用类专业，在其发展过程中，一直受到来自行业方方面面的支持和推动。行业组织和学术社团，就是其中非常重要的力量，本章由此切入，一方面是为了展现中国广告行业组织与学术社团对其发展的具体推动行为，另一方面是为了呈现中国广告学专业高等教育发展的多元力量成就的真实状况。在中国广告学专业高等教育起步、发展、蓬勃、转型的每个阶段，中国广告行业组织和学术团体都非常积极地参与其中，并且通过特有的方式，在教育实施、学科建设、学术发展、吸纳资源、打造平台、营造良好外部环境和社会影响等各种方面都给予了大力推动，甚至双方会协同共创。

中国的广告行业组织出身于官方背景，对于政策趋势把握更为透彻，且具有更为强大的资源聚集能力、行业组织能力和社会影响力。作为行业

---

① 杨燎原:《中美广告行业协会比较研究》,《广告大观》（理论版）2013 年第 5 期，第 9 ~ 17 页。

的协调者和自律的倡导者，在很早就意识到了广告教育的作用，并出于行业责任感，为了行业的人才需求和长远发展，对于举步维艰的广告学专业高等教育积极扶持，并且为了激活专业学术发展，组织行业年会，创办学术组织，召开学术研讨会，举办广告作品比赛，支持科研项目，促进国内外广告学术交流，等等。

应该说，中国的广告行业组织是中国广告教育与业界、社会、行业管理部门的一个衔接桥梁，一直关注着中国广告教育的发展，并为之保驾护航。

第一节　中国广告协会支持专业教育发展

中国广告协会成立是在改革开放之初，广告行业迅速发展，主管部门为了促进行业健康发展而成立。同时，推进专业人才培养、推进学术进步也是其重要职责。中广协学术委员会作为其下属学术促进机构，也是同样为了促进行业发展，从学术建构的角度，通过学术社团的方式，进行推动。

在改革开放的第一缕春风中，广告业迅速萌芽破土、蓬勃生长。1982年，有关部门开展了对广告经营单位的第一次全国普查，对推动广告形成行业门类奠定了基础。根据普查结果，到1982年底，全国有广告经营单位1623家，广告从业人员1.8万人，广告经营额1.5亿元。中国广告业开始形成规模并走向了经济社会的大舞台，亟待官方的管理和扶持。因此，中国广告协会在迫切的条件下应运而生，于1983年12月27日至31日在北京召开第一次代表大会时正式成立。作为中国最大的广告社团，其会员分布广泛，包括广告主、广告经营者、广告代言人（经纪公司）、广告（市场）调查机构、广告设备器材供应机构等经营单位，以及地方性广告行业组织、广告教学及研究机构等。其官方资料显示，目前有超8000家会员单位参与到广协活动中。同时，协会代表中国参与到国际广协组织中。

中国广告协会作为全国性的行业组织，接受国家工商行政管理总局和登记管理机关民政部的管理。其会员代表大会是其领导机构，下设理事会、常务理事会等，办事机构包括《现代广告》杂志社、会员部、活动部、培训部、国际部以及综合部等在内的 6 个部门。其分支机构包括 15 个分会，如电视、广播、报刊、公交、民航等。

广告教育同样也是广告协会职能的重要组成部分。一方面广告协会会员中包含很多来自高校的研究机构和教育从业者；另一方面广告协会对普及广告知识、提高广告从业人员的专业水平，实现广告教育的现代化起着重要的推动作用和指导作用。

一 中广协与教育

（一）支持广告学专业高等教育创办

在中国厦门大学和中国传媒大学广告学专业筹建的过程中，都得到了中广协的大力支持。唐忠朴先生，1981 年之后在中广协任理事和中广协学术委员会的副主任，曾经受邀参加厦门大学广告学专业的筹建，和余也鲁先生一起讨论教学计划、指导教学工作，并且给第一批本科生上课。1984年，厦门大学聘请唐忠朴为"兼职教授"。在中国广告教育起步阶段，这样的支持是实际且有力的。据丁俊杰回忆，当时中国传媒大学申办广告学专业的时候，在认证的过程中，得到了中广协的认可，才使得专业的申办顺利进行。

此外，中广协也与国内高校合办各类广告教育培训活动，为广告人才的培养做出了重要的贡献。1989 年 11 月，中国广告协会与北京广播学院联合创办"广告专业证书班"；1998 年 5 月，中国广告协会就与厦门大学、北京广播学院（现中国传媒大学）联合举办了研究生课程进修班。

（二）各类活动提供教育交流平台和资料

1982 年 2 月 21 日，中广协组织的第一届全国广告装潢设计展览在北京举办之后，从 1983 年到 1988 年期间，全国性的广告作品展虽然没有大规模举办，但各种活动仍层出不穷，这也从表现出中国广告在改革开放初期广告行业的活跃态势。中国广告协会于 1985 年召开专业工作会议，分别按广播广告，电视广告、报纸广告和户外广告等专业进行优秀广告作品评选活动，这些活动都促进了广告领域的交流，为广告教育积累了重要的研究案例。

在专业赛事方面，中国广告协会一方面利用自身资源和背景成为重大赛事的发起人，始办于1982年的中国广告长城奖，作为中国国际广告节的核心赛事之一，历经三十余载的发展沉淀，目前已经成为中国规模大、影响广、专业度强的广告奖项之一。伴随时代发展和行业变迁，于2003年开创了中国广告长城奖——媒介营销奖、互动创意奖，每年都邀请本年度戛纳创意委员会参与评审。此外，还开设了中国公益广告黄河奖、中国元素国际创意大奖等细分奖项。

另一方面，中广协结合平台优势代表中国积极参与到国际赛事中，在1995年就派团参加了在澳洲举办的第42届世界广告主联合大会，其组织参与的重要国际交流活动还包括国际广告协会世界广告大会、戛纳创意广告节、亚太广告节以及广告实务境外培训等。其中，自1994年获得国家认定的境外培训资格以来，于1998年中广协组织了第一批赴德广告人才培训团到汉堡进行学习，连续多年组织国内广告从业人员赴境外进行培训。

1982年成立的中国广告学会，以及后来替代它的1983年成立的中国广告协会及1987年成立的中国广告协会学术委员会，始终都在积极推动中国广告学术的发展，率先带领学术界对于各类行业问题、理论问题进行研讨。中国广告学术研讨会成为中国广告协会非常重要的学术研讨会。

中广协自2005年来每年定期举办中国广告论坛，又被业界称为"中国广告达沃斯会议"。邀请来自政府管理、广告行业以及媒体行业的专业从业人员，结合时代发展趋势进行深入研讨，是引领行业发展的风向标，对企业和行业发展具有重要的指导作用。此外，还有始办于1982年的中国国际广告节，作为权威性和专业度极高的广告业界盛会，有效地促进了广告主、广告媒体、广告公司及广告学术教育界的交流合作，也成为中国广告业与世界交流的重要窗口。

（三）支持广告学术

中广协在学术出版物上也有丰富的成果，从1996年创办至今的《现代广告》杂志，每年独家发布"中国广告业生态调查""中国广告经营排序报告""中国媒介创新营销价值榜"等行业报告，在整个广告及营销行业都具有很强的影响力和号召力。于 1988 年创刊的《中国广告年鉴》，至今已出版了 22 卷。2015 年由中广协主持撰写并首次发布的权威性行业报告《2015 年中国广告市场报告》，包括来自国家统计局、工商管理总局等多方数据全面展示了当年中国广告市场的运作情况。

此外，中国广告协会一直支持中国广告学术的发展，2018 年协同中国商务广告协会、中央电视台，共同支持中国传媒大学广告学院，发起了"中国广告四十年"的研究项目。

二　中广协学术委员会

1980 年 9 月国务院批示，国家工商总局负责管理全国广告，建立监管机构，拟定政策、法规。1983 年 12 月成立中国广告协会，1986 年年底，中国广告协会换届，协会领导决定成立学术委员会，把分散在全国的广告专家、学者、理论研究人员组织起来，以更好地开展广告理论研究和学术交流工作。1987 年，中广协学术委员会在湖北沙市宣布成立，而早期对广告理论有所研究的洪一龙、唐忠朴、潘大钧、姜弘等老一辈广告人，自然而然地成为学术委员会的缔造者和中坚力量。

当时学委会的构成，主要包括院校、科研机构和广告实务三个方面的代表，并保持各方面一定的比例。这些主张后来都被学委会第一届代表大会采纳，并写入了正式章程。第一批申请加入学委会的 99 人当中，只核准了 52 人成为首届会员，其中高等院校教授、副教授占 32%，科研人员占17%，具有一定理论水平或创意成果的实务人员占 36%，企业及其他部门中有学术研究能力和成果的人员占 15%。

中广协学术委员会自成立之初就积极召开会议、论坛并发表相关研究成果，最早追溯到 1988 年，成立之初就发表了 30 多篇涉及我国广告体制及策划、广告设计和广告心理学等代表专业学术观点的论文。在此后的三十年间，中广协学术委员会不断扩展会员力量，吸纳越来越多热衷广告学术研究的人才加入，产出了一系列紧跟广告行业和学科教育的学术研究成果，从近期的交流会主题和出版物不难发现，学术委员会开始聚焦带来业界变革的移动互联网发展背景并探讨了未来广告的变革和创新力量。

自 1988 年广告学教育发展至今的过程大致分为四个阶段。[①]

（一）1988～1994 年：广告业启蒙

这个阶段，中国广告行业刚刚起步，广告人才急缺，现有的人才大多存在专业素质不强的普遍问题，这个时期的中广协学委会通过培训、教材出版、研讨会等方式，普及专业知识，推动广告教育的发展。

1987 年 8 月 6 日至 10 日，中国广告协会 1987 年度广告学术讨论会和学术委员会成立大会在湖北省沙市召开，中国广告协会学术委员会也于 1987 年 8 月 6 日正式成立。洪一龙被选任中国广告协会副会长兼学术委员会主任至 1995 年，其间多次主持全国广告学术研讨会和优秀广告评选工作。

唐忠朴先生认为，学委会的成立是"应运而生"。他说："80 年代后期，我国广告业持续高速成长，大大促进了广告学术领域的空前活跃。那时，各方面涌现出来的广告理论工作者，有来自高等院校的、科研单位的；还有来自广告公司、媒体和企业的。他们人数众多，但分散在各地，学术水平也参差不齐。"

唐忠朴回忆学委会头两届任期内的主要工作说："当时的中国广告业正处在一个转型时期，如何推广普及现代广告观念，加快广告业现代化的步伐，任务非常迫切。为此，学术委员会和地方广告协会相结合，相继在福建、广东、浙江、安徽、江西、贵州、四川、新疆等地，举办面向广告从业人员的学术讲座或培训班，积极传播新的广告理念，培训广告人才。另一项主要工作，就是在全国性的广告评选活动中，由学委会成员担任评委，帮助制定评选标准与规则，使其更加完善、早日同国际接轨。有多位学术委员，在全国各种广告评选中，历年充任了不可或缺的角色。我连续八届参加全国电视广告评选，上海的陈梁是各类广告作品评选标准的起草者，程春、路盛章、朱月昌等学术委员，是资深的广告评委，他们曾为提高我国广告水平做出了很大的贡献。"[②]

[①] 历史分期和历次会议的相关资料，参考《中国广告协会学委会三十年发展历程》，《声屏世界·广告人》2018 年第 2 期。

[②] 《中国广告协会学术委员会 30 岁了》，http://www.sohu.com/a/206555133_99903906。

● 1989 年度，全国广告学术研讨会 8 月于辽宁省丹东市召开。这次讨论会专题讨论广告音乐创作的有关问题，成为首次专题化模式的全国学术研讨会；中广协学委会与企业家组织联合在浙江举办《市场营销策略研讨会》。

● 1991 年，中国广告协会学术委员会第二届会员大会在上海召开，大会以"中国广告发展十年"为题进行了深入的学术研讨并选举产生了第二届学术委员会领导机构。

这个时期，中广协也牵头召开广告教育的专题研讨。1988 年第二届全国广告学术讨论会在兰州召开，讨论的重点内容之一是讲解北京广告公司的广告总体策划案例。唐忠朴说："创意的基础是策划，没有市场调查、没有对消费者的分析，没有对商品的研究，创意就将成空中楼阁。'北广'的成功案例，对当时的业界起到了示范作用，广告必须讲科学。这次学术讨论会后，著名的江西鸭鸭羽绒服厂邀请学委会专家，协助他们进行广告策划。参加了这一实践活动的学术委员们，莫不感到受益匪浅。"1990 年厦门大学与中国广告协会合作举办的国内首次广告教育研讨会，会议集中探讨了广告教育和广告人才培养的问题。此次会议对推动我国广告教育水平的提高产生了积极的影响。

（二）1995~2001 年：深入推动教育发展

进入 90 年代，随着中国广告行业的快速发展，广告教育也进入了历史新阶段。开设广告学专业的院校开始增多，广告教育的正规化和学术研究的深入开始成为学术方向，也成为中广协学委会的推动方向。

● 1994 年 6 月 14 日至 16 日，1994 年全国广告学术研讨会在武汉召开。代表们就广告业的发展趋势及相应对策、企业形象与CI 导入、广告教育和人才培养三个专题进行了分组讨论。部分代表在全体会议上做了专题发言。1994 年中广协会刊《现代广告》创刊。

● 1995 年 5 月 29 日，在上海召开了第三届学术委员会会员代表大会，会上选举产生了新一届学术委员会常委，修改了《中国广告协会学术委员会工作条例》，《条例》第一次作出了自律性的规定。以赵晨为首的新一届中广协学术委员会领导集体就提出了"五个一"的工作目标，即每年办一次学术委员会全国广告学术研讨会、讨论一本论文集、围绕广告业重大问题组织一次论证、与业界联合组织一次活动、发展一批会员。在广告教育发展初期，这样运作规范化的学术组织进一步为广告学术理论搭建了规范平台。

- 中国广告协会学术委员会于 1996 年 10 月 18 日至 20 日在西安市召开了 1996 全国广告学术研讨会。出席会议的学委会委员及代表共 80 人，提交学术论文 50 余篇。本次会议主题是"广告业的经营与管理"，与会代表围绕我国广告业面临的形势和存在的困难，提出了建议与对策。

- 1997 年 5 月，中广协学术委员会邀请部分专家学者及主管部门负责同志在北京召开了"中国广告人才需求培养"的小型专题研讨会。与会代表对广告专业人才的需求与培养应具有一个怎样的基本战略框架进行了热烈的讨论，并取得了共识。出版发行了《1996 年全国广告学术研讨会论文集》和《1997 年全国广告学术研讨会论文集——广告 1998 新生代》两本书。

- 1998 年 10 月 6 日至 8 日，在四川成都召开了"全国广告学术研讨会"，将"影响广告效果的因素及其对策"列为主题，切中了当时中国广告业亟待解决的突出问题。此次研讨会共收到论文 44 篇，从广告主、广告经营者、广告发布者、广告受众以及营销、创意、媒体等多角度、多层面，论述了影响广告效果的各种因素及对策。

- 1999 年 7 月中国广告协会学术委员会主编了《寻觅广告真谛——广告效果的研究与分析》一书，由人民日报出版社出版。该书收集了"全国广告学术研讨会"的优秀论文，对"广告效果"这一课题进行了较为深入的探讨与研究。

- 2000 年，《1999 年全国广告学术研讨会论文集萃——迈向新世纪的中国广告业》由学术委员会编辑，工商出版社出版。2000 年全国广告学术研讨会以笔谈形式继续在网上举行。

- 2001 年 11 月 9 日至 11 日在湖南长沙，中国广告协会学术委员会与湖南商学院连袂举办了"2001 年全国广告学术研讨会"。会议以"提升广告经营单位的市场竞争力"为主题。

（三）2002～2007 年：研究规范化

随着中国广告教育的日渐规范，中广协学委会也开始伴随行业的发展，进行了众多领域的专题探讨，研讨主题更为深入细致，推动研究的规范和深入发展。

- 2002 年 9 月 13 日，中国广告协会学术委员会主办的"2002 全国广告学术研讨会"在南京召开，本次研讨会主题为"中国广告业生态环境"。会议主要就中国广告业发展环境生态、媒体环境生态、品牌环境生态、广告实务、广告教育五个专题进行探讨。

- 中广协学术委员会第四届委员大会与研讨会同时举行，会议选举产生了第四届学术委员会常委会，修改了《学术委员会工作条例》，完成了学术委员会核心层的年轻化。

- 2003 年 10 月 31 日，由中国广告协会主办、《南方都市报》承办的以"中国广告业生存及发展模式研究"为主题的广告学术年会在广州召开，中国广告协会副秘书长武高汉、南方报业集团副主编王春芙和中国广告协会学术委员会主任丁俊杰，以及 70 位学术委员会委员出席了此次大会。

- 2004 年，全国广告学术研讨会于 12 月 17 日至 19 日在深圳召开。80 位来自全国各地的学术委员围绕中心议题"品牌——企业核心价值的开发"展开了热烈而深入的研讨，掀起了新一轮的品牌论战风潮。委员们分别就"品牌研究""品牌观点""品牌传播""品牌策略"四个专题进行了研讨。《品牌——企业核心价值的开发：2004 年全国广告学术研讨会论文集萃》由中国广告协会学术委员会编辑，丁俊杰、董立津主编，中国工商出版社出版。

- 2006 年 10 月 25 日、26 日，中国广告协会学术委员会第六届委员代表大会暨 2006 年全国广告学术研讨会在云南省昆明市召开。中国广告协会秘书长时学志、云南省工商局副局长赵健、昆明市工商局副局长常纪云出席了会议。70 多位来自全国的广告经营、广告管理、广告教学和市场研究领域的学委会委员、专家学者参加了本次会议。

- 2007 年 9 月 19 日至 20 日，中国广告协会学术委员会 20 周年庆典活动暨 2007 年全国广告学术研讨会在青岛举行。

（四）2008 年至今

● 2009 年 8 月，中国广告协会学术委员会编辑出版了名为《中国广告理论探索三十年》的学术论文集。本书分主题演讲、理论篇、实务篇、方法篇和教育篇五大部分。主要内容包括：对中国广告营销三十年的简要回顾、中国媒介发展三十年的宏观检视、中国广告理论研究三十年回眸等。

● 2010 年 9 月 26 日，由中国广告协会学术分会主办，上海大学影视艺术技术学院承办的，以"国家经济发展战略与中国广告产业创新发展"为主题的"2010 年全国广告学术研讨会"在上海大学召开。来自北京、上海、广州等地的高校研究院所专家、教授及一些广告界业内人士一起就"国家经济发展战略与中国广告产业创新发展研究"进行了讨论。

● 2011 年 11 月 18 日至 11 月 20 日，中国广告协会学术委员会第七届委员大会暨 2011 年全国广告学术研讨会在厦门大学召开。本次会议由中国广告协会学术委员会主办，厦门大学新闻传播学院承办，共有来自北京大学、中国传媒大学等高校和中央电视台广告部等业界的130 余位专家学者和业界精英参会。

● 2012 年，编辑出版了名为《数字化媒体环境下的广告业发展》年度论文集，内容包括：数字化媒体环境与广告业、数字化媒体环境与广告创意、数字化媒体环境与广告营销以及数字化媒体环境与品牌传播等。

● 2013 年 11 月 21 日至 23 日，全国广告学术研讨会在宁波大学举行。本次广告学术研讨会由中国广告协会主办，宁波大学人文与传媒学院与宁波大红鹰学院艺术与传媒学院联合承办，主题是"价值、责任、发展——中国广告发展战略建构"。金定海主编、中国广告协会学术委员会编辑出版的《价值、责任、发展——中国广告发展战略建构：2013 年全国广告学术研讨会论文集》由吉林出版社出版。

● 2014 年 10 月 10 日至 12 日，2014 年度全国广告学术研讨会在山西举办，大会就"互动与移动——中国广告发展趋势建构"进行了阐述与解读。金定海、韩志强主编的《互动与移动——中国广告发展趋势建构：2014 中国广告学术年会论文集》由山西人民出版社出版。

● 2015 年 11 月 7 日，2015 全国广告学术研讨会在位于苏州的西交利物浦大学召开。来自全国的广告业人士和专家们探讨了现今环境下广告"重构与再定义"——中国广告业的创新与发展问题。中国广告协会学术委员会主编的《重构与再定义——中国广告业的创新与发展：2015 中国广告学术年会论文集》由厦门大学出版社出版。年会上，相关领域的专家与学者就广告重构与再定义的议题，发表了各自的见解。

● 2016 年 12 月 3 日，中国广告协会学术委员会第八届会员代表大会暨 2016 中国广告学术研讨会在南京财经大学召开。本次代表大会暨研讨会由中国广告协会委员会主办，南京财经大学承办。来自全国各地的 100 多名广告专家和学者，开展了"模式与路径——中国广告业的创新与发展"主题会议，探讨现今经济环境下广告业的发展趋势。

● 2017 年 5 月 20 日下午，中国广告协会学术委员会第八届常务委员会在北京大学新闻与传播学院举行。中国广告协会副秘书长周玉梅，中国广告协会学术委员会主任陈刚，中国广告协会学术委员会创始人之一姜弘以及来自全国各地的常务委员出席了会议。本次会议的主题是讨论中国广告协会学术委员会 30 周年纪念活动相关事宜。

● 2017 年 11 月 25 日、26 日，举办"金色年华三十而立——中国广告协会学术委员会三十周年纪念活动"，并举办了主题为"建构与超越"的 2017 年度全国广告学术研讨会。

● 在 2017 年中广协学术委员会成立 30 周年之际，精选出学委会成员及部分前辈学者的优秀论文 80 多篇，编辑出版了《广告是条河——中国广告协会学术委员 30 年论文集粹》，集中展示了中国广告学术研究发展的成果，为研究中国广告发展历史提供了珍贵史料的同时，也有利于中国广告人回顾过去展望未来、创造更多属于中国广告的优秀成果。

纵观中广协学术委员会前后三十余年的发展，其历史在某种程度上已成为当代中国广告学术发展史的一个缩影。作为中国广告协会下设的九个专业委员会之一的中广协学术委员会，是我国第一个真正意义上的学术社团，其发展历史也是中国广告事业发展史的一个部分。

中国广告协会学术委员会在中国广告的启蒙阶段应运而生，它的成立，囊括了当时在政府职能部门、高校科研机构、广告公司、媒体行业以及广告主领域一批对广告学学术理论有所研究的精英人士，具备了广泛的代表性。多年来，中广协学术委员会一直积极推动广告学科建设，同时作为成立最早的中国广告学术社团，在增强学界和业界联系的同时还具有对外展示功能，通过定期开展会议、产出专业学术成果，充分提高了广告专业的认知度。

第二节　中国商务广告协会与中国广告主协会助力

中国商务广告协会也是中国广告行业组织的重要组成部分。开创时间早，从中国广告发展初期至今一直积极为业界和学界提供支持，并且对于中国广告教育事业的推动也非常热衷。

一　中国商务广告协会

中国商务广告协会，其前身是中国对外经济贸易广告协会，1981 年经国务院批准、民政部核准成立的第一个全国性中国广告业的行业组织。当时正处在改革开放初期，国民经济逐步恢复，其间，中国对外经济贸易广告协会的主要任务是服务于出口贸易，推动生产，加强商品的对外广告宣传，推销更多的商品，并为此不断加强理论建设和实务建设。

外广协会第一任会长邹斯颐对当时外广协的职能阐述："广告是同进出口贸易密切相关的，尤其是在出口方面，要推销更多的商品，必须加强商品的广告宣传。因此，中国外贸广告协会的首要任务，就是让广告宣传真正成为推动生产、促进贸易的桥梁，让它为发展对外贸易服务。"2005年 9 月，随着国家政府机构改革、经商务部和民政部批准，中国对外经济贸易广告协会根据《社会团体登记管理条例》的要求，正式更名为中国商务广告协会。

中国商务广告协会下设综合专业委员会（中国 4A），作为中国广告代

理商的高端组合，从成立之初的 82 家发展到目前的 93 家会员单位。中国
4A 委员会汇集了国内几乎所有顶尖的大型国际广告公司，包括国有、民
营、合资及外资等各类企业。其专业力量十分突出，通过对标美国 4A 广
告协会，采用国际化标准严格开展各类活动，对中国广告行业产生了巨大
的影响力。

商广协早期具有得天独厚的对外优势，在成立中国 4A 委员会后又得
到了强大的专业加持，在不断完善自身业务的同时，其在广告教育方面也
开展了丰富的活动。以下将从学术研究与出版、专业学术竞赛、专业会议
与国际交流等三个方面进行阐释。

（一）学术研究与出版

1. 专业书刊出版

创刊于 1985 年的《国际品牌观察》（原《国际广告》）是商务广告协
会最具代表性的出版物。作为目前国内同类期刊中发行量最大、阅读率最
高的杂志，该杂志具有相当的权威性和影响力。该杂志通过独特的国际视
野深入探究品牌在不同发展背景下如何有效建设。1990 年第 4 期，就开始
把《奥美中国通讯》这一内部资料以栏目的形式刊登在杂志上，这是奥美
在中国区域传递信息、交流心得的内部季刊，为当时的业界带去重要的专
业资讯。2015 年《国际品牌观察》全面改版，走上了新媒体转变之路。以
两位一端的全媒体形式打造了"视听立体化期刊"，面向更广大的用户和
客户群体，提供更加便捷丰富的品牌智库服务。

1990 年，经过与台湾广告学者的交流，台湾辅仁大学的教授刘毅志将
自己历年翻译的各广告书籍的大陆出版的一切权利，都转让给了中国外广
协会。后来唐忠朴从中选了 7 本，与另外 3 本一起出版，成了具有划时代
意义的《现代广告学名著丛书》。

2. 与高校合作研究

中国商务广告协会还充分发挥自身的桥梁优势，与学界密切关联，为
业界提供专业的多元化策略。早在 2001 年，当时的外广协就与现中国传媒
大学广告学院联合组建"IAI 国际广告研究所"并共同编辑出版了《2000
IAI：中国广告作品年鉴》。年鉴一经面世，就引发业界强烈反响，后连续
出版，成为中国广告作品珍贵的史册记录，并在 2001 年荣获全国中央级年

鉴大奖。此外，商广协于 2006 年还推动中国传媒大学广告学院成立了 BBI（商务品牌研究所），每年定期产出成果，其中具有代表性的是《2008 年中国消费者理想品牌大调查》。

2004 年，商广协主办的杂志《国际广告》联合北京广播学院广告学院、IAI 国际广告研究所共同编辑出版了中、英文版文献史书《中国广告猛进史 1979－2003》和《中国营销 25 年》，其中，《中国广告猛进史 1979－2003》结合了当年的政治、经济背景，汇编了广告支柱产业、广告业、企业、媒体的思潮。据悉，英文版《中国广告猛进史 1979－2003》在北京举办的"第 39 届世界广告大会"期间，发送给与会的国外代表，介绍中国改革开放后的广告历程，充分展示了中国广告的优秀成果。

广告行业发生剧烈变化的同时，中国商务广告协会的关注焦点也随之变化。2015 年年底，商务广告协会联合中国传媒大学广告学院、北京大学现代广告研究所，通过对中国 4A 十年来的发展历程进行梳理，产出了"品牌蓝皮书"。此书又分为上下册，对中国广告行业的基本发展概况进行了深刻总结。

2016 年 9 月，中国商务广告协会成立了品牌发展战略委员会，推动品牌价值塑造与管理领域的专业资源优势，搭建品牌发展交流平台、开展深度学习与互动。2017 年，商广协与中国传媒大学广告学院达成合作，进行了"品牌系列研究"，将国内几乎所有的专业竞赛分为广告、品牌、营销以及公关等四个方向，最后产出的学术结果都收录在《品牌系列研究奖项研究报告》中。

2019 年 2 月 22 日，商广协举办的"青年品牌学者论坛理事会成立大会暨 2019 首届青年品牌学者论坛"在北京举行。来自全国一线高校的近50 位品牌研究的青年学者加盟论坛理事会，以此为平台共同推动品牌学术研究进程。

（二）专业学术竞赛

作为大学生广告大赛的战略合作伙伴，中国商务广告协会在大广赛的推广和实践中也发挥了重要作用。"大师进校园"作为每届大广赛宣讲的重要部分，一直以来都是中国商务广告协会在组织推进的，最早于2007 年特别策划的"中国 4A 大师进校园"的全国巡回演讲活动于当年

5月14日在北京大学启动，活动时间长达两个多月，直到6月22日才在上海大学画上圆满的句号。此次活动贯穿了北京、上海、深圳三个城市的七所重点高校，集结了国内顶尖的46位广告行业大师先后进行了52场演讲，宋秩铭、庄淑芬、彭德湘、陈薇薇、郑以萍、张小平、莫康孙、李倩玲等多位国内大师级广告人先后在北京大学、中国传媒大学、北京联合大学、上海复旦大学、上海大学、上海师范大学和深圳大学悉数登场。

当下行业环境开始发生变化，此项活动也在不断更新步伐。2018年的"大师进校园"活动中不仅是中国4A委员会的优秀讲师，还包括数字营销、内容营销以及自媒体委员会等多个不同领域的优秀代表。从信息远不及今天丰富的十多年前，此活动就组织了奋斗在产业一线的广告人，为广大广告学子带来了最新的珍贵行业知识，将广告教育从传统课堂带到行业前沿，为高校师生带来了课本上几乎没有的独到见解，极大地扩展了高校学生的视野，进而提升了高校学子的综合素质。

除开大广赛以外，商务广告协会作为金犊奖的指导单位之一，早在2001年其进入内地的时候就为该奖项做背书，予以支持。

（三）专业会议与国际交流

鉴于商务广告协会在广告教育学术研究、出版以及学术竞赛的活跃，其在专业会议、培训以及国际交流等方面也起到了推动中国广告教育发展的作用。

早期的商务广告协会具有对外贸易的背景，因而在其发展早期就开始了广泛的行业交流活动。1988年，当时的外广协和中广协广告公司委员会，在深圳举办了一期"广告公司学习班"，5天的时间里，奥美（国际）高级副总裁兼培训总裁林白德、奥美（香港）董事经理白礼贤、奥美（香港）创作总监许明骥、奥美（新加坡）董事经理潘礼伦、奥美（国际）客户总监温达仁、奥美（国际）副总监兼北亚区总监白礼棣、美国通用食品亚洲总裁刘宽平等，为学员讲授了《奥美国际广告公司的员工培训》《广告创作在总体策划中的地位、作用及实施》《发展中国家——新加坡广告业务发展趋势》等课程。

1988年夏天，中国外广协邀请了台湾著名的广告人、台北市广告代理商业同业公会主席和台湾奥美总经理——宋秩铭，介绍了台湾广告业的本土背景和外资进入后的现实状况。这是海峡两岸广告人第一次正规的学术交流。①

1991 年，国际广告协会中国分会、中广协、中国国际贸易促进委员会等主办的"首届国际广告研讨会暨展览会"在北京开幕，当时的中国对外经济贸易广告协会充分发挥平台优势，深入参与到会议组织的全过程，还邀请到当时中国大陆第一家 4A 广告公司扬罗必凯的全球总裁。

此后在 2009 年，商广协也作为主要发起人，组织了当年的美国广告学会第五届亚太会议（全称为：广告发展与广告教育国际研讨会暨美国广告学会 2009 亚太会议）。邀请了来自中外多个国家和地区的专家学者近 160 人参与到会议中，其中包括享誉世界的"整合营销传播之父"唐·舒尔茨，其规模空前盛大。

除积极组织专业会议以外，商广协在对外交流方面同样展开了多样活动。在面向国际方面，商广协或作为主办方或作为主要参与者，活跃在各大国际会议和论坛中。早在 1987 年，商广协作为主办方之一在北京组织召开了第三世界广告大会，据悉这是在改革开放初期我国举行的一次大型国际会议，对我国广告行业乃至对外贸易都产生了重要作用，并且，商广协也高度参与到了亚洲广告周的相关活动中。

针对行业外部，商广协通过作品展览、摄影展等活动不断提升广告的国民认知度。最早可以追溯到 1981 年在北京举行的"广告摄影展"，据统计先后参展人员达到近 20 万，对改革开放初期的广告普及具有深刻意义。同时在 1996 年，《国际广告》杂志社在北京展览馆剧场首办"饕餮之夜"活动，在五六小时之内，将国内外优秀的广告作品聚合起来进行集中展示。

二　中国广告主协会

中国广告主协会同样也为我国广告行业的发展发挥着积极作用，在行业发展、联系政府等多个方面都有其独特的影响力。中国广告主协会成立

---

① 姜弘：《广告人生》，中信出版社，2012，第 236～237 页。

于 2005 年 11 月 27 日，是经由国务院批准、民政部注册登记的全国性协会，其业务主管部门为国务院国有资产监督管理委员会。

作为中国唯一代表广告主利益的社会组织，其参与会员都是有一定广告投入量并在行业内有一定影响力的企业及相关经营性组织，旨在不断完善广告主的自身发展。其会员代表大会是领导机构，下设理事会、常务理事会等，拥有综合管理部、事业发展部、培训与国际业务部等三个办事机构，职责分工明确。中国广告主协会在 2006 年正式加入了世界广告主联合会，是中国在世界广告主联合会中唯一的合法代表，同时也是全球最重要的五大国家广告主协会之一。

广告主协会主要是通过举办国际广告主论坛等活动来开展国际交流与合作，同时还通过对其会员机构提供培训、讲座、信息等服务，旨在为会员提供一个没有广告公司、没有媒体，专属于广告主的纯净交流平台。对于在广告教育方面业务的展开，现任中国广告主协会的副会长吕艺表示："过去的活动参与力度确实较小，在未来会充分发挥平台优势积极展开活动。"

在学术研究和成果产出方面，广告主协会因早期的发展原因参与的较少。除了早期创刊的《广告主研究》这个已停刊的杂志以外，还有由广告主协会牵头，北京大学现代广告研究所和中国传媒大学广告学院共同编撰的《2018 中国广告主蓝皮书》也正在出版筹备中。因而，广告主协会在广告教育方面发挥作用的主要是国际会议与对外交流这个方面。

（一）国际会议与对外交流

广告主协会在过去很长时间内最为核心的活动是参与并推动全球广告主大会的召开，促进我国广告主积极对外交流、开展国际业务，2006 年作为中国代表加入了世界广告主联合会当中，并担任了副主席的职位，参与组织、管理亚太地区的联合会。随后在 2007 年 11 月广告主协会在京联合举办的"2007 年中国首届广告主国际论坛"，主题为品牌—营销—创新。其论坛旨在交流广告主品牌建设、营销传播的创新理念和方法，构建各国广告主交流的广阔平台，创建广告主、媒体和广告代理商之间良性互动的合作机制，开创和谐共赢的新局面。

2011 年由世界广告主联合会和中国广告主协会联合主办的"世界广告主大会"也是一次盛典，云集了包括联合利华、联想集团、中国移动、英特尔公司等来自 40 多个国家的世界 500 强跨国企业，30 多家全球主流媒体以及众多国际发言人及世界名流，吸引了共计 150 多位国际嘉宾和我国 400 多位来自各行业排头兵企业的优秀代表、主流媒体、服务机构和研究机构的高级管理人员和专家。为我国广大广告主企业提供了最新的世界市场形势和营销趋势，帮助我国企业广告主、媒体、服务机构学习借鉴国际营销经验，提高品牌核心竞争力，也为中外企业搭建起了营销传播和品牌建设的合作平台。

（二）学术会议与专业论坛

除开参与到世界广告主大会、积极展开对外交流活动以外，中国广告主协会也发挥其平台特长，通过开展论坛、与高校展开合作等形式，促进广告教育的理论与实践发展。

早在其成立之初的 2007 年，中国广告主协会就发挥其丰富的国际资源，邀请了全球著名的整合营销传播大师、美国西北大学教授唐·E. 舒尔茨来华举办了"整合营销传播高层论坛"，在之后的 2009 年，由中国广告主协会、北京大学、美国西北大学以及美国整合营销传播协会联合举办的"全球品牌峰会"在芝加哥洲际酒店隆重召开，此次会议也吸引了来自国内外著名的广告学界研究者，为中外营销以及广告学术的交流搭建了优质平台。

2018 年 12 月 28 日，由中国广告主协会主办，中国中铁股份有限公司承办的"2018 中国广告主大会暨品牌中国 40 年高峰论坛"举行，《2018 中国广告主蓝皮书》也同期发布，蓝皮书系统梳理了改革开放 40 年来中国品牌发展的基本脉络。

三 总结

中国商务广告协会和中国广告主协会都在广告行业中发挥着重要作用，同时还积极发挥自身长处，为广告教育贡献力量，与高校研究者、学生分享业界经验和前沿技术。但由于两者的定位不同，两者的业务展开各有侧重，中国商务广告协会注重广告行业与外界的沟通合作，而广告主协会主要是代表中国广告主活跃在国际舞台上，帮助我国广告主与国际接轨、维护广告主利益。

总之，行业协会作为广告行业与广告教育、政府部门、相关机构等多个不同领域连接的桥梁和纽带作用，帮助建立良好有序的广告行业环境，代表行业的利益同政府以及社会大众协调，还积极推进我国广告行业自律的形成，进而促进了我国广告业健康良性的发展。

第三节　中国广告教育研究会

中国广告教育研究会全称为中国高等教育学会新闻与传播学专业委员会广告学研究分会，是由从事广告高等教育事业的学校、社会组织和教育工作者以及支持高等广告教育事业发展的事业单位、广告行业企业自愿组成的全国性、学术性、非营利性社会组织，于1999年由厦门大学、中国传媒大学、武汉大学、中国人民大学、深圳大学五所高校共同发起。

一　广告教育年会紧跟教育热点

研究会成立之初每两年举办一次广告教育年会，汇集全国各地优秀的广告教育学者和学术研究者就广告学科发展的重大议题展开讨论，在2005年改为每年举办一届年会，目前已经成功在全国各大高校举办了13届广告学会。组织全国广告高等教育从业者和广告学术理论研究者深入交流和探讨，鼓励不同学术观点和教育理念互相碰撞，对于推动广告教育界之间的交流与合作发挥了重要作用。

尽管中国广告教育研究会主要是围绕广告教育与广告学科展开的，但其与业界联系、学科实践上也发挥了重要作用。比如迄今为止全国规模最大、涵盖院校较广的国家级大学生赛——大学生广告学术大赛，就是由中国高等教育学会广告教育专业委员会和中国传媒大学等单位共同承办的面向在校大学生的一项广告策划创意实践活动，在加强大学生实践能力的同时也推动了我国高校新闻传播教育的人才培养模式和实践教学的改革。

作为我国高等教育广告学最高学术机构，中国广告教育研究会在推动我国不同地区、不同高校之间的广告学术交流方面发挥了关键作用。而作为中国最高级别的广告教育研究和学术研讨会议，中国广告教育学术年会已经走过了17个年头。每年的广告教育年会都会在不同的城市由不同高校承办，汇聚了来自全国各校的知名学者、研究人员以及行业研究机构等活跃在学界和业界的专业人士。会议主题紧密围绕广告发展史、文化与社会研究、广告产业变革与数字品牌营销、新媒体技术与广告教育创新、广告人才培养与课程教学改革等重要内容展开，在聚焦广告教育与中国广告发展现实的前提下还进一步关注时代发展背景给广告行业及广告教育带来的变革。

2018 年 11 月 3 日由深圳大学传播学院承办、深圳大学传媒与文化研究中心协办的 2018 第 17 届中国广告教育年会，主题为"中国广告教育的历史与未来"。在此次会议上，中国传媒大学广告学院院长丁俊杰教授、武汉大学新闻与传播学院张金海教授和北京大学新闻与传播学院陈刚教授依次就发表了《中国广告教育的趋势与未来》《计算广告与广告高等教育》《情感、想象与理性：关于广告教育的变化》等聚焦广告教育的主题讲座，而随后由武汉大学新传院姚曦教授、上海外国语大学姜智彬教授与华南理工大学新闻与传播学院段淳林教授依次发表《未来广告的学科与人才》《人工智能重构下的广告运作流程：领域、困惑及对策》《人工智能时代的智能传播与营销传播》为主题的演讲，充分体现了学者高度关注新媒体和新技术对广告学教育的影响。

从表 5－1 中国广告教育年会的历年主题中也不难发现中国广告教育与产业是互相影响的，其发展变化的过程也在一定程度上可以代表中国广告学界研究重点的转变。

（一）成立初期：解密结合产业

在其成立早期，整个中国广告教育密切关注产业及行业焦点，并对广告行业中的这些热门现象展开研究。在经历了 20 世纪 90 年代的学习西方模式之后，中国广告产业开始体现出了自身独特的发展模式。这一时期，广告学界与广告业界密切合作，为中国广告产业发展积极展开研究提出策略。

（二）2008 年后：关注广告教育

2008 年是中国当代广告业恢复的三十周年。随着中国广告学人群体的不断发展壮大和广告学术科研机构的建立和发展，广告研究的领域也在不断细分。从中国广告教育年会2008年之后的会议主题来看，中国广告教育研究会将研究重点放在了广告教育这个方面。不仅研究如何做广告教育，同样将广告教育提升到了与国家文化发展联系起来并且分析其在未来的发展趋势。

（三）2012年至今：密切结合互联网发展

互联网强势崛起之后，就连"广告"这个经典的概念本身都在经受着前所未有的质疑和挑战，传统意义上的广告媒体购买与投放、广告文案与创意等一度被认为是广告人"核心竞争力"的手段，也越来越多地为大数据、人工智能技术的程序化购买、程序化创意等取代。显然，从2012年之后的教育年会主题中十分明确：这一时期的广告研究不仅关注到了数字技术，还积极开展了对新模式和广告未来发展的讨论（见表5-1）。

表5-1 中国广告教育年会历年主题

时间	举办地点	会议主题
2005	河南大学新闻与传播学院	"中国广告迈向国际化的前景"
2007	上海大学影视学院	探讨新媒介时代到来、新营销传播理念的形成对广告行业、广告理论和广告教育产生的深刻影响
2008	上海师范大学广告系	广告教育的实践与创新
2009	暨南大学新闻与传播学院、华南理工大学新闻与传播学院	信心与对策：中国广告教育的创新发展
2010	兰州大学新闻与传播学院	突破与融合——广告、广告教育与中国社会发展
2011	安徽师范大学传媒学院	坚守与整合——广告教育、广告产业与中国文化产业发展
2012	福建师范大学传播学院	多元与创新——广告发展与研究前沿
2013	上海大学影视学院	国家广告产业发展机遇与趋势、广告产业与国家经济发展、广告产业结构变化与发展趋势
2014	武汉大学媒体发展研究中心、武汉大学新闻与传播学院、中南民族学院新闻与传播学院、湖北民族学院	数字传播与广告产业发展、广告文化及广告教育

时间	举办地点	会议主题
2015	华南理工大学新闻与传播学院、暨南大学新闻与传播学院、广东外语外贸大学新闻与传播学院	使命与责任：中国广告的创新与未来
2016	深圳大学传播学院	广告教育—数字时代的广告教学、广告教育——产业变革与课程改革、广告研究——实证探索与人文关怀
2017	河北师范大学新闻与传播学院	趋势与适配—新传播生态下中国广告教育的供给侧改革
2018	深圳大学传播学院	中国广告的历史与未来

二　专业比赛推动教育发展

中国广告教育研究会不仅通过组织教育年会来推动广告学科建设和理论发展，同时还主办了大学生广告艺术大赛（以下简称大广赛）等顶级赛事来打通我国广告专业教育、素质教育和职业教育，提升我国广告教育的实践能力，让学生进一步了解行业发展特点，进而为广告产业培养兼具理论和实践能力的优秀广告人才。

大广赛是迄今为止全国规模最大、覆盖高等院校较广、参与师生人数较多、作品水平高的国家级大学生赛事，从 2005 年第一届大广赛开始的两年一届到 2012 年之后改为一年一届，目前成功举办了九届十次赛事，全国1300 多所高校参与其中，数十万学生提交作品，已经形成了稳定的、成熟的、具有相当规模的大学生教学实践平台。

把企业真实营销项目作为比赛命题是大广赛最具特色的一点，自成立之初先后已经与 100 余家企业进行了命题合作，其中不乏娃哈哈、VIVO、华为等优质品牌广告主，在成为教学与市场相关联的实践教学平台的同时也成为企业提升知名度及扩大影响力的传播平台。作为广告学科最具代表性的赛事，大广赛在线上线下同时进行互动分享和交流，不仅帮助企业收获鲜活有创意的作品，也帮助广告学科提升知名度，让更多的人主动了解广告学科和其独特的教育方式。

三 小结

中广协学术委员会和中国广告教育研究会都作为我国具有代表性的学术团体，在我国广告学科的建设、学术理论的发展和实践能力的提高方面都具有积极作用。但两者在团体性质上具有差异，由此导致两者主要展开的活动和发挥的作用也有所不同。中广协学术委员会是中国广告协会的常设部门之一，隶属于国家工商行政管理总局，是作为一个全国性的基于广告行业与广告教育两者互相联系的非营利性社会组织。中国广告教育研究会则是隶属于中国高等教育学会的一个分支机构，接受中共教育部党组和民政部的领导，主要是围绕高校广告教育而展开活动的专业性学术组织。

因而，中广协学术委员会更多的作为广告学术和广告产业之间的交流平台，发挥着互联互通的作用；广告教育研究会主要是高校广告教育从业者围绕学科建设和广告专业教育来展开工作的，更多的是发挥学科内部的交流合作和对广告学科的教育工作进行总结改进的作用。

图书在版编目（CIP）数据

中国广告教育四十年：1979~2019 / 宋红梅著. --
北京：社会科学文献出版社，2019.12
ISBN 978 - 7 - 5201 - 5426 - 0

Ⅰ.①中…　Ⅱ.①宋…　Ⅲ.①广告学 - 高等教育 - 教
育史 - 研究 - 中国 - 1979 - 2019　Ⅳ.①F713.80 - 4

中国版本图书馆 CIP 数据核字（2019）第 184169 号

中国广告教育四十年（1979~2019）

著　　者／宋红梅

出 版 人／谢寿光
组稿编辑／王　绯
责任编辑／孙燕生

出　　版／社会科学文献出版社·社会政法分社（010）59367156
　　　　　地址：北京市北三环中路甲 29 号院华龙大厦　邮编：100029
　　　　　网址：www. ssap. com. cn
发　　行／市场营销中心（010）59367081　59367083
印　　装／三河市龙林印务有限公司

规　　格／开 本：787mm × 1092mm　1/16
　　　　　印 张：16　字 数：263 千字
版　　次／2019 年 12 月第 1 版　2019 年 12 月第 1 次印刷
书　　号／ISBN 978 - 7 - 5201 - 5426 - 0
定　　价／89.00 元

本书如有印装质量问题，请与读者服务中心（010 - 59367028）联系